西南大学农林经济管理一流培育学科建设系列丛书（第一辑）

Study on Evaluation and Improvement of Public Service Supply Efficiency in China's Western Rural Areas

西部农村公共服务供给效率评价与改进研究

邓宗兵　封永刚　张俊亮　著

科学出版社
北　京

内 容 简 介

本书是国家社会科学基金项目“西部农村公共服务供给效率评价与改进研究”（11GL055）研究成果。本书系统阐释了农村公共服务供给效率的理论及内涵，构建了基于需求方和供给方相容条件下的农村公共服务供给“双层效率”评估模型，实证分析了西部农村公共服务供给“双层效率”及影响因素，揭示了西部农村公共服务供给“双层效率”系统的功能非协调性之成因，明确了西部农村公共服务供给效率改进的总体思路，构建了提升西部农村公共服务供给效率的制度框架。本书主要包括农村公共服务供给效率的理论基础、西部农村公共服务供给现状与问题分析、微观层面西部农村公共服务供给效率的实证分析、宏观层面西部农村公共服务供给效率的实证分析、西部农村公共服务供给“双层效率”系统协调性分析和西部农村公共服务供给效率改进的思路与政策。

本书既可供研究农村公共产品有效供给的人员参考和借鉴，也可作为农林经济管理类的研究生、本科生的参考教材，还可为各级政府决策部门提供素材。

图书在版编目（CIP）数据

西部农村公共服务供给效率评价与改进研究/邓宗兵，封永刚，张俊亮著. —北京：科学出版社，2018.12

（西南大学农林经济管理一流培育学科建设系列丛书.第一辑）

ISBN 978-7-03-060175-9

Ⅰ. ①西… Ⅱ. ①邓… ②封… ③张… Ⅲ. ①农村－社会服务－研究－西南地区②农村－社会服务－研究－西北地区 Ⅳ. ①D669.3

中国版本图书馆 CIP 数据核字（2018）第 291100 号

责任编辑：马 跃 李 嘉/责任校对：彭 涛

责任印制：吴兆东/封面设计：无极书装

科学出版社出版

北京东黄城根北街 16 号

邮政编码：100717

http://www.sciencep.com

北京虎彩文化传播有限公司印刷

科学出版社发行 各地新华书店经销

*

2018 年 12 月第 一 版 开本：720×1000 B5

2018 年 12 月第一次印刷 印张：13

字数：260 000

定价：106.00 元

（如有印装质量问题，我社负责调换）

前　　言

本书是国家社会科学基金项目“西部农村公共服务供给效率评价与改进研究”（11GL055）研究成果，获得西南大学学科建设专项经费、重庆市社会科学规划重点委托项目“重庆市农村产业融合发展路径与政策引导研究”（2016DWT10）、西南大学农业教育发展研究中心委托项目“重庆市农村产业融合发展的路径选择与政策支持研究”（1610046）和中央高校基本科研业务项目“农民创业行为对社会流动的影响机制研究”（SWU1809409）资助。

农村公共服务有效供给对农村经济社会健康发展具有极其重要的作用。针对城乡公共服务的巨大差异，近年来各级各地政府试图通过加大财政投入来解决农村公共服务不足的问题，但从实际情况来看，农村公共服务严重短缺问题未能获得根本解决，“上学难”“看病贵”等问题依然突出。可见，农村公共服务不足的根本问题已经不仅仅是财政投资不足的数量问题，更重要的还在于农村公共服务供给效率低下的质量问题。如果效率低，再多的投资也会被浪费。何况西部农村人口多，居住分散，地方政府财力有限，解决财政结构性矛盾的任务积重难返，大幅度扩大农村公共服务供给的财政规模，短期内显然是不现实或者难以办到的。在这样的现实背景下，要实现西部农村公共服务的有效供给就必须弄清楚以下问题：如何评价农村公共服务的供给效率？目前西部农村公共服务供给效率水平到底如何？哪些因素制约并影响着西部农村公共服务供给效率的提高？改进和提升西部农村公共服务供给效率应采取何种模式和相应的配套措施？对这些问题进行探讨是必要且意义重大的。

基于上述关键问题，本书的总体目标是通过对全国统筹城乡综合配套改革试验区农村公共服务供给“双层效率”的实证分析，揭示西部农村公共服务供给低效率的内在原因，进而为改进和提高西部农村公共服务供给效率提出相关政策建议。具体目标有：①构建基于需求方（农村居民）和供给方（政府）相容条件下的农村公共服务供给“双层效率”（微观和宏观）评估模型；②明确西部农村公共服务供给制度变迁及其效率变化规律，把握西部农村公共服务供给的现状、问题及其成因；③揭示西部农村在微观（农村居民）和宏观（政府）两个层面上农村公共服务供给效率的现状、特征、问题及其变化规律，明确西部农村公共服务供给效率的主要影响因素；④判断西部农村公共服务供给“双层效率”系统是否存在功能协调性矛盾，并揭示导致这种矛盾的内在成因；⑤提出改进和提升西部农村公共服务供给效率的相关政策建议。围绕研究目标，本书的研究思路如下：在界定农村公共服务供给效率概念、梳理农村公共服务供给效率理论的基础上，从西部农村公共服务供给的制度考察和客观现实出发，通过微观、宏观两个层面对西部农村公共服务供给效率及影响因素进行分析，发现西部农村公共服务供给效率的现状特征、问题原因及其变化规律；并在微观、宏观两个层面对西部农村公共服务供给效率进行对比分析的基础上，揭示西部农村公共服务供给效率系统存在的功能协调性矛盾及其成因，在明确西部农村公共服务供给效率改进思路的基础上，提出西部农村公共服务供给效率提升的实现机制，以及提升西部农村公共服务供给效率的相关政策建议。

为了实现研究目标，本书的主要研究内容包括：①构建基于需求方（农村居民）和供给方（政府）相容条件下的农村公共服务供给“双层效率”模型。通过对农村公共服务供给范围和供给方式、农村公共服务供给效率及其实现条件、农村公共服务供给效率目标价值体系等进行界定，提出并介绍本书评估所采用的“双层效率”评价模型，为后续实证研究和提升西部农村公共服务供给效率提供理论架构。②考察西部农村公共服务供给“双层效率”及其影响因素。首先，从微观层面实证研究西部农村公共服务供给效率及其变化规律，即基于“顾客满意度”（customer satisfaction degree，CSD）理论，构建农村公共服务的“农村居民满意度”评价模型，然后基于试验区 537 份农户调查数据测算并分析西部农村公共服务供给的微观效率及其影响因素。其次，从宏观层面实证分析西部农村公共服务供给效率及其变化规律，即基于试验区县级面板数据，利用 Bootstrap 修正的 DEA（data envelopment analysis，即数据包络分析）模型与 Malmquist 指数对农村公共服务财政支农支出效率的静态效率和动态效率变化进行评估，然后利用自然裂点法进行供给效率区域划分，运用趋同检验方法对供给效率的地区差异程度进行测算，并利用面板数据模型深入考察农村公共服务供给效率的影响因素。③剖析西部农村公共服务供给“双层效率”系统的功能协调性问题。首先，基于系统论原理提出农村公共服务供给“双层效率”系统协调性的测度方法；其次，采用直观分析法和 Z 分数差法对西部农村公共服务供给“双层效率”的协调程度进行判断，并对“双层效率”系统非协调性的成因，以及“双层效率”系统的影响因素造成非协调性的成因进行系统分析。④提出改进西部农村公共服务供给效率的政策建议。基于西部农村公共服务供给制度体制的现状，结合农村公共服务供给“双层效率”及“双层效率”系统协调性的实证结果，明确西部农村公共服务供给效率的改进思路，提出西部农村公共服务供给效率提升的实现机制及对策建议。

通过理论分析和实证研究，本书得出的主要结论包括以下方面。

（1）从西部农村公共服务供给情况来看，农村公共服务的供给范围、供给质量有显著改善，但仍存在亟待解决的问题：一是农村基础设施、医疗卫生、文化教育和社会保障均存在数量不足和质量不高问题；二是城乡间与区域间农村公共服务供给差异显著，缺乏公平；三是农村公共服务供给结构失衡，错位明显；四是农村公共服务存在明显管理缺陷和效率低下的现象。

（2）从西部农村公共服务供给微观效率（农村居民满意度）来看，农村公共服务供给总体满意度接近基本满意水平，但不同地区、不同类型的满意度存在明显差异。537 份调研问卷的统计结果显示：农村公共服务供给总体满意度均值为 2.90，接近基本满意水平；农村生活型公共服务供给满意度均值为 3.51，介于基本满意和满意之间，其中通信、饮水、居住环境、供电、道路的满意度是农村生活型公共服务供给满意度的主要影响因素；农村生产型公共服务供给满意度均值为 3.07，达到基本满意水平，其中农业生产基础设施、农林科学技术服务站服务的满意度是农村生产型公共服务供给满意度的主要影响因素；农村公共服务供给制度满意度均值为 3.66，介于基本满意和满意之间，村民自治程度和村规民约、村委会办事效率、村干部工作态度、信息表达渠道和“一事一议”机制的满意度是农村公共服务供给制度满意度的主要影响因素。实证结果还显示，农村公共服务供给总体满意度、农村生活型公共服务供给满意度、农村生产型公共服务供给满意度和农村公共服务供给制度满意度均存在显著的地区差异。

（3）从西部农村公共服务供给微观效率（农村居民满意度）的影响因素来看，农村公共服务规模和质量、农村公共服务供给与需求的匹配程度、农村居民受教育程度、家庭务农收入、农村生活型公共服务供给满意度、农村生产型公共服务供给满意度、农村公共服务供给制度满意度是农村公共服务供给满意度的主要影响因素。537 份调查问卷的统计结果显示，农村公共服务规模和质量、农村公共服务供给与需求的匹配程度是影响农村公共服务供给总体满意度的主要因素。Logistic 的回归结果显示，农村生活型公共服务供给满意度、家庭务农收入、农村公共服务供给制度满意度、农村居民受教育程度对农村居民满意度的正向作用显著且影响程度依次降低，回归系数分别为 0.983 0、0.546 0、0.306 0 和 0.204 0。农村生产型公共服务供给满意度对农村居民满意度的负向作用显著，其回归系数为 −0.819 0。

（4）从西部农村公共服务供给宏观效率（财政支农支出效率）来看，供给效率虽有提升但水平不高，且地区差异显著。从农村公共服务供给宏观效率的现状来看，2012 年重庆市总体农村公共服务供给效率仅为 0.741 9，且地区差异明显，其中纯技术效率是导致农村公共服务供给效率低下、区域差异明显的主要原因；

大部分样本区县呈现出低纯技术效率、高规模效率的 LH 类型特征。从农村公共服务供给宏观效率的变化趋势来看，2006~2012 年，重庆市农村公共服务供给全要素生产率年均增长 35.34%，变异系数由 0.278 6 上升至 0.396 6，区域差异程度有所增强；技术进步是农村公共服务供给效率增长的驱动因素，也是各地区供给效率变化趋势产生差异的主要原因。

（5）从西部农村公共服务供给宏观效率（财政支农支出效率）的影响因素来看，农村公共服务投入力度、地区经济发展水平、农村居民收入水平、基础设施水平、受教育水平、城镇化水平、产业结构、医疗卫生是农村公共服务供给宏观效率的主要影响因素。实证结果表明，农村居民收入水平、地区经济发展水平、基础设施水平、教育水平和农村公共服务投入力度五个因素对农村公共服务供给宏观效率具有显著的正向作用，回归系数分别为 0.918 3、0.499 3、0.430 3、0.225 8 和 0.011 6。城镇化水平、产业结构和医疗卫生水平三个因素对农村公共服务供给宏观效率具有显著的负向作用，回归系数分别为−0.011 7、−0.029 7 和−0.220 3。

（6）从西部农村公共服务“双层效率”系统协调性来看，农村公共服务供给效率的非协调性现象突出，导致“双层效率”系统非协调性的原因众多。实证结果表明：一是农村公共服务供给“双层效率”系统非协调现象突出。17 个样本区县中有 9 个区县的 Z 分数差值大于 1，“双层效率”系统协调性较低。二是农村生活型公共服务“双层效率”系统协调性优于农村公共服务总体协调性，17 个样本区县中有 11 个区县的 Z 分数差值小于 1，“双层效率”系统协调性较高。三是农村生产型公共服务“双层效率”系统协调性介于农村总体公共服务和农村生活型公共服务之间。实证结果还表明，农村公共服务供给宏观效率与微观满意度的不匹配，以及各影响因素对供给宏观效率与微观满意度作用方向的不一致是导致“双层效率”系统非协调性产生的主要原因。

基于研究结论，本书认为改进西部农村公共服务供给效率的政策建议包括：①基于农村居民诉求，继续扩大农村公共服务供给力度。一是从宏观层面继续加大农村公共服务的财政投入力度。二是从微观层面的实际需求出发，重点加强农村居民迫切希望改善的公共服务，消除农村公共服务财政支出力度逐渐加大与农村居民认为投入不足的矛盾。②通过加快农村公共服务产权制度改革，深化财政体制改革，推进行政体制改革，完善农村公共服务监督管理机制，促进供给纯技术效率改善。一是加快农村公共服务产权制度改革，促进农村公共服务管护和运行长效机制的生成；二是深化财政体制改革，提高农村公共服务财政资金使用效率；三是推进行政体制改革，明确各级政府的供给职责；四是完善农村公共服务供给相关法律保障制度；五是强化农村公共服务财政资金监管。③完善农村居民表达需求的渠道，建立“自下而上”的供给决策机制，缓解农村公共服务供给质量和类型与农村居民实际需求不匹配的矛盾。④推进基层民主建设，让农村居民享有实实在在的知情权、参与权、管理权和监督权，提升农村居民自组织化程度，增强农村居民参与公共服务供给的意识和能力。⑤促进区域经济发展、农村居民收入增加、教育水平提升，带动农村公共服务供给效率改善。⑥推进新型城镇化过程中重视配套公共服务供给，达到提升农村公共服务供给效率的目的。⑦在现实多重约束条件下，不同地区农村公共服务供给效率差异显著，且农村居民公共服务的需求各异，因此，在农村公共服务供给效率的改进中，不同经济发展水平和资源环境条件地区有不同的选择。

目　　录

第1章 导 论

1.1 农村公共服务有效供给须解决的问题

1.1.1 农村公共服务有效供给的重要性

农村公共服务供给问题是实现城乡统筹发展的瓶颈问题。取消农业税后，相当一部分农村因财政支农不足出现了农村公共服务供给严重不足的问题。建设社会主义新农村和实施城乡统筹发展战略以来，各地各级政府都设想通过较大规模地扩大财政支农规模来解决农村公共服务供给问题，但是，不少地区因存在农村公共服务供给“X 无效率”、农村公共品管理十分粗放等问题，以至于农村公共产品严重短缺问题没有获得根本解决。农村公共服务供给不足的根本问题不仅是财政投资不足的问题，更重要的还是农村公共服务供给效率低下的问题。因此，研究农村公共服务有效供给问题具有重要的价值。

（1）农村公共服务供给水平滞后于经济发展水平。2016 年，我国 GDP（gross domestic product，即国内生产总值）总量位居世界第二，达到 744 127 亿元，但人均 GDP 仅约 8 866 美元。国际经验表明，这样一个发展阶段正是一个国家或地区公共服务需求快速扩张的时期。改革开放以来，我国经济发展取得了巨大进步，国家综合国力和人民生活水平得到极大提高。但应看到，较高的经济增长并没能相应带来国民福利的普遍提高，特别是在教育、医疗、社保等公共服务方面仍难以满足公众的需求，主要表现在以下方面：一是居民日益增长的公共服务需求与公共服务总供给不足的矛盾日渐突出；二是城乡之间文化教育、社会保障、医疗卫生在内的基本公共服务不公平。为此要进一步深化农村公共服务供给体制机制改革，加大农村公共服务供给力度，解决农村公共服务严重不足的问题。农村公共服务的有效供给是实现农村经济健康发展、农村居民收入稳定增加、农村居民福利不断提升的基础性措施，也是解决“三农”问题的保障性措施（樊胜根等，2002；林毅夫，2004；李谷成等，2008；林万龙，2009）。党的十八大报告明确指出，加快完善城乡发展一体化体制机制，着力在城乡规划、基础设施、公共服务等方面推进一体化，促进城乡要素平等交换和公共资源均衡配置，形成以工促农、以城带乡、工农互惠、城乡一体的新型工农、城乡关系[①]。党的十九大报告进一步明确指出，中国特色社会主义进入新时代，我国社会主要矛盾已经转化为人民日益增长的美好生活需要和不平衡不充分的发展之间的矛盾[②]。然而，当前我国最大的发展不平衡是城乡发展不平衡，最大的发展不充分是农村发展不充分，农村发展不充分的最大短板是农村公共服务的不充分。

（2）农村公共服务的有效供给是深化改革中面临的重大问题。针对农村公共服务落后于经济发展水平、落后于农村居民生产生活对公共服务需求这一问题，中共中央 1982~1986 年连续五年发布以农业、农村和农民为主题的中央“一号文件”，对农村改革和农业发展做出具体部署。2004~2018 年又连续发布了 15 个以“三农”为主题的“一号文件”，在 15 个“一号文件”中，明确提出实行工业反哺农业、城市支持农村和多予少取放活的方针，巩固、完善、加强支农惠农政策，实施建设社会主义新农村，加大农业农村财政投入，加快发展农村社会事业，加强农村劳动力职业技能培训，强化农业科技服务体系，加强农村水利设施建设，全面深化农村改革，加快推进农业现代化，深入推进农业供给侧结构性改革，实施乡村振兴战略等一系列举措。在上述“一号文件”中均涉及与农村居民生产生活密切相关的农村公共服务有效供给（如建设新农村、加强农业基础设施建设、发展农村社会事业、完善农业科技服务体系、重视农村劳动力职业技能培训、加强农村水利设施建设等），凸显了农村公共服务有效供给在“三农”问题中“重中之重”的地位。

（3）国家财力快速增长为农村公共服务有效供给创造了良机。从表 1-1 可以看出，改革开放以来，除 1980 年、1981 年、1999 年、2009 年的财政支农支出与上一年相比有所减少外，其他年份均比上一年有所增加，财政支农支出规模总体呈稳定上升态势。1978 年财政支农支出总额为 150.66 亿元，1998 年突破千亿元大关（1 154.76 亿元），2012 年超过万亿元（10 408.60 亿元），2016 年达到 18 587.36 亿元，39 年间增长了大约 122 倍。由表 1-1 和图 1-1 还可以发现，虽然国家财政支农支出总体呈上升趋势，但财政支农支出占比偏低，且呈现出在波动中下滑的

① 坚定不移沿着中国特色社会主义道路前进 为全面建成小康社会而奋斗——胡锦涛在中国共产党第十八次全国代表大会上的报告，http://politics.people.com.cn/n/2012/1118/c1001-19612670.html。

② 决胜全面建成小康社会 夺取新时代中国特色社会主义伟大胜利——在中国共产党第十九次全国代表大会上的报告，http://politics.people.com.cn/n1/2017/1027/c1001-29613459.html。

趋势。用于农业支出占财政支出的比重由 1978 年的 13.43%下滑到 1990 年的 9.98%，再降到 2000 年的 7.75%，此后有所提升，2016 年为 9.90%。国家财政支农支出的长期不足，在一定程度上导致了农村发展生产需要的基础建设投资，农业科研投入与推广，以及农村居民发展需要的教育、医疗、社保等方面的历史欠账和缺口巨大。与此同时，国家财政收入不断跨越新台阶，由 1978 年的 1 132.26 亿元增长到 2006 年的 38 760.20 亿元，到 2010 年的 83 101.51 亿元，2011 年突破 10 万亿元，2016 年逼近 16 万亿元（达 159 604.97 亿元）（表 1-1）。国家财力迅速壮大，为财政支出结构性调整、加大财政支农力度创造了坚实的物质基础。2004~2018 年连续发布的 15 个“一号文件”明确提出，各级政府要逐年增加对农村公共财政的投入，扩大公共财政覆盖农村范围，大力发展农村公共服务。各级财政将越来越多地投入农村，越来越多的国民将受惠于经济发展成果。在这样的宏观背景下，提高农村公共服务供给效率，把公共财政支出“好钢用在刀刃上”，显得尤为重要。

表 1-1 国家财政收入、国家财政支出、财政支农支出及用于农业支出占财政支出的比重

年份	国家财政收入/亿元	国家财政支出/亿元	财政支农支出/亿元	用于农业支出占财政支出的比重
1978	1 132.26	1 122.09	150.66	13.43%
1979	1 146.38	1 281.79	174.33	13.60%
1980	1 159.93	1 228.83	149.33	12.15%
1981	1 175.79	1 138.41	110.21	9.68%
1982	1 212.33	1 229.98	120.49	9.80%
1983	1 366.95	1 409.52	132.87	9.43%
1984	1 642.86	1 701.02	141.29	8.31%
1985	2 004.82	2 004.25	153.62	7.66%
1986	2 122.01	2 204.91	184.20	8.35%
1987	2 199.35	2 262.18	195.72	8.65%
1988	2 357.24	2 491.21	214.07	8.59%
1989	2 664.90	2 823.78	265.94	9.42%
1990	2 937.10	3 083.59	307.84	9.98%
1991	3 149.48	3 386.62	347.57	10.26%
1992	3 483.37	3 742.20	376.02	10.05%
1993	4 348.95	4 642.30	440.45	9.49%
1994	5 218.10	5 792.62	532.98	9.20%
1995	6 242.20	6 823.72	574.93	8.43%
1996	7 407.99	7 937.55	700.43	8.82%

续表

年份	国家财政收入/亿元	国家财政支出/亿元	财政支农支出/亿元	用于农业支出占财政支出的比重
1997	8 651.14	9 233.56	766.39	8.30%
1998	9 875.95	10 798.18	1 154.76	10.69%
1999	11 444.08	13 187.67	1 085.76	8.23%
2000	13 395.23	15 886.50	1 231.54	7.75%
2001	16 386.04	18 902.58	1 456.73	7.71%
2002	18 903.64	22 053.15	1 580.76	7.17%
2003	21 715.25	24 649.95	1 754.45	7.12%
2004	26 396.47	28 486.89	2 337.63	8.21%
2005	31 649.29	33 930.28	2 450.31	7.22%
2006	38 760.20	40 422.73	3 172.97	7.85%
2007	51 321.78	49 781.35	4 318.00	8.67%
2008	61 330.35	62 592.66	7 318.00	11.69%
2009	68 518.30	76 299.93	5 955.50	7.81%
2010	83 101.51	89 874.16	7 253.10	8.07%
2011	103 874.43	109 247.79	8 579.70	7.85%
2012	117 253.52	125 952.97	10 408.60	8.26%
2013	129 209.64	140 212.10	11 903.00	8.49%
2014	140 370.03	151 785.56	14 173.83	9.34%
2015	152 269.23	175 877.77	17 380.49	9.88%
2016	159 604.97	187 755.21	18 587.36	9.90%

注：1978~2006 年财政支农支出包括支援农村生产支出和农林水气等部门事业费、农业基本建设支出、农业科技三项费用、农村救济费及其他。2007~2012 年为农林水事务费

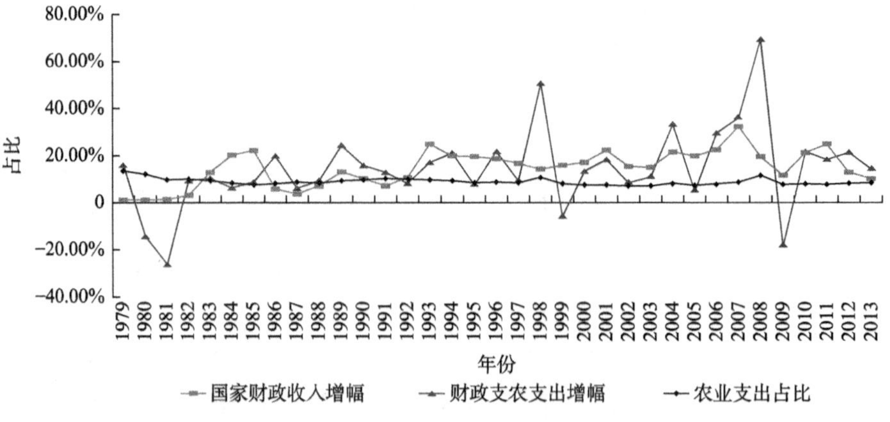

图 1-1 国家财政收入增幅、财政支农支出增幅及农业支出占比

（4）与农村公共服务供给总量不足相比，供给效率问题研究更为急迫。“公平与效率”的问题一直都是公共经济学领域争论的话题。本书选择研究西部农村公共服务供给效率问题，主要基于以下的现实背景：一是 2004 年以来，15 年聚焦“三农”的“一号文件”都与农村公共服务供给有直接关联；二是国家财政支农资金规模不断扩大，由 2004 年的 2 337.63 亿元增加到 2016 年的 18 587.36 亿元，增加了 6.95 倍。国家财政支农力度加大，农村公共服务供给数量得到较大幅度提高，规模日益扩大，但是，当前农村公共服务供给仍存在结构不尽合理、农村居民满意度不高等突出问题，并引起政府、学者等社会各方关注（李燕凌和曾福生，2008；朱玉春等，2010a；徐定德等，2014）。可见，当前农村公共服务供给不足的根本问题已经不仅是财政投资不足的数量问题，更重要的还是农村公共服务供给效率低下的质量问题（李燕凌等，2007）。如果效率低，再多的投资也会被浪费。何况我国（尤其是西部）农村人口众多，政府财力有限，解决财政结构性矛盾的任务积重难返，大幅度扩大农村公共服务供给的财政规模，短期内显然是不现实或者难以办到的。研究当前西部农村公共服务供给效率问题，根本目标在于合理地确定农村公共服务供给的优先顺序，管好并用好国家公共财政支农资金，将有限的资金用于农村居民最急需的公共服务，通过建设良性的农村公共服务投入产出平台，吸纳更多的社会资金向农村公共服务建设领域流动。通俗地说，就是“花小钱办大事、少花钱多办事、花了钱办好事”。

1.1.2　农村公共服务供给须解决的问题

如前所述，尽管各级政府对农村公共服务投入力度呈加大趋势，但由于农村公共服务的基础差、起步晚，目前农村公共服务严重短缺问题尚未获得根本解决，并存在结构不尽合理、供给效率有待提高等亟待解决的现实问题。此外，与东部农村相比，受西部农村人口基数大、居住分散、地方政府财力有限等多重因素的影响，当前西部农村公共服务供给问题更为严重，供给状况堪忧。例如，2016 年，北京市农村居民家庭劳动力人均受教育年限已达 10.5 年，每千人口卫生技术人员为 9.48 人，而云南省和贵州省的农村居民家庭劳动力人均受教育年限仅为 7.05 年和 7.06 年，每千人口卫生技术人员仅为 3.58 人和 3.72 人。

随着“西部大开发”战略的深入实施，西部地区的经济社会发展状况必将显著改善，同时西部地区将有更多机会获得相关政策和资金的支持来促进其农村公共服务的供给。在这样的宏观背景之下，实现西部地区农村公共服务的有效供给就必须弄清楚以下问题：目前西部地区农村公共服务供给效率的现状与特征如何？当前西部地区农村公共服务财政资金配置效率如何？政府供给的公共服务与农村居民所需要的公共服务是否一致？哪些因素影响和制约了西部地区农村公共服务供给效率的提高？改进和提升西部农村公共服务供给效率应采取何种增长模式和需要哪些配套政策措施？对这些问题进行深入的探讨是十分必要且意义重大的。

西部地区包括重庆、四川、贵州、云南、西藏等省区市在内的西南地区和陕西、甘肃、青海、宁夏、新疆等省区在内的西北地区。西南地区和西北地区都是经济社会相对落后、农村人口多的欠发达地区，都是城乡二元结构突出和农村公共服务供给严重不足的地区，但是，西南和西北地区的经济社会发展水平、资源禀赋等差异显著。考虑到西部空间的巨大差异，根据不同类型地区发展的战略重点不同，2007 年 6 月，经国务院同意，国家发展和改革委员会批准设立重庆市和成都市为全国统筹城乡综合配套改革试验区（以下简称试验区）。试验区是典型的城乡二元结构，集合和叠加了东部现象与西部现象，并具有我国很多地区（尤其是西部省区）相似的基本特点，是基本国情的一个缩影。特别是重庆市，作为最年轻的且西部地区唯一的直辖市，具有中等省份的构架和欠发达省份的特征，中央政府择其进行统筹城乡综合配套改革试验，不仅有利于完善新兴直辖市的体制机制，而且有利于探索省级构架下实现城乡一体化的发展之路。因此，以试验区（特别是重庆市）为个案来研究西部地区农村公共服务供给效率问题，能够由此窥探到西部甚至全国农村公共服务供给效率改进机制的内在规律，从而为其他地区有效解决农村公共服务供给问题提供可资借鉴的经验和启示。

1.2　研究目标、研究意义和主要内容

1.2.1　研究目标

本书研究的总体目标：首先，从试验区农村公共服务供给的制度考察和客观现实出发，通过对微观、宏观两个层面试验区农村公共服务供给效率及其影响因素的实证分析，全面系统地得出试验区农村公共服务供给效率的现状、特征、问题及其变化规律；其次，在对微观、宏观两个层面农村公共服务供给效率进行差异分析与对比分析的基础上，揭示试验区农村公共服务供给“双层效率”系统的功能非协调性之成因；最后，提出改进西部农村公共服务供给效率系统、提升西部农村公共服务供给效率的相关政策建议。为实现研究总体目标，本书的具体目标如下。

（1）通过文献梳理，寻求农村公共服务供给效率的理论依据，构建基于需求方（农村居民）和供给方（政府）相容条件下的农村公共服务供给效率评估模型，为后续研究提供理论分析框架。

（2）通过对西部农村公共服务供给的客观现实分析，比较不同时期农村公共服务供给制度变迁及其效率变化，明确西部农村公共服务供给的现状、特征、问题及其成因。

（3）通过对微观、宏观两个层面农村公共服务供给效率及其影响因素的实证分析，把握试验区农村公共服务供给效率的现状、特征、问题及其变化规律，明确试验区农村公共服务供给效率的主要影响因素。

（4）通过对试验区农村公共服务供给"双层效率"的比较分析，分析并明确试验区农村公共服务供给"双层效率"系统的功能非协调性状态，揭示试验区农村公共服务供给"双层效率"系统的功能非协调性成因。

（5）基于研究结论，结合西部农村经济社会发展的实际情况，明确西部农村公共服务供给效率的改进思路，提出提升西部农村公共服务供给效率的政策建议。

1.2.2　研究意义

（1）理论价值。理论价值有：第一，本书力图通过理论梳理，寻求提高农村公共服务供给效率的理论依据，并构建基于需求方（农村居民）和供给方（政府）相容条件下的农村公共服务供给效率评估模型，为相关研究提供理论借鉴。第二，本书试图从宏观和微观两个层面建立农村公共服务供给效率研究的理论分析框架。宏观层面采用 Bootstrap 修正的 DEA 方法对试验区农村公共服务供给效率进行比较评价，微观层面基于实地调研数据，采用顾客满意度指数模型对试验区农村公共服务供给效率进行实证考察。本书所建立的这一分析框架也为相关研究提供了参考。第三，本书采用面板数据模型考察宏观层面供给效率的影响因素，利用 Logistics 回归实证分析微观层面供给效率的影响因素，为全面揭示农村公共服务供给效率低下的内在原因，以及走出农村公共资源贫乏而又过度浪费的"尼斯坎宁怪圈"提供理论基础。

（2）现实意义。现实意义包括：第一，有利于促进和谐社会发展。和谐社会是城乡协调发展、区域协调发展的社会。但是，城乡二元体制使得城乡居民在医疗保健、社会保障、教育文化等方面存在巨大差距，且这一巨大差距已成为影响构建和谐社会的重要影响因素。本书提出的兼顾需求方（农村居民）和供给方（政府）的农村公共服务供给效率实现机制和政策建议，对缩小城乡公共服务差距，促进城乡统筹发展具有积极意义。第二，有利于合理配置农村公共服务资源。通过实证研究，把握西部农村公共服务供给效率的现状、特征和变化规律，揭示影响西部农村公共服务供给效率的主要影响因素，为西部农村公共服务资金的高效率配置提供决策依据。第三，有利于促进农村经济发展。农村公共服务的有效供给对促进现代农业发展、增加农户收入、提高农村居民福利、拉动农村消费等都具有重要作用。本书研究成果不仅能较客观地评价西部农村公共服务供给效率及其影响因素，而且能为改进西部农村公共服务供给效率提供决策依据，因此这也表明本书具有一定的现实价值。第四，对试验区农村公共服务的供给结构、城乡差距和区域差距等进行具体讨论，以及对试验区农村公共服务供给效率和效率系统及其影响因素进行实证研究，研究成果将有助于为试验区政府了解农村公共服务供给状况、改善供给行为及完善资源配置等提供事实依据。

1.2.3 主要内容

本书研究的总体目标，是通过对试验区农村公共服务供给“双层效率”的实证研究，明确试验区农村公共服务供给效率低下的内在原因，为改进和提升西部农村公共服务供给效率提出相关政策建议。为了实现研究目标，本书基本框架共分为六部分，包括 8 章。

第一部分为农村公共服务供给效率的基本概念和理论基础。设计为第 1 章和第 2 章，主要任务是构建基于需求方和供给方相容条件下西部农村公共服务供给效率评估模型。第 1 章导论包括本书的研究背景和问题提出、研究目标和主要内容、国内外研究综述、研究思路与研究方法，以及创新之处与研究展望等。第 2 章农村公共服务供给效率的理论基础包括对农村公共服务的概念、类型、范围等进行界定，以及对农村公共服务供给效率的实现条件和目标价值体系等进行讨论，提出并介绍本书实证研究所采用的“双层效率”评估模型，包括模型选择的必要性、基本框架等。

第二部分为西部农村公共服务供给的现状、问题及原因研究。设计为第 3 章，主要任务是把握西部农村公共服务供给的现状、问题及其成因。在梳理西部地区农村公共服务供给在中华人民共和国成立至人民公社时期之前、人民公社时期、家庭联产承包责任制时期及农村税费改革后的演变历程的基础上，对西部地区农村公共服务供给的现状、问题及成因进行系统分析。

第三部分为西部农村公共服务供给“双层效率”的实证考察。设计为第 4 章和第 5 章，主要任务是把握农村公共服务供给效率的现状特征、变化规律及问题成因。第 4 章是微观层面西部农村公共服务供给效率的实证分析。在对“顾客满意度”文献回顾基础上，构建农村公共服务“农村居民满意度”评价模型，然后，基于农户调查数据测算并分析西部农村公共服务供给微观效率及其影响因素。第 5 章为宏观层面西部农村公共服务供给效率的实证分析。利用 Bootstrap 修正的 DEA 模型与 Malmquist 指数方法对试验区县级农村公共服务财政支农支出的静态效率和动态效率变化进行评估，利用自然裂点法进行供给效率区域划分，运用趋同检验方法对供给效率的地区差异程度进行测算，并利用面板数据模型考察农村公共服务供给宏观效率的影响因素。

第四部分为西部农村公共服务供给效率系统的功能协调性问题。设计为第 6 章，主要任务是揭示西部农村公共服务供给效率系统的功能非协调性问题的成因。根据第三部分实证结果，对农村公共服务供给“双层效率”进行分层聚类，通过对不同层面农村公共服务供给效率系统及其影响因素进行差异与对比分析，揭示西部农村公共服务供给效率系统的功能非协调性成因。

第五部分为西部农村公共服务供给效率改进的思路与政策。设计为第 7 章，主要包括西部农村公共服务供给效率改进的基本思路、实现机制和政策建议等。这一部分综合前文对宏观效率及微观满意度的分析结果，以提高农村公共服务供给效率，改善“双层系统”协调性为目标，提出西部农村公共服务供给效率改进的基本思路、实现机制和政策建议。

第六部分为研究结论。设计为第 8 章。

1.3　国内外研究综述

1.3.1　国外研究现状

国外专门针对农村公共服务供给问题的研究文献相对较少。但是，由于农村公共服务与公共物品在本质上具有密切的联系，我们可以对国外关于公共物品的文献进行梳理来反映对农村公共服务供给问题的研究。

（1）农村公共服务供给效率本质研究。关于公共物品供给效率的本质尚未形成一致认识，代表性的观点有三种。第一种观点是“效率要从效果好坏来判断”。Coase（1960）认为，效率要从效果好坏来判断，所有的个体在资源有限的条件下能够实现其效用的最大化，那么整体就是有效率的。Samuelson（1969）研究认为，公共物品供给效率是一个“工具主义”概念，效率就是指基于最少的可利用的资源，对其进行配置，以完成某种工作任务，来追求投入与产出之比的最大化。第二种观点是“公平即效率”。Hume 和 Schneewind（1983）研究认为，最公平的供给就是最有效率的，公共物品的有效供给就是要求“实现最大多数人的最大幸福”。但是，以“最大多数人的最大幸福”作为公共物品供给效率准则，难以解决公共物品在供给过程中的个人偏好显示难题，而且“完全平等”还可能造成公共资源的巨大浪费。为此，Rawls（1999）提出了“公平的正义”准则，并认为有效率的分配是“使最穷的人状况尽可能变好的分配”。第三种观点是基于帕累托效率提出的公共物品供给效率。Samuelson（1954）最早公式化地提出了公共物品有效供给条件（即萨缪尔森规则），即当公共物品与每一种私人品的边际转换率等于所有家庭私人品边际替代率之和时，就实现农村公共物品的帕累托最优供给。从形式上来看，萨缪尔森规则是简单的，但实际上萨缪尔森规则难以付诸实施，因为它仅给出了福利经济学意义上的效率标准，并没有真正解决公共物品供给效率问题，尤其是消费者对公共物品的真实偏好如何显示问题。

（2）农村公共服务供给效率评价研究。这方面的研究主要集中在以下两个方面：①供给效率标准设定。部分学者从政府视角对公共物品供给效率标准进行探讨，Epstein（1988）研究认为，政府供给公共物品效率的标准应考虑到政府满足公民需求的程度及政府是否具有低成本生产能力等基本要件，尤其要关注前者。Deller（1990）研究认为，如果能够实现农村社区财产价值的最大化，则意味着公共物品供给具有了帕累托效率，并实现了公共资源的有效管理。Deller 等（1992）运用最小化成本理论研究了公共物品供给效率，以期解决以最低劳动或资本投入为效率评估标准的不足问题。Gunatilaka（1999）研究认为，以福利最大化为标准很难对农村公共物品供给效率进行评估，因而他主张应根据不同地区、不同发展阶段来设定农村公共物品供给目标和供给政策。②供给效率的具体衡量。Afonso 和 Fernandes（2008）运用 DEA-Tobit 二阶段分析法，对葡萄牙五个地区的公共物品投资效率进行了实证分析。Antle（1983）则采用单方程生产函数对农村公共物品供给进行研究，结果表明，农村公共物品供给能够降低农户农业生产成本，提高农业生产力。Pradhan（1996）对印度农业公共支出效率的研究结果表明，地方政府增加灌溉投资比增加化肥补贴对提高农业产量和农村发展更具有效率。Windle 和 Cramb（1997）、Calderón 和 Servén（2004）等研究显示，农村公共物品对农业生产率提高和农业增长具有显著贡献，增加落后地区农村公共物品的数量和质量有利于减小收入差距。

（3）农村公共服务供给效率影响因素研究。这类研究集中考察了供给模式、税收政策、社会文化和制度安排等因素对农村公共服务供给效率的影响。第一，供给模式。Musgrave（1939）、Samuelson（1954）等研究认为，公共物品具有消费的非竞争性和非排他性，因此政府供给农村公共服务更有效率。但是，也有的学者认为市场供给农村公共服务更有效率。Buchanan（1950）对美国农村公共服务供给方式的研究表明，在收入水平不断提高的情况下，产品私人化可以提高“俱乐部产品”的供给效率。Myles（2000）对政府存在挥霍现象、逃税与公共物品提供之间的关系进行了研究，结果表明，如果在政府存在挥霍现象的情况下，逃税可能是对不公平的政府政策的最好反应，尤其当社会成本过高时，因而私人提供公共物品可能更有效率。还有部分学者提倡混合供给。Ostrom（1990）对美国大城市警察服务的实证研究发现，在公共经济中，不只有政府和市场两种秩序，混合供给可能是极有效率的。Wellenius 等（2004）对发展中国家的研究发现，适度的国家补贴有助于农村道路、农村通信领域的私人提供。然而，Kirchsteiger 和 Puppe（1997）研究发现，适度的国家补贴可以提高公共物品提供的总量，但前提条件是政府应拥有完全信息，否则要达到有效率的数量是不可能的。第二，税收政策。Wilson（1991）研究发现，扭曲的税收会降低最低公共物品的供给，但是，如果在商品税模型中加入人头税，则最优公共物品的供给量会大于以前的最优供给量。Kaplow（1996）研究发现，可以通过所得税的调整来补偿公共物品的收益，以非成本扭曲的方式筹集公共服务项目的资金，如果这一条件成立，那么在任何满足成本—效益的条件下都能实现公共物品供给效率最优。Bosshardt（2003）研究发现，尽管政府的公共物品投资可以在价值最大化、帕累托最优和一致性的原则上获得资本结构最优，但是，如果不对税收结构进行限制将不能实现价值最大化。Gahvari（2006）研究还发现，不同的个体对福利权衡的不一致，导致公共物品的边际成本不是唯一的，因此公共物品供给满足萨缪尔森规则是潜在的帕累托改进，而改革所得税税收结构可以实现帕累托改进。Uler（2009）研究发现，税收再分配的增加可以降低慈善供给的成本，且能够增加总的慈善供给量，从而提高公共物品的供给效率。第三，社会文化。Alesina 等（1999）对美国城市公共物品的供给数量、供给种类与民族语碎片化之间的关系进行了实证研究，结果表明，公共物品支出与民族多样性具有反向关系，种族矛盾是影响地方公共物品投资的重要因素。Miguel 和 Gugerty（2005）对肯尼亚西部民族多样性关系与地方公共物品供给进行了考察，结果表明，民族的多样性导致了更少的募集学校资金和更差的办学设施，并且水利设施不能得到有效维护。Banerjee 等（2005）对印度农村公共物品供给的社会历史影响因素进行了考察，研究发现社会分化程度更严重地区的公共物品供给水平更低。Owen 和 Videras（2007）根据 OECD（Organisation for Economic Co-operation and Development，即经济合作与发展组织）地区数据，研究了宗教信仰因素对环境公共物品供给的影响，研究结果表明，有宗教信仰的个人更可能具有环保态度和参与环保行为。但是，Haurin 和 Brasington（1996）的研究结果表明，种族对环境公共物品的供给决策没有显著影响。第四，制度安排。Pradhan（1996）对印度财政支农支出效率进行了研究，结果表明，增加灌溉的投资比增加化肥的补贴更有利于农业产量提高和农村经济发展。Besley 等（2004）对印度南部政治和政治家身份对农村公共物品供给影响进行了研究，结果表明，其影响因农村公共物品的类型而存在显著差异，其中低溢出的农村公共物品与领导者身份认同相关，而高溢出的农村公共物品与选举关系更密切。

（4）改进农村公共服务供给效率途径研究。最早对公共物品供给均衡进行研究的是林达尔（Lindahl）。林达尔均衡显示在具有公共物品的供给中如何通过运用个性化价格实现公共物品供给效率，但消费者存在隐瞒公共物品消费偏好的可能，导致林达尔均衡难以实现。Tiebout（1956）在运用蒂布特模型研究政府提供公共物品的最佳效益问题的基础上，提出了“用脚投票”机制，即居民的选择促使地方政府之间竞争，地方政府之间的竞争则实现了各地区公共物品的供求均衡，从而使资源配置达到帕累托最优。Salamon 等（1987）研究认为，政府的刚性制度和第三部门对公众需求回应方面所具备的良好弹性能够很好地互补，因此给予二者在各自组织特征上的互补性，政府和第三部门的合作能够在很大程度上提高公共物品的供给效率。Ostrom 于 1990 年提出了多中心治理理论，该理论为解决单中心治理困境，以及解决政府间供给公共资源集权与分权的问题提供了很好的技术线路。以简·莱恩等为代表的新公共管理理论则主张把私人部门的管理机制引入政府部门，主张建立企业型政府。Barzel（1997）的研究表明，由于公共物品的供给效率取决于消费者基于效用或偏好上的成本与收益的比较，通过组织供给公共物品是解决公共物品低效率的根本途径。

1.3.2 国内研究现状

（1）农村公共服务供给现状研究。这类研究主要集中在五个方面：一是关于供给数量和质量的研究。王佳佳（2010）研究认为，目前农村公共服务供给短缺突出表现为涉及农村可持续发展的公共服务供给短缺，如农村基础教育、农村医疗保障、农村环境保护及农村文化生活设施等。付云春（2010）指出，现阶段农村基础设施供给尚处在数量的满足阶段，距离质量的追求还具有较大的差距。例如，乡村公路通达率很高，但公路等级低、路面窄、路况差；农村学校校舍建设得不错，但教学仪器、实验设备和图书资料等严重缺乏。刘绪晶（2011）研究结果表明，我国农村公共服务供给总量不足包括：①农业生产性基础设施不足，如农田水利设施不足；②农业生产服务性公共服务不足，如农业科技创新和推广、农产品市场信息服务不足等；③农村居民生活健康和农村长远发展的公共服务供给不足，如农村义务教育投入不足、农村社会保障不完善等。李峰（2012）研究认为，农村居民对公共服务的需求增长迅速，并呈现多元化趋势，但由于多种原因，现行农村公共服务远远满足不了农村居民的需求，农村公共服务已成为制约农村全面发展的瓶颈。何柳（2013）研究发现，尽管国家财政用于农村公共服务供给的支出不断增加，但是，农村公共服务供给与农村居民的需求仍相差很远，无法满足农村居民日益增长的需要。徐敏（2014）指出，农村公共服务投资的增长赶不上财政支出增长的速度和经济增长的速度，但是当前农村公共服务在数量和质量上均不能满足农村居民的现实需要。二是关于供给渠道的研究。付云春（2010）研究发现，目前我国农村公共服务的供给主要由政府提供，政府外的供给渠道尚未拓展开来。付金萍（2011）也表示农村公共产品的供给依然呈现出政府垄断的现象。郭泽保（2012）研究认为，市场力量和非营利组织的供给职能发挥不够充分，重要原因是政府设置的进入门槛过高，优惠政策的扶持力度不够，特别是农村公共服务的产权不明晰；而农民专业合作组织主要为其成员提供市场信息和技术辅导、疏通产供销渠道等经济领域的服务，除此之外的文化教育、公共卫生、社会事业等公共领域的服务就很难提供。孔兆政和叶兴艺（2013）研究发现，农村公共服务主要由基层政府和农村集体承担。三是关于农村公共服务供给结构的研究。王碧程（2010）研究发现，政府提供的公共文化产品与农村居民迫切需要的产品存在明显的供求失衡。一方面是农村居民急需和农村可持续发展的公共文化产品严重不足；另一方面则是政府热衷于投资新建公共项目，而不愿投资维修存量公共设施，热衷于提供看得见的公共文化建设，而不愿提供农技推广、综合信息等。王佳佳（2010）研究发现，许多农村地区出现了非生产性公共服务过剩现象，主要包括：①县属职能部门和事业单位在乡镇的诸多派出机构的人员众多，但提供的服务却不尽如人意；②基层政府不顾客观实际，大搞见效快、易出政绩的项目；③基层政府兴建的休闲广场、政府办公楼等各种图名摆阔、虚张声势的项目。刘绪晶（2011）也发现了同样的问题，一方面是农村居民急需的、关系民生的、基础性的公共服务，以及关系到农村长远发展的公共服务供给不足；另一方面是为了完成上级部门下达的硬性指标，或者为了“政绩”的需要，基层政府热衷于提供见效快、易出绩效但实用性不大甚至是形象工程的项目。马跃（2014）也发现，现阶段在农村公共服务供给过程中不是以农村居民的诉求为导向，以致农村居民所需的生活、生产公共服务处于匮乏状态，而使用价值比较小的公共服务反而供给过量。四是关于区域不均衡的研究。付云春（2010）研究发现，当前我国农村基础设施服务供给在地区上具有很大的差异，东部、中部、西部和东北部的饮用水集中处理比重分别为 47.4%、9.4%、11.7%和 20.3%。王佳佳（2010）研究发现，发达地区（如江浙等沿海地带）的农村利用其特殊的地理优势，能吸引企业落户，使得当地政府或村集体有财力为村民提供较多的公共服务；而落后地区（如安徽、河南等农业大省）的农村公共服务则出现了严重短缺。张晓晶（2013）研究发现，农村公共服务供给失衡性主要表现为城乡之间、地区之间的不平衡性，引起公共服务供给失衡现状的原因主要有制度路径依赖、经济发展阶段、社会管理制度、财政税收制度等。黎聪（2014）研究认为，城乡公共服务严重失衡，使得农村居民难以获得基本公共服务，并导致农村居民最基本的生存权和发展权得不到保障，限制了农村人口素质全面提高和阻碍了现代农业的发展。五是关于供给主体的研究。付金萍（2011）研究发现，各级政府对于自身农村公共服务供给中的角色定位不清、权责不明，导致它们在农村公共服务供给中的权利和责任划分比较笼统，进而影响了后续的政策执行、政策评估等。韩小威（2013）研究发现，农村公共服务严重短缺的原因主要有：一方面是政府集决策者与生产者于一身，既制定规划又负责生产，结果导致农村公共服务供需偏差及供给效率低下；另一方面是政府间职责不清，在“财权上移、事权下移”的背景下，基层政府承担了过多无力可及的责任，导致农村公共服务严重不足的现状难以改观。何柳（2013）研究发现，目前部分理应由中央政府承担的支出却由地方政府承担，如农村基础教育、农村公共卫生、农村社会保障等，这种政府间的职能错位直接导致了政府在农村公共服务供给上存在严重“缺位”。张卫静（2014）发现，各级政府在农村公共服务职责定位中权责划分不明确的问题突出，在农村公共服务供给中应当由中央和省级政府提供的却由市县政府代替提供，应当由市县政府提供的又由乡镇甚至村级政府代替提供。

（2）农村公共服务效率评价研究。卢洪友和李凌（2006）通过对 1980~2004 年相关数据的实证分析，发现部分省份农村义务教育水平落后于全国平均水平，并与财政分权进程呈现出显著的相关性。江依妮和张光（2008）以省内财政分权的演进对农村义务教育投入进行研究，发现在“以县为主”的教育体制下，县级政府财力和转移支付是保证农村义务教育实现的关键因素。刘成奎和王朝才（2008）以 31 个省级面板数据为例，发现财政分权对农村公路供给具有较强的正向效应。崔明等（2008）利用 DEA 方法对农村公共服务供给宏观效率进行了考察，发现我国农村公共服务供给效率整体较低，省际差异大，在部分高投入和高产出的发达地区，效率反而更低；效率高的地区则多为低投入、低产出的欠发达地区。唐娟莉（2012）利用 2007~2009 年的 40 个县（市）的调研数据，采用 DEA-Tobit 两阶段评价模型对 31 个省区市的农村公共服务投资效率及其影响因素进行实证研究，发现农村公共服务投资效率存在明显的地区差异，其中财政分权、人口规模、农村居民收入、地理区位等因素是影响农村公共服务投资效率的重要因素，也是东部、中部、西部三大地区农村公共服务投资效率差异形成的重要原因。邓宗兵等（2014）运用三阶段 DEA 模型对 31 个省区市的公共服务供给效率进行了实证研究，结果表明，利用 SFA（stochastic frontier approach，即随机前沿方法）模型剥离管理因素和随机因素对效率的影响很有必要；全国总体技术效率尚有 25.9%的改进空间，且多数省份处于规模报酬递增阶段；人均 GDP、人口密度、居民受教育年限、城镇化水平等对效率有显著影响，但公共服务财政支出作用有限；三大地区的技术效率有着较大差别，中部最高，东部次之，西部最低；各地区应结合自身效率的特征分别着重通过管理水平的提高或生产规模的扩大来改善效率。

（3）农村公共服务供给效率影响因素研究。研究主要集中于四个方面：一是城乡二元经济体制。陈依慧（2007）研究表明，城乡基本公共服务供给效率低下的重要原因在于城乡二元经济结构。谭亚芳（2007）研究认为，在二元经济结构体制下，农村公共服务本应由国家外源型供给变成了由农村集体经济组织内生型供给，不仅如此，农村还支援城市，农业还支持工业，农村集体经济组织承担了大量纯公共服务的供给，导致农村公共服务效率低下。蔡元森和赵芝瑞（2009）、张海瑞（2012）等的研究结果表明，二元体制、农村居民参与不足等原因，使得农村公共服务仍然存在明显供给短缺、供给效率低、供给不均衡等现状，这不仅阻碍了农村经济社会发展，而且损害了农村居民利益。张卫静（2014）研究认为，长期的城乡二元发展战略导致农村基础设施严重短缺，如农村义务教育经费投入不足、农村交通和通信设施落后、农业科技资金支持不足、农田水利设施年久失修、农村公共医疗资源供给不足、农村社会保障力度不够等。二是供给模式。张珺和李明贤（2008）研究表明，供给主体责任不明确、供给界限不清楚，造成目前农村公共服务供给效率偏低。李少惠和王苗（2010）研究认为，在计划经济体制的影响下，农村公共服务往往由政府垄断，政府垄断则造成农村公共文化资源无法均等配置，有限的公共资源利用率也较低。陶丽（2011）指出，具有纯公共产品性质的农村公共服务，如农村义务教育、农业科技推广等适合由政府提供，而具有准公共产品性质的公共服务，如虫害防治、小型水利工程等可以由私营部门承担。然而，现实情况是，农村准公共产品也由政府提供，政府在准公共产品供给领域对市场的排斥，不仅造成利用市场力量供给农村公共服务发展水平较为迟缓，而且农村居民无法对公共服务的提供者进行选择，结果导致供给效率低下。三是制度安排：①决策体制。徐光耀和戴天放（2012）研究认为，现行农村公共服务供给体制是在人民公社时期制度框架的基础上建立起来的“自上而下”的体制，这种供给决策体制具有强制性、统一性，不能准确反映农村居民对公共服务的需求状况，必然会导致供给效率低下。李善峰（2009）持有类似的观点，认为“自上而下”的公共服务决策体制的偏颇，以及城乡有别的户籍政策、就业政策等，固化甚至加剧了农村公共服务供给的低效。田玉超（2011）、马跃（2014）等学者持有类似的观点。②财政体制。余世喜和李喆（2006）、董明涛（2014）等研究结果表明，不合理的财政体制是造成我国城乡公共服务非均等化的重要原因，并指出县乡财政承担了大量公共服务，但财权却有限。但是，县乡政府缺乏足够的资金支持，使得本应由政府提供的公共服务，最后却只能由农村居民承担，这是造成农村公共服务低效的重要原因。杨其元和夏锋（2008）通过调查发现，82.6%的专家认为农村公共服务供给不足源于现行财政体制中中央与地方、上级与下级政府之间农村公共服务供给责任与财力不对称。吴萌（2006）、马海涛（2008）、陶丽（2011）等研究认为，农村公共服务低效与转移支付未能有效发挥均等化作用是密切相关的。③监管机制。张庆成（2008）、董明涛（2014）等研究认为需对政府投入农村公共服务的管理模式进行创新，引导农村居民参与公共服务供给决策，增加公共服务供给透明度，并让农村居民参与基层政府的公共服务绩效考核，发挥需求主体对供给主体的考核约束作用，才能真正提高农村公共服务供给效率。付金萍（2011）研究认为，农村公共服务供给缺乏有效的监督管理机制，导致农村公共服务资金的筹集和使用管理混乱，用于农村公共服务建设的项目资金往往不知去向，导致农村公共服务供给效率低下。徐光耀和戴天放（2012）、唐娟莉（2012）等实证研究结果支持上述观点。四是经济发展。林万龙（2005）运用包括城乡两部门在内的理论模型研究了城乡公共产品供给与经济发展水平之间的制约关系，结果表明，公共服务供给的城乡差异在客观上受到特定经济发展水平的制约。叶先坡（2013）对福建省公共服务供给机制的研究结果表明，经济发展对农村公共服务供给效率起重要作用。经济发展水平较高及财政收入丰裕的地方,能够使用较多的资金用来提供较高数量和质量的农村公共服务，并具有较高的供给效率。而经济较为落后及地方财力不足的地方，往往没有足够的资金为农村提供公共服务，导致公共服务供给缺乏效率。但是，唐娟莉（2012）研究发现，经济发展水平和城市化水平对农村公共服务的供给效率产生了负向影响。

（4）改进农村公共服务供给效率途径研究。这类研究主要集中于三个方面：一是政府主导农村公共服务供给。李永琳（2006）指出，美国联邦政府除了直接对农业科技的研究和推广加大资金投入外，还对农村卫生医疗、低收入人群保障等公益事业加大财政支持，州政府和地方政府对农村公共服务的供给则主要体现在对教育、公路、治安等方面的财政支出方面。盛荣（2007）研究认为，要进一步充分发挥政府在农村公共服务供给中的主导作用，利用政府财政为农村公共服务提供物质基础保障。不管是发达的美国，还是不发达的印度，政府尤其是中央政府在农村公共服务供给中都发挥着主导作用。朱金鹤和崔登峰（2012）研究发现，日本、韩国的经验表明，政府在解决城乡发展失衡问题上有举足轻重的作用，政府不仅有责任供给农村公共服务，还要保证不分民族、文化程度，以及不分财产多寡公平地分享公共服务。二是构建多层次的供给筹资机制。林万龙（2002）研究并提出农村社区公共服务制度外筹资的定义,即政府或集体经济组织采取的，没有纳入正规财政体制范畴内的一种合法的公共服务资金筹集方式。王俊（2007）研究认为，政府可通过对私人企业或第三部门进行补贴、提供低息或无息贷款等方式来引进和鼓励它们参与农村公共服务的供给，同时还要制定相应的法律来保障他们的合法利益。陈世伟（2010）、王佳佳（2010）、田玉超（2011）等研究认为，政府单方供给造成了农村公共服务所需资金的严重不足，供给效率低下，因此应依据农村公共服务的不同层次，构建政府、市场、农村居民等主体多元参与的机制。李峰（2012）研究认为，社会组织参与农村公共服务供给具有重要价值，因为它不仅可以扩大农村公共服务的供给总量，提高农村公共服务的供给效率，而且对于全面建设农村小康社会具有重大意义。总之，在农村公共服务供给中，仅依靠政府的力量是不够的，应发挥多元主体的作用，扬长避短、优势互补，这样不仅可以有效满足农村居民多样化公共服务需求，还可以拓展筹资渠道，降低农村公共服务的提供成本，提高服务供给效率。三是建立健全需求表达机制。马强（2006）研究认为，政府应建立有效反映农村居民诉求的表达机制，在尊重农村居民意愿的基础上，鼓励农村居民参与农村公共服务决策的制定和执行过程，形成政府和农村居民良性互动的决策机制，保证农村公共服务的有效供给。付金萍（2011）、贾洪荣和高迎霞（2012）等研究结果也表明，要构建农村居民需求表达和参与决策的有效渠道，实现农村公共服务决策机制由“自上而下”向“自下而上”的转变，有利于农村公共服务供给效率的改进；要加强基层民主政治建设，让农村居民通过民主选举、民主决策、民主管理和监督参与对社区事务的直接管理，调动其参与农村公共服务供给的积极性。陈凤菊（2013）、陈星华（2013）持同样的观点。四是完善财政制度。孙柏昌和景国薇（2008）、王佳佳（2010）研究认为，各级政府在农村公共服务供给中权限不清严重影响了农村公共服务的有效供给。李华（2011）研究认为，有效的转移支付可以在很大程度上提高农村公共服务的供给效率。王国梁（2013）研究认为，要调整各级政府的财政支出结构，压缩不必要的“三公”经费和基建投资，将更多公共财政资金配置于农村公共服务领域，提高农村公共服务资源的利用效率和社会效应。王岳含（2013）研究认为，财政分权体制是在各级政府事权划分比较模糊、县级政府缺乏稳定收入来源、转移支付制度不完善的背景下实施的，使得县级政府在加速经济发展以增加财政收入获得晋升机会的激励下，缺乏供给农村公共服务的动力与能力。孔兆政和叶兴艺（2013）研究认为，要按照城乡一体化的原则，调整公共支出政策，将公共财政支出向农村公共服务供给倾斜。

1.3.3　国内外研究述评

通过对国内外农村公共服务供给效率的文献进行梳理发现，国内外学者对公共服务的论述已经形成了较为完善的理论体系，并对公共服务供给效率的本质、测算、影响因素及改进途径进行了有益的探讨。但是，国外学者对公共服务的研究大多还集中在整个国家和整个区域的公共服务的供给上，而专门就农村公共服务进行研究的文献并不多，可能是这些国家的工业化和城市化已基本完成，区域经济发展水平和城乡差异并不明显，在公共服务的供给方面不像我国这样呈现出显著的城乡差异特征，因此对于农村公共服务供给问题也就不会单独作为突出问题来进行研究。国内学者对我国农村公共服务的关注度增加，并对农村公共服务供给总量不足、结构失衡、体制不完善、地区不平衡等问题已经基本形成共识。近年来，随着农村公共服务投入的增加，农村公共服务供给效率的问题引起学者的关注，他们较一致地认为改善农村公共服务供给严重不足问题的关键不仅在于怎样提高供给总量，还在于怎样提升公共服务资源配置效率和提高农户公共服务的满意度水平。以上文献为本书的写作提供了逻辑起点和有益的参考，但仍有以下五个方面存在改进空间。

（1）全国层面农村公共服务供给效率的研究较多，关注西部农村公共服务供给效率的研究较少。现有研究较多关注全国农村公共服务总体供给效率，但西部地区相对于东部、中部地区而言其农村公共服务供给问题更为严重，供给状况堪忧。因此，以试验区的农村公共服务供给效率作为研究对象，对发掘西部农村公共服务供给的问题、有针对性地提高其供给效率、缩小农村公共服务地区差异具有重要意义。

（2）农村公共服务供给宏观效率的测度以传统 DEA 模型为主，缺乏对农村公共服务供给效率中技术进步的考察。传统 DEA 模型测算的效率值仅能反映出某一时点的技术效率情况，各时点的效率值由于生产前沿面的不同而不具有可比性，同时也不能反映出农村公共服务供给效率中技术进步的变化情况，使用 Malmquist 指数方法更适合对跨时期的供给效率进行动态分析。

（3）采用微观调研数据对农村公共服务供给微观效率进行评估的研究较少。大部分现有研究均以统计年鉴中的农村公共服务财政支出等变量作为投入变量，以当地农业经济发展水平、农村居民受教育程度和健康水平等变量作为产出变量对政府层面的农村公共服务供给效率进行测算。但是宏观效率值仅能反映政府公共服务财政投入的利用效率，并不能体现农村公共服务消费主体（农村居民）对于公共服务的满意程度，从而忽略了农村居民的微观感受。而使用微观调研数据结合顾客满意度理论对农村公共服务供给微观效率进行评估能弥补上述不足。

（4）对供给效率的影响因素的研究以定性分析为主，使用实证方法对影响因素的作用途径和方式进行考察的较少。在对农村公共服务供给效率的影响因素进行分析时，现有研究较多从定性的角度出发，分析供给模式、财政支出力度、供给制度等因素对供给效率的影响。仅有部分研究使用截面数据模型对影响因素进行实证分析，但其实证结果仅适用于当期分析，并不能体现长期、全局供给效率影响因素的作用途径与方式，而采用面板数据模型进行实证分析更加能够体现影响因素的长期作用方式。

（5）对政府层面供给宏观效率与农户层面微观满意度的协调性进行评估的研究较少。由于对农村公共服务供给进行微观调研的研究较少，且并未将政府宏观效率与农户微观满意度看做一个有机的系统，大部分文献在分析供给效率及影响因素时并未涉及宏观效率与微观效率的比较研究，缺乏对两个层面效率协调性及其影响因素的分析。

1.4　研究思路与研究方法

1.4.1　研究思路

本书的研究按照“发现问题、分析问题、解决问题”的思路，依照图 1-2 所示的技术路线展开研究。研究工作共分为四个基本阶段。

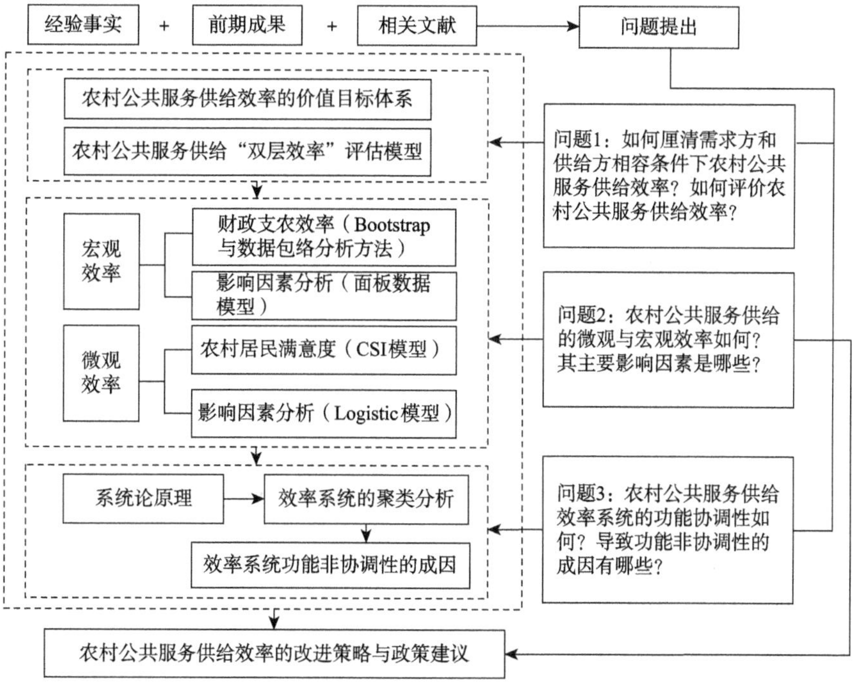

图 1-2　研究的技术路线

第一阶段，构建理论分析框架。在对国内外相关文献和理论梳理的基础上，对农村公共服务的概念和内涵、农村公共服务供给范围、农村公共服务供给效率的实现条件与价值目标体系进行充分讨论，提出并构建农村公共服务供给“双层效率”评价模型，并对西部农村公共服务供给的现状、问题及原因进行分析，为后续研究奠定基础。

第二阶段，西部农村公共服务供给“双层效率”及其影响因素的实证研究。通过对宏观层面的政府财政支农支出效率及影响因素，以及微观层面的农村居民对农村公共服务供给满意度及影响因素的实证研究，发现西部农村公共服务供给效率的现状、问题、变化特征及影响因素。

第三阶段，西部农村公共服务供给“双层效率”系统功能协调性研究。第三阶段研究的主要目的是考察西部农村公共服务供给效率的质量，即从“综合效率”视角对西部农村公共服务供给“双层效率”系统进行功能判断，并揭示造成功能非协调性的成因。具体来讲，本书把“双层效率”系统分为宏观与微观效率平衡型（协调性强）、宏观与微观效率近平衡型（协调性一般）、宏观与微观效率非平衡型（协调性弱）三种功能类型，对供给效率系统功能协调性进行评估，并通过对比宏观与微观效率影响因素作用方式的异同，揭示“双层效率”系统非协调性的成因。

第四阶段，提升西部农村公共服务供给效率的对策研究。这是本书研究的最终目的。西部农村公共服务供给效率系统的改进，必须兼顾农村公共服务的供给方（政府）和需求方（农村居民），即要兼顾农村公共服务“供给”与“需求”均衡的各个方面，主要包括供给决策机制、资金筹集制度、需求表达和收集机制、监督管理机制、绩效评价机制、供给后“双层效率”评价机制等六个具体机制的构建。为此，基于“双层效率”系统功能协调性及其影响因素的实证分析结果，结合西部农村公共服务供给制度变迁，从重构上述六个具体机制的视角提出相应的对策措施与政策建议。

1.4.2 研究方法

（1）规范研究方法。本书的规范研究主要以公共产品理论、公共服务效率理论、满意度评价理论等为基础。其中，公共产品理论主要用于农村公共服务供求均衡分析、农村居民需求表达机制解释等；运用公共服务效率理论对农村公共服务供给目标选择、财政支农供给效率等进行解释；满意度评价理论适用于农村居民对公共服务供给效率的主观评价及其影响因素分析。

（2）实证研究方法。本书采用的实证研究方法主要包括：一是使用因子分析方法，以各种类型农村公共服务供给满意度调查值为基础，对农村公共服务供给的总体满意度进行合成与测算；二是以农村居民对农村公共服务供给的总体满意度为被解释变量，结合筛选出的直接影响微观满意度的连续变量、反映主观评价者个体特征的非连续变量（转换成连续变量），采用 Logistic 模型进行多元回归，考察农村公共服务供给微观效率的影响因素；三是使用 Bootstrap 修正的 DEA 模型与 Malmquist 指数对试验区农村公共服务供给宏观效率的静态水平和动态变化进行测度；四是使用面板数据模型对供给宏观效率的动态变化指数进行回归分析，考察供给宏观效率的影响因素；五是基于系统论原理对农村公共服务供给“双层效率”系统的协调性进行评估，并对非协调性的原因做出判断。

（3）比较研究方法。本书在研究过程中，注重采纳比较研究方法的优势。在实证研究中，采用不同层次比较、不同时期比较、不同地区比较、不同类型农村公共服务比较、不同类型受访者比较等多种研究工具，基于多维视角对西部农村公共服务“双层效率”及其影响因素的特征进行比较研究。

（4）文献研究方法。文献搜索范围包括（农村）经济学、管理（农业经济管理）学等学科领域内的权威学术期刊，如《经济研究》《管理世界》《中国农村经济》等期刊上刊登的相关文献，以及《农业经济问题》《中国农村观察》《农业技术经济》等期刊上刊登的相关文献。

1.5 创新之处与研究展望

1.5.1 创新之处

（1）构建了农村公共服务供给“双层效率”评估框架。在李燕凌（2007）的农村公共产品供给“双层效率”系统的基础上，结合本书对西部农村公共服务供给农村居民满意度的调查情况，对“双层效率”评估系统进行改进。在宏观效率测算方面分别使用能够反映技术效率现状的 DEA 模型和反映技术进步的 Malmquist 指数对农村公共服务供给宏观效率的静态水平和动态变化趋势进行分析；在微观满意度调查时，使用因子分析方法对农村生活型公共服务、农村生产型公共服务和农村公共服务供给制度的满意度进行合成，计算出农村公共服务供给的总体满意度水平，并在随后的“双层效率”系统协调性分析中，加入总体及分类型公共服务供给效率的协调性测度及原因分析，考虑不同类型公共服务供给“双层效率”系统协调性的差异性。

（2）引入 Bootstrap 修正的 DEA 方法对农村公共服务供给宏观效率进行测

算。由于传统 DEA 方法测度的效率值为各决策单元之间的“相对效率”，而并非绝对意义上的“效率”概念，并且其估计的结果仍具有样本敏感性，易受极端值的影响。本书使用 Bootstrap 修正的 DEA 方法对农村公共服务供给效率进行测算，不仅在一定程度上能够使各个决策单元的“相对效率”尽可能向“绝对效率”进行转化，还能对传统测算方法的计算偏差进行修正，提高测算结果的可靠性。

（3）引入面板数据及 Logistic 模型分别对农村公共服务供给“双层效率”系统的影响因素进行分析。与现有研究不同，本书采用面板数据模型对农村公共服务供给宏观效率的影响因素进行回归分析，而非采用传统的 DEA-Tobit 方法，原因在于本书选取 Malmquist 指数作为被解释变量，相比 DEA 效率值而言，不存在数据截断的情况，可以使用面板数据模型进行分析。而在微观层面农村居民满意度的影响因素分析方面，将满意度按等级分别赋值为“0”“1”，并使用二元 Logistic 回归模型进行分析。

1.5.2 研究展望

（1）对微观层面农村居民满意度进行多年重复定点调查。因受到研究经费和时间的限制，本书在进行农村公共服务微观层面农村居民满意度实地调查时，没有采用多年重复定点调查的方式获取微观层面面板数据。截面数据仅是对某一时点的满意度及影响因素进行分析，无法呈现出它们的动态变化趋势，因此在以后的研究中将进一步对所调研的地区、对象进行定期追踪访问，以获取微观层面的面板数据，达到分析微观层面农村居民满意度及其影响因素动态变化的目的。

（2）对农村公共服务供给效率的影响因素进行动态分析。一方面，由于西部农村公共服务供给数据在 2006 年以后的统计口径发生变化，出于保证研究中各变量的平稳性及尽可能增加样本数量的考虑，我们仅对 2006~2012 年的农村公共服务供给宏观效率的影响因素进行静态面板分析。另一方面，由于缺乏微观层面农村居民满意度的面板调查数据，微观层面农村居民满意度的影响因素仅用截面数据模型进行回归分析。在未来的研究中，随着宏观、微观层面数据的增加，可以引入动态面板数据模型对农村公共服务“双层效率”系统影响因素的动态作用方式进行实证研究，对影响因素是否存在路径依赖效应进行检测。

（3）引入更多西部省区市的宏观及调研数据，以全面反映西部农村公共服务供给效率特征。本书以试验区中的重庆市作为反映西部农村公共服务供给情况的典型地区，以重庆市农村公共服务供给效率反映西部农村公共服务供给中普遍存在的问题，但对供给效率及影响因素的地区差异性考虑不足。基于全面评估西部农村公共服务供给效率的目的，在后续研究中可以扩大调研范围，引入更多西部省级、市级、县级数据，对西部农村公共服务供给效率进行全面测度的同时，尤其注重分析西部地区农村公共服务供给效率及影响因素的地区差异性。

第2章　农村公共服务供给效率的理论基础

本章的主要任务是对农村公共服务概念与内涵、农村公共服务供给范围与方式、农村公共服务供给效率及实现条件、农村公共服务供给目标价值体系等进行界定和讨论，并介绍本书评估所采用的“双层效率”评估模型，为后续研究提供理论基础。

2.1　公共服务与农村公共服务供给

2.1.1　公共服务的内涵与类型

（1）公共产品的内涵。公共产品一词最早由 Lindahl（1919）在《公平的赋税》中正式提出，但首次赋予其形式化定义的是保罗·萨缪尔森。1954年，萨缪尔森在《公共支出的纯理论》中将其定义为：“（纯）公共产品（‘集体消费品’）是这样的商品，即每个人对这种产品的消费，并不会减少任何他人也对这种产品的消费。”1955年，萨缪尔森在《公共支出理论的图解》中对其理论用图形形式进行了阐述，用“公共消费品”代替了在《公共支出的纯理论》中使用的“集体消费品”。萨缪尔森认为，“私人消费品”是“像面包那样，其总量可以在两个以上的人之间进行分配的物品，如果一个人多吃一片其他人就会少吃一片”；而“公共消费品”则像“露天马戏表演和国防之类的，可以提供给每个人，而由个人根据自己的偏好来选择是否消费的产品”（何建春，2010）。萨缪尔森关于“私人消费品”的定义被后来的经济学家称为“消费的竞争性”，而对“集体消费品”的定义指的是“消费的非竞争性”（臧旭恒和曲创，2002）。1959年，理查德·马斯格雷夫在《公共财政理论》中把价格的排他原则的非适用性引入公共产品概念的界定中。1969 年，理查德・马斯格雷夫用“消费的非竞争性”代替了在《公共财政理论》中曾经使用的“联合消费”，将之等同于“存在受益的消费外部性”，称之为公共产品的另一特征。斯蒂格利茨认为，从消费的角度来说，公共产品最基本的特征是消费的非竞争性和非排他性（张小林和刘蓓，2010）。但是，詹姆斯・布坎南（Buchanan，1965）认为，公共物品是由供给过程决定的，与物品本身的消费特征无关，布坎南的思想将人们的研究思路引向了公共选择过程，认为公共物品是一个外延广阔的范畴，可以包括萨缪尔森的纯公共物品，也可以包括公共性程度（梁学平，2012）。按照布坎南的分析逻辑，尽管某些公共产品不一定具有消费的非竞争性和非排他性等传统定义上的公共产品特征，但如果这种产品一旦进入了某个公共组织的供给范围，就可以把它界定为公共产品，布坎南将介于公共产品和私人产品之间的产品称为“俱乐部物品”。斯蒂格利茨在布坎南“俱乐部物品”理论、蒂布特模型的基础上，推动了公共产品理论在公共选择领域的具体应用，发展了地方政府公共产品理论。

总之，从 Samuelson（1954）提出的（纯）公共产品，到 Buchanan（1965）提出的俱乐部产品，再到 Grossman 和 Stiglitz（1980）发展的地方公共产品，公共产品理论不断发展和完善，形成了政府、市场、俱乐部提供公共产品的总体框架，从而使得公共产品从纯学术概念逐步向政府标签演化。国内学者对公共产品的定义大致沿着这一路径发展，即建立在萨缪尔森定义的公共产品基本特征的基础上，按照布坎南的分类方法把具备某些公共产品特征的产品定义为准公共产品，而多数准公共产品属于地方政府公共财政的供给范畴（李燕凌，2007）。

（2）公共服务的概念。关于公共产品与公共服务的解释至今仍存在较大分歧。部分学者认为，无论从内涵来看还是从外延来看，公共产品与公共服务都是两个不同的概念，政府可以提供两种类型的产出：一是公共产品；二是公共服务。两者的区别在于，前者是有形的，且产品的生产和消费可以在时空上分离，而后者则是无形的，且服务的生产和消费是时空一体的。但是，包括萨缪尔森、曼昆、厉以宁等在内的学者不同意上述观点，他们认为公共产品不能以产出的产品物质形式来定义。例如，Samuelson（1954）在《公共支出的纯理论》中对公共产品概念进行界定时，并不是将公共产品当做行为的一种结果，而是当做具有特定性质的物品，并指出国防、安全、医疗保健、科研与教育、交通设施、环境等都是公共产品。可见，公共产品并不是因其产出的实物形式而同公共服务相对应的概念。曼昆在《经济学原理》中将公共产品定义为“既无排他性又无竞争性的产品”，列举了国防、基础研究、反贫困等三种最具有代表性的公共产品。厉以宁和秦宛顺（1983）在《现代西方经济学概论》中将公共产品定义为“公共产品是指政府向居民提供的各种服务的总称”，其中国防、经济调节、司法、教育、卫生、社会保障等都是公共产品。鉴于此，本书将公共服务定义为，中央政府或地方政府、私人、第三方组织等为满足城乡居民公共需要，通过合理配置公共资源，向全国或辖区全体或某类居民直接或间接提供的产品和服务。

（3）公共服务的分类。基于前文分析，本书认为，公共服务可以分为纯公共服务和准公共服务，且任何公共服务都不是独立存在的，都与某一组织相联系，组织内部成员对这种公共服务具有消费的非竞争性和非排他性，组织外部成员对这种公共服务具有消费的竞争性和排他性。但是，我们应该清楚的是，某种公共服务是否属于纯公共服务的划分不是绝对的，而是取决于市场环境及技术状况（何建春，2007）。一是纯公共服务。纯公共服务具有消费的非竞争性、非排他性两个基本特征。非竞争性是指某种公共服务一旦被提供，任何消费者对该公共服务的消费都不影响其他消费者的消费。非排他性是指某种公共服务一旦被提供，不可能排除他人对它的消费；如果一定要这样做，则要付出高昂的费用。二是准公共服务。准公共服务只具有消费的非竞争性、非排他性两个基本特征中的某一个，而另一个则表现得不充分。具体来看[①]：①具有非排他性和不充分的非竞争性的公共服务（如义务教育）。义务教育具有非排他性。对同一个教室中的学生来说，甲学生接受义务教育的同时，并不会排斥乙学生听课，但义务教育表现出不充分的非竞争性。因为随着学生的增加，校方需要的课桌椅也要相应增加，教师批改作业的数量和课外辅导的负担也会加重，所以，增加边际人数的教育成本并不为零；如果学校的在校生超过某一限度，学校还须增加班级数和教师编制，教育成本则进一步增加。②具有非竞争性和不充分的非排他性的公共服务（如公共道路）。受特定路面宽度的限制，甲车在使用特定路段时，就会排斥其他车辆同时占有，否则会拥挤。这表明公共道路消费的非排他性是不充分的。但公共道路具有消费的非竞争性，具体表现在：①公共道路上的车辆通行速度并非取决于个体的出价，如果发生交通堵塞，无论出价高低，都会被堵。②当公共道路未达到设计的车流量时，增加一定车辆行驶的道路边际成本为零；但是，如果达到或超过设计能力时，则需要成倍资金拓宽路面，拓宽路面的成本难以用单辆汽车来计算边际成本。

2.1.2 农村公共服务的概念与特征

1. 农村公共服务的概念

基于“三农”的特殊国情，国内学者关于农村公共服务的研究极为丰富，但农村公共服务概念界定至今未达成统一认识。

---

① http://www.chinatat.com/chujijingjishi/fudao/wa2013120909351363098066.shtml。

（1）从受益范围来定义。徐小青在《中国农村公共服务》一书中，将农村公共服务定义为在农村地区范围内为满足农业和农村发展，或农村居民生产生活共同所需而提供的具有消费的非排他性和非竞争性的社会服务（王红霞，2010）。林万龙（2002）研究认为，农村公共服务是指农业和农村发展，或农村居民生产生活共同需要的，在农村地域范畴内具有一定消费的非排他性和非竞争性的社会服务。宋伟和任慧成（2006）研究认为，农村公共服务是指为了满足“三农”需要，而提供的具有一定的非排他性和非竞争性、以非物质形态表现的社会服务。胡志平（2011）则指出，农村公共服务是各级政府为实现其基本职能，向农村居民提供的满足农村经济发展、社会建设等各方面公共利益需求的有形产品和无形服务，包括农村义务教育、农村社会保障、农村医疗卫生、农村社会化服务等。贾先文（2010）研究认为，农村公共服务是指为满足农村经济发展和农村居民生产生活的公共需要，具有一定非竞争性、非排他性和外部性，单个农村居民不愿或无能力提供、为农村居民直接消费的产品和服务。吴丹（2012）、鲍曙光（2014）等持有类似的观点。

（2）从地域视角来定义。于风荣（2006）研究认为，农村公共服务是指地处农村，或者为农村经济发展、农业生产和农村居民生活所需的具有一定消费的非排他性和非竞争性的社会服务。崔宝玉（2009）研究认为，农村公共服务是指在乡村范围内与农村居民生产生活直接相关的、难以完全排他的公共服务。朱玉春等（2011）研究认为，农村公共服务是农村地区为满足农业、农村发展，或农村居民生产生活共同所需而提供的具有一定非排他性和非竞争性的社会服务，包括农村水利灌溉设施、农村文化站等，以及农村义务教育、农村医疗卫生、农业科研和农技推广、农业信息化等服务。

（3）从供给主体来定义。林万龙（2002）研究认为，农村公共服务是指为乡村范围内的地方公共服务，既包括政府提供公共服务，也包含农户自发参与提供的公共服务。陈克运（2004）研究认为，农村公共服务是以农村社区为依托、在村委会领导下开展的具有社会福利性的公共服务活动。于风荣（2006）研究认为，农村公共服务是政府运用公共权力从事的各个需求的职责活动。李秀忠（2007）、雷霆和廖馨（2008）等研究认为，政府及非政府的公共组织和单位在农村公共服务的生产和供给中承担主要职责。郭伟和曹琳剑（2009）研究认为，农村公共服务主要依靠中央和地方各级政府提供。杨振华（2009）研究认为，农村公共服务可以分为纯公共服务和准公共服务，纯公共服务是指具有完全的非竞争性和非排他性的公共服务；准公共服务是指不完全具有非竞争性和非排他性的公共服务。在考虑到农村特殊性的背景下，肖亮（2012）研究认为，农村公共服务是由包括政府、市场、非营利组织、社区和农村居民提供的，以满足农村区域内农业和农村居民生产生活共同需要的社会有形产品和无形服务的总和。

（4）从经济用途来定义。王玉斌（2007）按照农村公共服务对农村发展的用途，把农村公共服务划分为可持续发展类公共物品与服务、农村经济发展类公共物品与服务、农村社会基础设施类公共物品与服务等。郭建军（2007）研究认为，从公共财政与行政的角度来看，农村公共服务是为农村居民公共利益提供服务的事务总称。鲍曙光（2014）研究认为，按照农村公共服务在农村发展中的经济用途，可以划分为生产性公共服务和非生产性公共服务。生产性公共服务包括农田水利基础设施、农村道路等与农业生产密切相关的公共服务；非生产性公共服务包括乡镇医院和卫生所等卫生防疫机构、养老院和幼儿园等福利设施、生态工程等与农业生产没有直接联系，但与农村居民生活密切相关的公共产品和服务。

从上述不同视角的定义来看，尽管国内学者对农村公共服务概念的界定表述有所不同，但基本上是按照萨缪尔森规则来定义的。基于前人的研究成果，本书认为应从两个方面来理解农村公共服务的内涵。第一层含义是农村公共服务是公共服务，区别于私人服务。从理论上讲，农村公共服务是指具有一定消费的非竞争性和非排他性的社会服务，而完全具有消费的竞争性和排他性的社会服务则是农村私人服务。但从实践来看，农村公共服务与农村私人服务的划分并不是绝对的（刘光俊，2011；梁学平，2012）。一是农村社会服务的属性在私人服务和公共服务之间是一种连续分布，并不是绝对划分为两极，且有大量的农村社会服务是处于半公共服务和半私人服务的状态，所以不能绝对地界定其属于农村公共服务还是农村私人服务。二是随着科学技术进步、资源利用变化和产权关系明确，农村公共服务与农村私人服务可能存在一定的转化。例如，公共牧场在牲畜数量较少的情况下，牧场资源的利用几乎没有竞争性，增加一定数量的牲畜不会影响其他放牧者的收益（或成本），但是，随着牲畜数量的进一步增加，公共牧场的竞争性会明显增加。如果在技术较落后的情况下，某放牧者若想排斥其他放牧者设置的围篱成本会很高，从而表现出非排他性；但当技术获得显著进步，新型围篱材料大大降低了排他成本时，公共牧场就具备了排他性，尤其是在牧场产权重新界定并明确了产权归属后，公共牧场可以转化为私有牧场。第二层含义是农村公共服务是与城市公共服务相对应的概念，受益对象主要是“三农”。也就是说，农村公共服务区别于为城市居民生产生活服务的城市公共服务。例如，农村义务教育服务、农村社会保障服务、农村医疗卫生服务属于农村公共服务，而城市垃圾处理、城市社会保障服务则属于城市公共服务。当然，两者之间的界限也不是绝对的，有些城市公共服务同样服务于农村经济或农村居民，如城市公共道路等；有些农村公共服务也同样服务于城市经济或城市居民，如农村环境保护等。

鉴于此，本书认为，农村公共服务是指由政府或政府的代理组织（如村委会）、市场、第三方组织、社区、农村合作组织和农村居民提供的，由农村居民在农村范围内共同消费的或为“三农”服务的社会服务。这一定义具有以下含义：首先，农村公共服务是公共服务，是具有消费的非竞争性和非排他性的社会服务；其次，“三农”是农村公共服务的主要受益者；最后，农村公共服务仅局限于农村这个特定的区域范围而言。

2. 农村公共服务的特征

基于于凤荣（2006）、李燕凌（2007）、刘小锋（2009）、胡志平（2011）、朱玉春等（2011）、唐娟莉（2012）等研究成果，本书认为农村公共服务有以下基本特征。

（1）层次性。各地农村发展极度不均衡，决定了不同地区的农村对公共服务需求是不同的。因此，应根据不同地区的农村居民需求的轻重缓急提供公共服务，如贫困地区的农村可能对乡村道路、农田水利设施、农村义务教育、最低生活保障等公共服务的需求更为迫切；对正在迈向小康的农村来说，农村居民可能对职业教育、技能培训的价值有较为深远的认识，因而可能对农业技术、创业技能及农业信息化服务等的需求更为迫切；而对富裕的农村来说，农村居民可能侧重于追求文化服务设施、自我价值实现等高层次的公共服务需求。

（2）多样性。我国农村范围大，农村居民以小聚居为主，农村社区规模小，所有的农村居民都应该获得同等的国民待遇，所以农村公共服务需要覆盖所有农村地区，因而农村公共服务不可能像城市公共服务一样集中供给，而要根据农村地区的实际情况来确定，从而呈现出多样性特征。东部、中部和西部地区的经济社会发展水平和自然条件存在显著的差异性，甚至同一地区的农业生产方式和生产结构也存在极大的差异，导致不同区域的市场化和农村居民组织化的程度也存在显著差异，且不同区域具有不同的社会特征和文化特征，使得不同地区农村居民对公共服务需求的种类和层次存在差异，这也形成了农村公共服务的多样性特征。

（3）地域性。农村公共服务是指地处农村，为农业农村经济发展、农村居民生活所需的具有一定消费的非排他性和非竞争性的社会服务。城市居民和农村居民的生产生活方式不同，农村居民生产和生活相对分散，为了实现农村公共服务尽可能覆盖所有农村地区，以及实现农村公共服务均等化供给这一终极目标，其供给成本相应比城市公共服务的成本更高。各地区农村经济社会发展水平和市场化程度差异明显，不同地区对农村公共服务的需求各异，因此农村公共服务的供给需要因地制宜，这体现了农村公共服务的地域性特征。

（4）经济性。当前绝大多数农村居民依然以第一产业生产活动为主，且所从事第二、第三产业或多或少地与农业有关联，因而农村居民生产生活受自然再生产的影响较大。由于农村地区（尤其是中西部农村）第一产业比重较大，第二、第三产业比重较小，再加上农村地区（尤其是中西部农村）经济社会活动比较分散，这些客观事实也决定了农村公共服务必须以服务于第一产业为主导，兼顾为第二、第三产业发展，这体现了农村公共服务及其供给具有较强的经济性特征。

（5）社会性。从总体上来看，农村义务教育、农村医疗卫生、农村社会保障、农业基础设施等发展相对缓慢，农村家庭子女教育、农村居民医疗卫生支出负担重，且农村家庭赡养功能比较突出。农村居民交往范围较窄，对血缘关系、地缘关系更为珍视，人际情感交流方式单纯，民风淳朴。因此，农村公共服务供给还必须与农村社会发展及农村居民文化生活水平改善相匹配，这就使得农村公共服务具有较强的社会性。

（6）变动性。农村公共服务的供给主体、供给总量、供给结构等并非是一成不变的，随着农村经济社会发展水平和农村居民生活水平的提高，农村公共服务的供给相应随之变动。这种变动特征主要体现在：①随着农村经济发展水平的提高，农村公共服务的公共性程度是动态变化的，纯公共服务与准公共服务的边界也相应变化，供给方式也可能随之变化；②农村居民对公共服务类型和质量的需求同样是不断变化的，如随着农村生活条件改善，农村居民会更倾向于高质量的发展型或享受型农村公共服务。

2.1.3 农村公共服务供给的方式与范畴

1. 供给方式

农村公共服务是指为乡村范围内提供的公共服务，既包括政府供给公共服务、市场供给公共服务，还包含农村居民自发参与供给的公共服务（李华，2005a；何建春，2007）。具体来看，包括以下几方面。

（1）政府供给。农村公共服务是具有一定的消费的非竞争性、非排他性和较强外部性的社会服务，因此，休漠、斯密、林达尔、萨缪尔森、斯蒂格利茨等学者认为，市场无法实现农村公共服务资源配置的帕累托最优，即市场难以有效地向农村提供足够的公共服务。市场自发供给农村公共服务的难题被经济学家视为由政府来提供农村公共服务的重要理由（何建春，2007）。从实践来看，政府供给的主要特征如下：①决策机制。由农村社区居民或居民代表按照公共选择的基本原则，自主决定农村公共服务的供给数量、供给类型、供给结构、成本补偿原则和标准等。②使用机制。政府安排支出，向农村居民提供纯公共产品和准公共产品。如果在准公共服务供给中可能存在政府供给、市场供给和自愿供给的优势互补的话，那么在纯公共服务供给上政府可能是唯一的供给主体。③筹资机制。政府提供农村公共服务的资金来源以强制性税收为主，以向使用者收费为辅。④监督约束机制。村民或村民代表与政府之间是一种委托代理关系，同时政府内部及村民或村民代表之间、村民代表与政府之间存在监督约束关系（何建春，2007）。

（2）市场供给。由于委托代理关系、官僚体制、信息不对称、有限理性等问题的存在，"政府失灵"在农村公共服务供给中是不可避免的。鉴于此，20 世纪 60 年代以来，学者们就开始对政府作为农村公共服务唯一供给主体的合理性进行了质疑。学者们认为，政府供给农村公共服务的主要理由是基于"市场失灵"，但有理由相信，随着科学技术的进步、农村产权改革的深化及政府提供的必要支持，市场机制在农村公共服务供给中是有可能的甚至是大有作为的（何建春，2007）。美国民营化大师 Savas 的研究成果就是一个很好的例证。Savas（2002）研究发现，在美国最常见的 64 项市政服务中，有 23%的服务项目外包给私营部门，州政府业务有 14% 的服务项目外包给私营部门。从实践来看，市场供给的主要特征如下：①决策机制。市场主体独立决策是否提供农村公共服务、提供多少农村公共服务，以及如何提供农村公共服务。②使用机制。市场主体根据成本收益对等原则决定如何提供具有消费排他性的农村公共服务。③筹资机制。市场主体提供农村公共服务的资金主要来源于消费者的交费。④监督机制。市场主体从自身经济利益出发，对所提供农村公共服务的收入和成本进行管理。当然，政府对其经营活动和收费要进行必要的监管，同时政府也应通过降低市场准入门槛、优化投资环境、实行税收优惠政策等对市场主体进行激励（何建春，2007）。

（3）自愿供给。自愿供给是指组织或个人以自愿为基础，以社会捐赠或公益彩票等形式无偿或部分无偿地筹集资金，直接或间接地用于农村基础教育、农村医疗卫生、农村社会保障、农村基础设施等公益用途，并接受公众监督的一种供给方式。由于受到筹资比较困难的限制，目前自愿供给农村公共服务的空间相对有限，但自愿供给仍不失为一种独立的、融经济行为与人文关怀为一体的、有社会意义的供给方式，是对政府和市场供给的有益补充（何建春，2007），如"希望工程""光彩事业"的发展就是证明。自愿供给的主要特征如下：①决策机制。自愿供给可以自主确定是否提供农村公共服务、提供多少农村公共服务，以及如何提供农村公共服务，同时自主确定受益对象和受益项目。②使用机制。自愿供给的范围主要是准农村公共服务，如农村公共卫生、农村义务教育、农村社会救助等公益事业。③筹资机制。资金主要是通过捐资人直接提供和通过国家机构或社会中介组织间接提供两种方式筹集。④激励机制。有效的政策激励与法律规范是自愿提供农村公共服务的必不可少的外部条件（何建春，2007）。

根据上述分析，借鉴李华（2005b）在《中国农村公共产品供给与财政制度创新》中对农村公共产品三种不同供给方式进行比较的分析框架，本书对三种不同的农村公共服务供给方式的特征进行概括，如表 2-1 所示。

表 2-1　三种不同的农村公共服务供给方式的特征

供给方式	政府供给	市场供给	自愿供给
供给主体	政府	自愿联合或营利组织	组织或个体
决策机制	集体选择	自主决策	分散决策、个人选择
使用机制	公共财政	收费	直接捐助或间接捐助
筹资机制	税收收入为主，收费为辅	受益者付费	自愿、无偿或部分捐赠收入
监督约束机制	政府监督、社会监督	政策激励和监督	政府监督与精神激励

资料来源：李华（2005b）

2. 供给范畴

尽管国内关于农村公共服务研究成果相当丰富，但究竟哪些物品应归入农村公共服务并没有一个统一的结论。

（1）基于基本特性分类。根据消费的非竞争性和非排他性可将农村公共服务划分为纯农村公共服务和准农村公共服务。其中，纯农村公共服务是指具有完全的消费的非竞争性和非排他性的农村社会服务，如农业基础科研、农村义务教育、农村公共卫生、农村环境保护等。准农村公共服务是介于纯农村公共服务与农村私人服务之间，在消费过程中具有不完全的消费的非竞争性和非排他性的社会服务，如农村义务教育、农村社会保障、农村道路等。根据准农村公共服务的公共属性又可以将其分为三类：①接近于纯农村公共服务的准农村公共服务，这类服务有较强的外溢性，如农业科技成果推广、农村义务教育、农村社会保障等；②接近于私人服务的准农村公共服务，如农村自来水工程、实用型农业科技、农村有线电视等；③中间性准农村公共服务，如乡村道路、农村职业教育、小型水利设施等。

（2）基于受益范围分类。根据受益范围可分为全国性农村公共服务、区域性农村公共服务、地方性农村公共服务和社区农村公共服务。全国性农村公共服务是指全国农村居民共同需要的服务，如农村义务教育、农村医疗服务、农村环境保护、农村社会保障等；区域性农村公共服务是指一定区域范围内的农村居民共同需要的服务，受益范围主要是指跨越行政区划的某一特定区域范围，如退耕还林还草、防风治沙、跨地区的农业病虫害防治等；地方性农村公共服务是指某一个地区内农村居民集体需要的服务，如县乡农村道路交通、县乡农贸市场、县乡农村供水排水等；社区农村公共服务是指满足某社区范围内农村居民需要的公共服务，如村道路、村文化活动室、村治安联防等。

（3）基于存在形态分类。根据存在形态可分为有形的农村公共服务和无形的农村公共服务。有形的农村公共服务包括农田水利建设、农村道路建设等。无形的农村公共服务包括与农村居民生活相关的农村义务教育、农村公共卫生、农村社会保障、农村文化服务等，与农业生产发展直接相关的农业信息服务、农村职业教育、农业科技服务等，与农村社会经济发展直接相关的农村治安、农村服务市场等公共管理服务。

（4）基于基本功能分类。根据功能不同可分为生活型农村公共服务和生产型农村公共服务。生活型农村公共服务是指与农村居民的生活密切相关的服务，如农村道路、供电供水、义务教育、医疗卫生、社会保障、居住环境等。生产型农村公共服务是指与农业生产密切相关的公共服务，如江河治理、农田水利、农技推广等。

本书认为，上述分类都有重要的理论价值与实际意义，但在西部农村公共服务供给效率的实证研究中，本书没有按照上述任一分类对农村公共服务进行划分，而是按照农村公共服务具体的物质形态，选择常见的代表性农村公共服务进行研究（表 2-2），从而考察西部地区农村公共服务的供给效率。

表 2-2　代表性农村公共服务

类型	序号	代表性农村公共服务
生活型公共服务	1	农村供电设施
	2	农村饮水设施
	3	农村道路设施
	4	农村通信设施
	5	农村文娱活动、设施或场所
	6	农村社会保障
	7	农村医疗设施
	8	农村教育设施
	9	农村居住环境、农村公共卫生
	10	农村社会治安
生产型公共服务	1	农业基础设施
	2	农田水利设施
	3	农林科学技术推广和服务

2.2 农村公共服务供给效率的改进途径

2.2.1 农村公共服务供给效率的核算模式

1. 效率的概念

效率是经济学和管理学研究的核心问题之一。马克思认为，效率是输入与输出的数量关系，即在尽量少的劳动时间里创造出尽可能多的物质财富。马克思的效率定义是以单位劳动时间的产出量来衡量生产力的，以劳动生产率作为度量生产效率的指标（卫兴华，2004）。帕累托在《政治经济学讲义》和《政治经济学教程》中将效率定义为："对于某种资源的配置，如果不存在其他生产上可行的配置，使得该经济中的所有个人至少和他们的初始时情况一样良好，而且至少有一个人的情况比初始时严格地更好，那么这样的资源配置是最优的。" Kaldor（1939）在《经济学的福利命题和个人间效用的比较》中提出卡尔多补偿原理，并认为"当一种经济变化使受益者得到的利益补偿受损者的失去利益而有所剩余时，则是有效率的"。然而，Leibenstein（1966）发现在现实经营管理中存在着大量的与古典管理理论和传统新古典管理理论描述的效率观相悖的事实，存在着资本和劳动以外的某种因素在组织生产经营中发挥着重要作用，他据此提出了 X 效率（X-efficiency）的概念。哈维 · 莱宾斯坦认为，X 效率是指组织内由于成员的努力使现有资源能生产更多产量所引起的效率，X 效率与资源配置的改善无关，而是取决于全体职工的努力程度和协调程度。萨缪尔森和诺德豪斯（2009）在《经济学》中对效率的定义是："当经济在不减少一种物品生产的情况下，就不能增加另一种物品的生产时，它的运行便是有效率的。" 曼昆在《经济学原理》中则认为"效率是指社会能从其稀缺资源中得到最多的东西"。

尽管我们在做任何工作时都不可避免要谈及效率，但是很难给效率下一个精确的定义。为了能准确理解农村公共服务供给效率的内涵，合理评价农村公共服务供给效率，找准农村公共服务供给效率的改进途径，有必要对不同学派的效率观进行简单归纳。

（1）资源配置效率观。这一观点认为，效率是指在资源配置中的投入量和产出量的比率。资源配置效率包含两个层面：①宏观资源配置效率（即社会资源配置效率）。这种效率是通过整个社会的经济制度安排实现的，故被称为经济制度效率。②微观资源配置效率（即组织资源配置效率）。这种效率一般是指生产单位的生产效率，是通过生产单位内部的生产管理和提高生产技术实现的。资源配置是否有效的基本评价标准是，在不会使其他人境况变坏的前提下，如果一项经济活动不再有可能增进任何人的经济福利，则该项经济活动就被认为是有效率的。

（2）劳动效率观。这一观点认为，效率是指在劳动过程中所消耗的劳动量与所获得的劳动效果的比率。劳动效率是劳动者在单位时间内创造的价值或完成的工作量，或者劳动者创造一定价值或完成一定工作量需要的时间。劳动者在一定时间内创造的价值越多、完成的工作量越多，或者用更少的时间创造同等的价值、完成同等的工作量，都表明其劳动效率越高；反之，劳动效率越低。从计量的范围来划分，劳动效率可以分为全社会劳动效率、地区劳动效率、部门劳动效率、行业劳动效率、企业劳动效率和劳动者个人劳动效率。

（3）制度效率观。这一观点认为，制度效率是由采取某项制度所增加的收益与运行该制度所花费的成本进行比较来衡量的。有效率是指参与者的最大化行为将导致产出的增加，而无效率则是指参与者的最大化行为将不能导致产出的增长（North，1989）。可见，制度效率的最根本特征在于，制度能为人们提供一组有关权利、责任和利益的规则和行为规范，实现以最小投入获得最大产出，并让生产与消费获得帕累托原则下的最优交换比率（North，1989）。

（4）生产效率观。这一观点认为，效率是指一定的投入量下，实际产出与最大产出两者间的比率（樊纲，1992；陶春海，2010）。生产效率关注的重点是组织（如企业）能否利用有限的资源达到最大的生产产出（樊纲，1992）。在经济管理理论中，生产可能性边界是此层面研究中的核心概念，生产可能性边界是用于衡量组织（如企业）生产效率的标准，即组织（如企业）在既定的资源和技术条件下所能生产的各种商品最大效益的组合（尚倩，2013）。当组织（如企业）能够取得最大产出水平时，生产则被称为是有效率的（高宇，2008）。最早将效率引入管理科学领域的是管理学者爱默森，爱默森认为效率主要用于评价组织（如企业）的经营管理活动状况。随着现代管理理论的发展，生产效率的概念产生了狭义和广义之分。狭义的生产效率是指生产系统中单位时间内的产品产出量（单位为量/小时）；广义的生产效率除了上述界定要素外，还包含产品周转率、生产周期等（陈宏林，2008；尚倩，2013）。

（5）效用效率观。这一观点认为，在一定的技术水平和可用资源条件下，通过经济活动的运行，最大限度地满足人们对产品和服务的市场需求（Førsund and Hjalmarsson，1974；高宇，2008）。

2. 农村公共服务供给效率的核算模式

假设现有的消费品只有一种农村私人服务和一种农村公共服务，并且只有 A、B 两个消费者，且消费者 A、消费者 B 的收入水平已定，生产可能性曲线已知，当 MRT①=MRS_A②+MRS_B（即农村私人服务和农村公共服务的边际转换率等于消费者 A 消费这两种服务的边际替代率加上消费者 B 消费这两种服务的边际替代率）时，则实现了农村公共服务有效供给的最优条件。如果去除消费者 A、消费者 B 的收入已定，以及对消费者数量和服务数量的限定条件，当 $\sum_{i=1}^{n} \mathrm{MRS}_i^{j,k} = \mathrm{MRT}^{j,k}$（$i$ 为消费者的数量，$i=1,2,\cdots,m$；j 为农村私人服务量；k 为农村公共服务量）时，即所有消费者边际替代率的总和等于所有服务的边际转换率时，则实现了农村公共服务有效供给的最优条件。上述推理就是萨缪尔森的农村公共服务供给效率实现条件。可见，萨缪尔森的农村公共服务供给效率实现条件是以消费者不隐瞒偏好和社会有体现最终共同的公共服务效用函数为假设，但是，这些假设在现实中难以成立，因此它不能解决农村公共服务供给效率问题，仅在定义农村公共服务供给效率的基础上，给出了福利经济学上的效率判断标准及条件。

萨缪尔森提出农村公共服务供给效率判断标准后，经济学家对公共服务供给效率问题的研究进行了拓展。布坎南于 1965 年提出了“俱乐部产品”理论，俱乐部规模涉及两个方面：一是俱乐部提供的产品数量；二是俱乐部的成员容纳量。俱乐部均衡的条件如下：俱乐部产品对私人产品的边际替代率等于俱乐部产品对私人产品的边际转换率（MRSxy=MRTxy，x 表示俱乐部产品、y 表示私人产品），且俱乐部成员数对私人产品的边际替代率等于俱乐部成员数对私人产品的边际转换率（MRSny =MRTny，n 表示成员数）。之后，斯蒂格利茨、阿尔金森等提出并发展了地方公共服务理论，主张将地方公共服务供给效率纳入地方政府公共财政绩效评估体系之中，从而使得公共服务供给效率研究从纯粹理论分析框架进入可操作的公共政策分析框架（李燕凌，2007）。即便这样，在地方政府公共财政体系中对地方政府公共服务供给效率进行科学、合理的评价也并非易事（胡志平，2011）。随着财政支出的增加，美国政府面临日益加剧的财政危机，为了摆脱财政危机和控制财政支出，20 世纪 60 年代，美国会计总署把对政府工作的审计重心从经济性审计转向经济性（economy）、效率性（efficiency）、效果性（effectiveness）并重的审计，从单一指标扩展到多重指标，这就是政府施政绩效评估的雏形，俗称“3E”评价法（李燕凌，2007）。

① MRT：marginal rate of product transformation，即边际转换率。

② MRS：marginal rate of substitution，即边际替代率。

“3E”评价法的准确定义如表 2-3 所示。

表 2-3　“3E”评价法的准确定义

指标	定义
经济性	表示投入成本的最小化程度，即在维持特定水平的投入时，尽可能降低成本，或者说充分使用已有的资源以获得最大和最佳比例的投入。经济性注重考察成本与收益的关系，侧重于在获取现实水平“所得”的前提下节省“所费”
效率性	表示在既定的投入水平下使产出水平最大化或在既定的产出水平下使投入水平最小化。效率性注重考察投入与产出的比例关系，侧重于一定量的资源投入约束前提下获得更多的“产出”
效益性	财政支出所取得的最终成果的具体体现，分析产出最终对实现政策目标的影响程度，包括产出的质量、期望得到的社会效果、公众的满意程度等。效益性注重考察产出与效果的关系，侧重于一定投入水平下产出的价值功能最大化

资料来源：刘旭涛（2003）

根据表 2-3 的“3E”评价法的准确定义便可以得到以下不同视角下的农村公共服务供给效率的评价模型。

首先，从经济性角度来看，在维持特定水平的投入时，尽可能降低成本或充分使用已有的资源以获得最大和最佳比例的投入，实现公共需求满足程度与公共服务供给水平处于帕累托最优状况，即供求均衡，则农村公共服务效率测评公式如下：

$$效率=\frac{需求}{供给} \tag{2-1}$$

从效率性角度分析，在考虑资源约束刚性的前提下实现产出最大化，或者在既定产出的前提下实现节省“所费”，则农村公共服务效率测评公式如下：

$$效率=\frac{产出}{投入} \tag{2-2}$$

从效率评价的现实性看，由于公共服务消费的非竞争性和非排他性，消费者存在偏好隐瞒倾向，政府通常对其提供的公共服务缺少来自市场的反馈信息，也不能够完全了解消费者的真实偏好等问题，对农村公共服务需求实现程度的衡量变得非常困难。同时，政府与公众对产出的效果目标存在客观差异，也使得农村公共服务供给效果不易量化，或者量化标准难以统一。即使有些公共服务项目可以用活动记录的方式对产出进行衡量，并得到了一些量化的数据，但是这些数据并不能提供有关这些活动对所服务农村地区影响效应的完整信息（李燕凌，2007），所以，式（2-2）通常只在以财政支农支出效率替代农村公共服务供给效率时才被使用（本书对试验区农村公共服务供给宏观效率进行分析时采用该方法）。因此还需要评价在一定投入水平下的产出对实现需求方目标的影响程度，包括产出的质量、期望得到的社会效果、公众的满意程度等，则农村公共服务效率测评公式如下：

$$效率=\frac{效果}{价值目标} \tag{2-3}$$

式（2-3）看起来很复杂，但如果考虑到农村公共服务一旦供给之后其目标所具有的刚性，那么实际上只要能够客观地评价其“效果”，就能够比较方便地评估农村公共服务供给效率。基于此，本书在微观层面上，通过借鉴费耐尔的“顾客满意度”评价方法，采用试验区农村公共服务终端评价的“农村居民满意度”指标，可以对试验区农村公共服务供给微观效率进行评估。

2.2.2 农村公共服务供给效率的改进条件

国内外学者对公共服务供给效率问题进行了长期探讨，形成了公共服务供求均衡的最优理论、次优理论、第三优理论、俱乐部均衡理论等，这些理论为评估农村公共服务供给效率和改进农村公共服务供给效率奠定了理论基础。

1. 最优理论

从农村公共服务供求均衡来看，农村公共服务最优供给实现条件的代表性理论主要包括庇古均衡、萨缪尔森的局部均衡和一般均衡。

（1）庇古均衡。庇古认为，私人通常没有能力也不愿意承担公共服务的生产费用，所以，政府应理所当然地承担起这个重任，但提供公共服务的政府在提供公共服务时需要从社会征集相应的税收，提供的公共服务越多，征收的税收也就越多。如果个人从公共服务中获取正效用（受益）时，也必须承担缴纳税收的负效用（这种负效用是个人放弃私人产品的成本）。对个人而言，当公共服务的边际效用等于赋税的边际负效用时，公共服务的供给是有效率的。最后一笔钱所得到的社会边际正效用恰好等于为支付这最后一笔钱的公共服务的生产所必须缴纳赋税的边际社会负效用时，便产生了庇谷均衡。

图 2-1 中，*GG* 线是政府提供公共服务的社会边际效用曲线，*GG* 线满足边际效用递减的规律；*TT* 线是为提供公共支出而征税所带来的边际负效用，且边际负效用随公共服务供给的增加而增加；*NN* 线是社会边际净效用（即 *GG* 线与 *TT* 垂直相加）。G^*点是公共服务最有效的供给点，即公共服务供给的均衡点，此时，政府提供公共服务的社会正效用与为获得费用而征税给人们带来的负效用相等。G^*点左边，如 G_1 点，这时增加公共服务的提供（增加量不超过 G^*）所带来的社会边际正效用要大于因缴税而带来的负效用，因此社会净效用增加，社会福利增加，而 G^*右边，则会出现相反的结果。因此，最优供给量将会落在 G^*点。

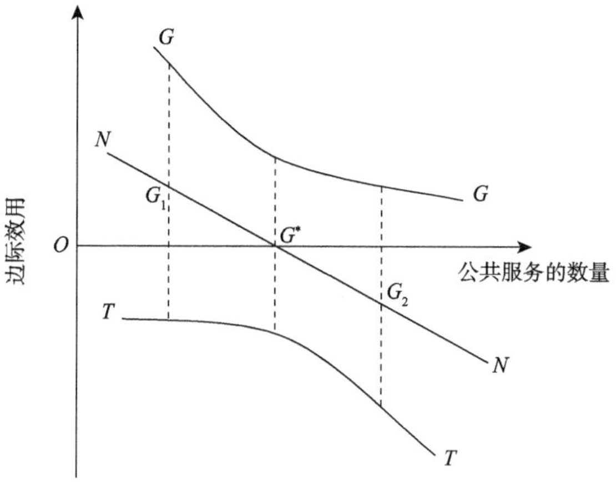

图 2-1　农村公共服务供给的边际效用模型

庇古均衡虽然找到了个体在自己预算内对农村公共服务进行最佳配置的均衡点，但事实上却并不存在将个体的最佳配置结果进行加总计量的机制，而且就其所采用的基数效用分析法而言，其不能明确揭示个体的偏好强度也使得加总变得更加困难。尽管如此，庇古均衡有极其重要的价值，因为其提出农村公共服务有效供给所必须回答的基本问题：个体偏好如何加总？如何确定集体偏好？边际效用与边际负效用如何在社会成员间分配？

（2）局部均衡。局部均衡的假设：一是个体清楚地知道自己所需农村公共服务的数量及愿意支付的价格（或成本）；二是消费者不存在“搭便车”问题；三是该服务是纯农村公共服务。通过对农村私人服务的局部均衡，以及对农村私人服务供给和农村纯公共服务供给的不同特征进行比较分析，依据萨缪尔森定律便可以推导出农村公共服务最优供给的局部均衡（图 2-2）。

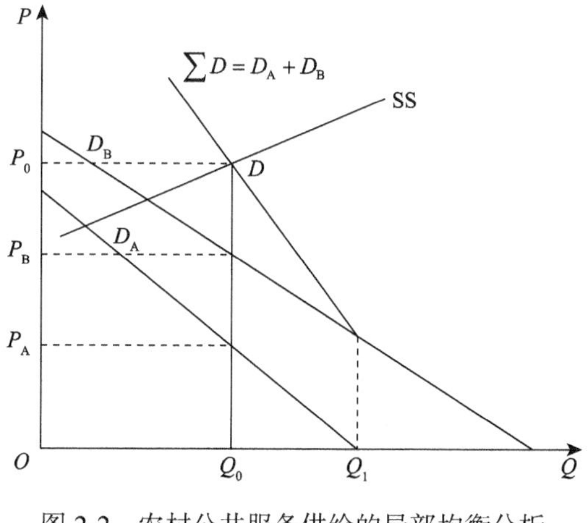

图 2-2　农村公共服务供给的局部均衡分析

图 2-2 中，D_{A}、D_{B} 分别为消费者 A、消费者 B 的农村公共服务消费量。为了把不同的个体对农村公共服务偏好进行加总以确定集体的总偏好，依据萨缪尔森思想可以构造“虚假”农村公共服务总需求曲线（$\sum D = D_{\mathrm{A}} + D_{\mathrm{B}}$）。之所以称 $\sum D$ 为“虚假需求曲线”，是因为在实际生活中，由于农村公共服务消费的非竞争性和非排他性，消费者通常不会真实表露其对一定数量农村公共服务愿意支付的价格（税费）。假定不存在“搭便车”的情况下，当供给曲线确定后，由消费者支付意愿曲线纵向相加构成的总需求曲线（$\sum D$）与供给曲线（SS）的交点 D，则决定了农村公共服务的均衡价格（$P_A + P_B = P_0$）和均衡产量（Q_0）。在图 2-2 中可以发现总需求曲线（$\sum D$）是一条带有拐点的曲线，其含义是：当供给量超过 Q_1 点后，消费者 A 将拒绝支付价格（税费），那么生产成本便全部由消费者 B 来承担。

（3）一般均衡。假设只有消费者 A 和消费者 B，消费者的效用函数取决于其消费的农村私人服务和农村公共服务的数量，那么消费者的效用函数为

$$U_{\mathrm{A}} = U_{\mathrm{A}}\left(X_{\mathrm{A}}, X^*\right), \quad U_{\mathrm{B}} = U_{\mathrm{B}}\left(X_{\mathrm{B}}, X^*\right) \tag{2-4}$$

式（2-4）中，X_{A} 和 X_{B} 是消费者 A 和消费者 B 消费的农村私人服务数量。图 2-3 显示，在农村私人服务市场中，受消费者 A 和消费者 B 各自需求曲线的影响，消费者 A 和消费者 B 的消费量可以是不同的。按照一般均衡条件，农村私人服务消费效用最大化时的产量，为边际收益（marginal revenue，MR，由需求曲线决定）等于边际成本（marginal cost，MC）时的产量，即 X_{A} 和 X_{B}。

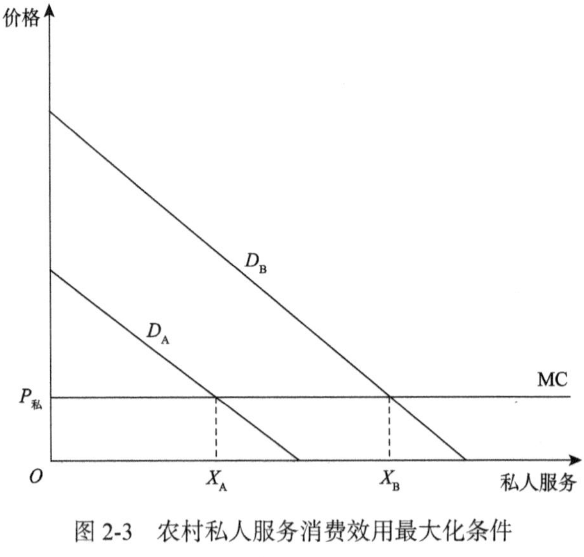

图 2-3　农村私人服务消费效用最大化条件

从图 2-4 可以看出，农村公共服务的需求曲线是由消费者 A 和消费者 B 的需

求曲线 D_A 和 D_B 纵向加总形成的社会需求曲线 (D_A+D_B)。在社会需求曲线 (D_A+D_B) 上的 D_0 点对应的农村公共服务价格为 P_0，P_0 由消费者 A 和消费者 B 的需求曲线 D_A 和 D_B 决定的价格 P_A、P_B 加总形成（即 $P_0=P_A+P_B$），对应的农村公共服务数量为 X_0。图 2-4 显示，在社会需求曲线 (D_A+D_B) 上的拐点 E 点，消费者 A 和消费者 B 所消费的农村公共服务数量是相同的，即 X_0［在社会需求曲线 (D_A+D_B) 上 E 点的右方，消费者 A 对农村公共服务已没有需求，此时的 X_0 等于消费者 B 对农村公共服务的需求量］。根据一般均衡条件，实现农村公共服务消费效用最大化时的产量，应当为社会边际收益等于社会边际成本（即 MR=MC）的产量，那么此时的农村公共服务最优供给量为 X^*。

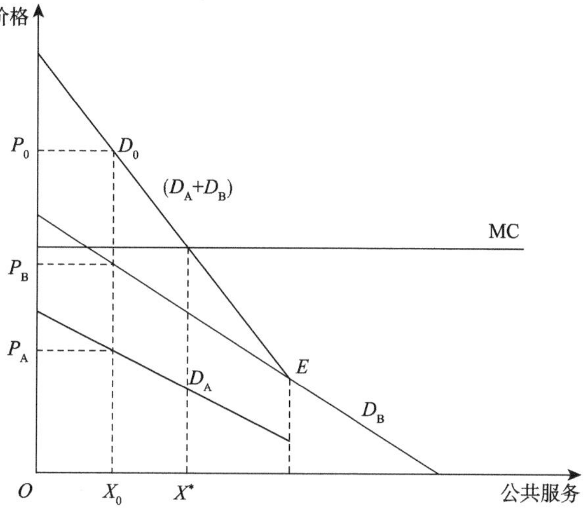

图 2-4　农村公共服务消费效用最大化条件

由此可以推导出，在含有农村公共服务的消费模型中，农村公共服务与农村私人服务供给或消费的帕累托效率条件。

假设 X 为农村私人服务总量 $(X=X_A+X_B)$，Y 为农村公共服务总量。但是，由于农村公共服务的消费非排他性，每个人消费的农村公共服务量等于农村公共服务总量，则生产可能性边界的隐函数为 $T(X_A+X_B,Y)=0$，社会福利函数为 $W=W\left[U_A(X_A,Y),U_B(X_B,Y)\right]$。那么要在生产可能性边界限制下求取社会福利最大化，应满足如下的条件①：

$$\mathrm{MRS}_{YX}^{A}+\mathrm{MRS}_{YX}^{B}=\mathrm{MRS}_{YX} \tag{2-5}$$

① 具体推导过程参见：李燕凌和曾福生（2006）。

上述推理表明，如果消费者对农村公共服务与农村私人服务间边际替代率的加总，等于农村公共服务与农村私人服务间的边际转换率，那么农村公共服务资源配置有效。一般均衡分析理论模型是基于以下假设：①有一个拥有完全信息的计划者，且该计划者知道每个消费者的效用函数和他们愿意为农村公共服务支付的价格；②消费者会披露其对农村公共服务的真实偏好；③提供农村公共服务的成本由消费者个人缴纳的税收支付，且税收不对服务的相对价格产生影响，即不会改变消费者对农村私人服务和农村公共服务的相对需求。然而，在农村公共服务供给的过程中难以同时满足这三个假设。因为，在实践中，没有一个计划者能掌握农村公共服务有效供给所需要的完全信息，自私的消费者将会隐藏其对农村公共服务的真实偏好，而且税收往往会影响服务的相对价格，会改变消费者对农村私人服务和农村公共服务的偏好，从而造成价格信号失真。这些缺陷会使农村公共服务供给的帕累托条件难以满足，表明农村公共服务最优供给只能是一种理想境界，但是，一般均衡分析理论模型毕竟为人们研究农村公共服务有效供给提供了分析依据和标准。

2. 次优理论

在现实经济中，由于信息不对称性、垄断性、外部性等因素的存在，（农村）公共服务供给帕累托最优难以实现。所以，次优供给便成为（农村）公共政策制定者经常追逐的目标。事实上，次优问题也是追求（农村）公共服务资源的最优配置，所不同的是，最优问题是在假设经济中不存在扭曲条件下（农村）公共服务资源的最优配置，而次优问题是在假设经济中存在扭曲条件下（农村）公共服务资源的最优配置。Lipsey 和 Lancaster（1956）提出了“次优理论”，次优理论的含义如下：一是在某经济系统中，如果在全部帕累托最优条件中只要出现一个条件受到限制，即使其他条件都得到满足，那么也不会实现帕累托最优；二是在部分条件得到满足，而其他条件未能满足的各种状态之间是不能进行评价的；三是即使在多数条件得到满足的状态下，其结果也不一定优于少数条件得到满足的状态。

次优理论的基本原理可以用图 2-5 来说明。假设经济系统只生产两种产品，数量分别为 X 和 Y，生产可能性曲线为 PP，偏好由无差异曲线 U 给定。图 2-5 表明，在无差异曲线 U_2 与生产可能性曲线 PP 的切点 E 点，农村社会公共服务资源配置实现了帕累托最优。再假定经济系统中存在某些约束条件的限制，致使最优点（E 点）无法达到。图 2-5 中这一约束条件由 AB 直线表示，由于存在着这一约束条件，经济系统活动难以达到 AB 直线右上方，那么经济系统活动最优问题只能在 AB 直线的约束下争取。图 2-5 清楚地显示，有限制条件下的农村社会公共服务资源配置最优状态是无差异曲线 U_3 与 AB 直线的切点 C 点，但是，最优点 C 点并不在生产可能性曲线 PP 上。与最优点 C 点相比，尽管 D 点（生产可能性曲线 PP 与 AB 直线的交点）是技术上有效的，但在 AB 直线的限制下，社会更偏好于 C 点。这显然否定了帕累托最优的论点，如果帕累托最优的所有条件不能全部满足，则满足某一部分就是最好的政策。

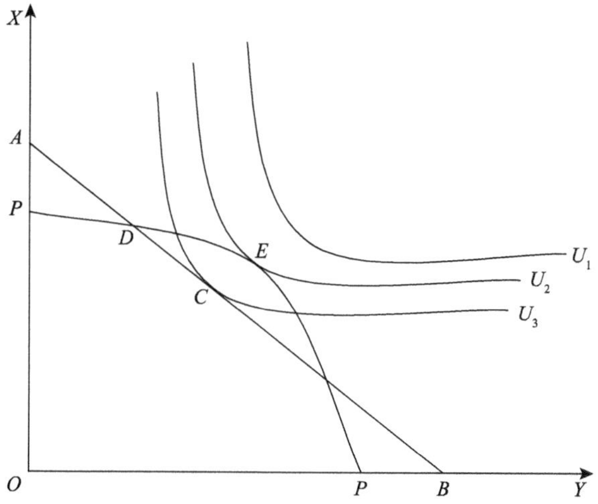

图 2-5　农村公共服务供给次优理论的思想

3. 第三优理论

次优理论的表述似乎简单，但实际上次优条件更加复杂（Ng，1987），因为它不仅取决于边际成本和边际替代率的比率，还取决于受约部门与非受约部门之间的商品的辅助和替换性的程度，以及一种商品生产的增长对商品边际成本的影响。针对次优理论的困境，黄有光于 1977 年提出了第三优理论。黄有光认为，人们获得信息不会处于掌握充分完整信息和完全无知这两种极端状态，而总能得到一些“可利用”的信息。“最优”与“次优”描述了两个非常极端的情况，而现实生活中我们经常处于两个极端之间的某个位置。为方便起见，黄有光把信息的可获取性分成三种情况：①信息贫乏。可利用的信息不够做出下面两项合理的判断，一种情况是在次优约束存在时，应用最优规则所产生的结果对于次优状态有何种方向的偏离；另一种情况是，相关曲线偏离通常凹度的程度。②信息不足。可利用的信息对上述判断已足够，但不完善。③信息完善。处于信息轴上的一个极端位置，是一种理想状态。依据信息量不同，第三优理论提出四项命题：命题一是当信息充分时，在最优世界采用最优法则；命题二是当信息丰富时，在次优世界采用次优法则；命题三是当信息贫乏时，在第三优世界采用最优法则；命题四是当信息不足时，在第三优世界采用第三优法则。其中，第三命题、第四命题是黄有光第三优理论的精华所在。黄有光通过相应的数理推导得出“当信息贫乏时，第三优理论收敛于最优理论；而当信息和行政费用可忽略不计时，第三优理论收敛于次优理论；最优理论、次优理论是在极端情况下第三优理论的特殊形式”的结论。李燕凌（2007）研究认为，黄有光的第三优法则可以为改善我国农村公共服务供给效率提供极具现实意义的理论指导。由于我国农村公共服务供给具有“分散性、层次性、依赖性”等特征，客观上决定其供给或生产成本偏高，各供给主体在制定农村公共服务供给决策时，有一个复杂的信息网络（如实地调研、村民真实需求等），但这些信息有时既不“足够”，又不“完善”。从这一意义看，我国农村公共服务供给效率决策是一个典型的“只考虑比较重要而又能获得的信息和适度行政费用”的第三优决策问题（李燕凌，2007）。

4. 俱乐部均衡理论

Buchanan（1965）建立了同时包括成员数和产品数在内的俱乐部均衡模型。该模型假设：①俱乐部排除非会员不需要成本；②俱乐部的会员不致受到其他会员的歧视；③会员分摊相同的成本和收益。实现俱乐部均衡必须满足两个条件：①俱乐部服务与私人服务之间的边际替代率与边际转换率相等（$MRS_{xy}=MRT_{xy}$）；②俱乐部成员数与私人产品之间的边际替代率与边际转换率相等（$MRS_{ny}= MRT_{ny}$），其中 x、y、n 代表俱乐部服务、私人服务和俱乐部成员数量。可见，对某俱乐部而言，为了获取个人均衡和俱乐部均衡，须同时确定俱乐部所应提供的最优俱乐部服务数量与应容纳的最优成员数量。

图 2-6 中，N 曲线表示与任何服务规模相对应的成员规模，X 曲线表示与任何成员规模相适应的最优服务规模。N 曲线与 X 曲线的交点 E 点表示俱乐部服务与成员同时最优，即实现俱乐部均衡，x_0、n_0 分别为最优的俱乐部服务数量与俱乐部成员数量。如果不在 E 点，那么则没有实现俱乐部均衡。但是，俱乐部成员的自由流动与自愿生产将会促使 E 点的重新恢复。例如，A 点相对于 n_1 的成员 x_1 是最优的；但反过来，相对于 x_1 的服务规模的 n_1 成员太少，于是俱乐部成员自动增加到 B 点，但是，此时的 x_1 服务又显得过少；于是俱乐部成员又增加俱乐部的产出至 C 点。如此循环，最终到达 E 点。俱乐部均衡推理表明，俱乐部成员的消费效用同时取决于俱乐部公共服务数量与俱乐部成员数量。若俱乐部提供的公共服务数量太多，则私人服务消费数量少，故俱乐部成员效用不高；若提供的公共服务数量太少，则俱乐部成员效用也较低；若俱乐部成员数量太多，会因拥挤而减少效用；若俱乐部成员数量太少，则负担成本较高，也会减少效用。

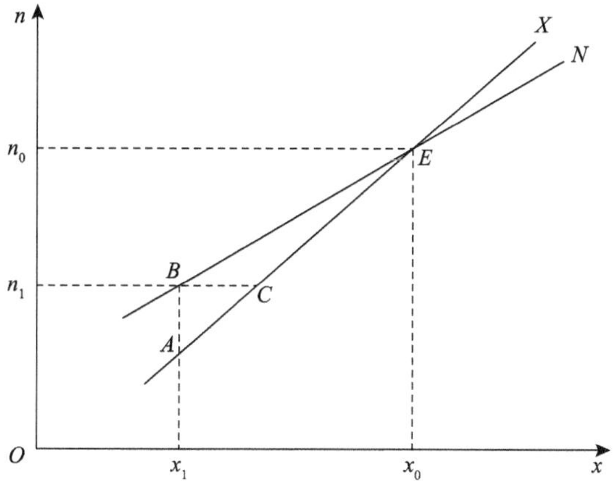

图 2-6　农村公共服务供给效率的俱乐部均衡理论

5. 蒂博特模型

蒂博特（Tiebout, 1956）提出了在地方公共服务中消费者显示自己偏好的“用脚投票”机制。蒂博特认为，如果存在足够多的农村社区，社区居民都能满足自己对公共服务的真实偏好，且不存在偏好的冲突，那么在地方政府之间提供公共服务的竞争和以自由迁徙为前提的“用脚投票”的相互作用下，地方公共服务的供应可以达到帕累托效率，并达到资源的有效配置。但是，这一目标的实现基于以下的严格假设：①双重身份者能够充分流动，即他们流向能够满足他们既定偏好模式的社区；②存在着众多社区供双重身份者选择居住；③双重身份者对收入-支出模式的差异掌握完全信息，并能够对这些差异做出响应；④每个社区所提供的公共服务不存在外部经济性问题或者外部不经济性问题；⑤不考虑对就业机会的限制；⑥社区服务模式是由社区管理者根据社区原有住户的偏好设定的；⑦没有达到最优规模的社区试图吸引新的居民，以此来降低成本，而超过最优规模的社区则实行相反的做法。

尽管有包括斯蒂格利茨在内的学者为蒂博特模型找到了实证依据，但是，多数学者认为只有在非常特殊和不合理的假设下，居民在社区间的选择过程才会导致帕累托最优。原因在于蒂博特模型的成立建立在如下的假设上：①假设人们具有充分信息，且可在社区间自由地迁移。这显然是不现实的。获得关于不同社区的信息是需要成本的，在社区间迁移的成本就更高，大多数家庭事实上会不同程度地容忍其对现住社区的不满意。②假定有足够多的地方政府让每个家庭都能选择到税收和公共服务的组合非常理想的社区。这显然也是不现实的。不可能有足够多的地方政府让每个家庭都能选择到满意的社区，于是家庭只能进行次优的选择，通过“以脚投票”的方式在税收和公共产品的组合最接近自己偏好的社区居住，然后在该社区的各项选举中通过普通的投票方式表达偏好，参与决策。③假定地方公共服务不会带来社区间的外部性，所有地方公共服务的成本、收益限于本社区范围内，不论社区规模大小。在这一假定下，地方公共服务和私人服务已经没有分别，于是家庭对于社区的选择就像对私人服务的选择一样会带来资源优化配置的效果。然而，现实的情况是，地方政府提供的公共服务与私人服务是不同的，这些服务往往在消费中具有不同程度的非竞争性，其部分利益会溢出到本社区以外。④通过居民的自由流动及社区间的充分竞争，会自动消除各地在净财政收益上的差异。然而，由于各个地方政府的财政能力、政策取向并不相同，实际上各地方政府所能提供的净财政收益相差很大。总之，蒂博特提出的假设条件，我国农村一个都不具备，很难应用蒂博特模型分析我国农村公共服务供给效率。

2.3 农村公共服务供给效率的目标价值体系

基于农村公共服务供给均衡理论，可以演绎出农村公共服务供给效率的目标价值体系内涵，即农村公共服务供给效率是指农村公共服务供给主体（政府、其他组织或个人）在不同的经济社会条件下，根据一定区域内农村居民对农村公共服务的客观需求方向和水平，合理发挥自身组织能力，有效配置资源要素，经济地组织农村公共服务的生产、经营和维护，使农村公共服务需求的满意程度与农村公共服务的供给水平处于帕累托最优状况。简单来讲，就是农村公共服务的提供者通过改善供给结构、调整供给数量、加强供给监管等措施，使农村公共服务的供给以最小的投入获得最大的产出，并且这些产出与农村公共服务需求者的需求处于相一致的活动状态。但是，由于农村公共服务供给效率的目标价值体系是一个涉及面广且复杂度高的综合性问题，我们有必要对农村公共服务供给效率的目标价值体系进行理论分析，具体如下。

2.3.1 农村公共服务供给效率的效果目标

Coase（1960）研究认为，效率的检验以客观的效果为评价标准。如果在资源约束的条件下实现了个体效用最大化，则某经济活动是有效率的；如果所有个体在资源有限的条件下都实现了个体效用最大化，那么整个社会公共服务资源的配置是有效率的。Coase（1960）曾指出，如果产权是明确的，交易成本为零，那么无论在开始时将产权赋予谁，市场均衡的最终结果都是有效率的。尼古拉斯·亨利认为，公共服务供给效率是工具主义的概念，即效率是指基于最少的可利用的资源，对其进行配置，以完成某种工作任务，追求投入与产出之比的最大化。曼昆认为，社会从其稀缺资源中得到最多东西，这就是一个有效率的社会；如果经济能够将它得到的全部稀缺资源利用，那么这就是有效率的结果。

归纳而言，从效果目标来看，农村公共服务供给效率的目标体系应包括农村居民生活条件、农村社会发展、农业生产发展、社会公平公正、民主政治建设等方面，具体包括：①提供“三农”需要的维护社会治安、改善农村居住环境等生活条件；②提供“数量和质量”统一的农村基础设施、农村社会保障、农村医疗卫生、农村文化事业等，以促进农村社会发展；③提供农业生产基础设施、农业科学技术、农业病虫害防治、防汛抗灾等农村公共服务，以促进农业生产发展；④提高农村居民收入、缩小农村居民收入区域差距等，以促进农村社会公平公正；⑤提高社会信任感、实现社会发展和谐化、推动基层民主政治建设等，以促进农村民主政治建设（表 2-4）。

表 2-4　农村公共服务供给效率的效果目标

目标价值取向	目标价值标准定义	效率评价的主要指标
农村生活条件	维护社会治安、改善农村居住环境等	村委会办事效率、村干部工作态度、农村社会治安与稳定、居住环境
农村社会发展	提供农村基础设施、农村社会保障、农村医疗卫生、农村文化事业等	农村供电、道路、通信、社会保障、医疗设备和人员、教育设施和师资、公共卫生
农业生产发展	提供农业生产基础设施、农业科学技术、农业病虫害防治、防汛抗灾等	农业生产基础设施、农田水利、农林科学技术服务
社会公平公正	提高农村居民收入、缩小农村居民收入区域差距等	农村居民总收入、务农收入
民主政治建设	提高社会信任感、实现社会发展和谐化、推动基层民主政治建设等	村民自治、一事一议

注：农村公共服务供给效率的效果目标指标体系受李燕凌（2007）的启发

2.3.2　农村公共服务供给效率的功能目标

布坎南曾指出，在真正的意义上，许多经济学家都是以一种类似于科学家所适用的真理检验方法，即试图用一种理想化的“效率”标准去检验市场制度或交易制度（钱弘道，2004）。但是，一旦涉及“社会福利”问题就涉及种种价值判断问题，而价值判断问题是经济学家不能或尚不能给予确切回答的，他们所能给予明确描述的，只是社会福利“毫不含糊地”有所增进或降低。可见，与科斯不同，布坎南认为，效率的高低是一种主观感受，独立于效果之外并存在于过程之中，是不能由外界观察到的，因而所谓的客观标准是一句空话。布坎南进一步指出，对个体而言，只要按照自己的意愿行事，那就增进了个体效用；只要看是否满足了个体意愿，是否实现了个体自由，就可以判断个体是否得到了最大效用；对于整个经济活动的效率而言，应运用契约论观点从整个经济活动过程来判断，只要所有的人都未受到强迫，都是按自己的意愿行事，则这一经济活动具有配置效率。

从过程判断农村公共服务的供给效率，其判断标准是指农村公共服务供给过程中所投入的人力、物力和财力与所取得的成果之间的比率关系，且这种比率关系贯穿于农村公共服务供给活动的全过程，是农村公共服务供给的功能性目标实现程度。前文分析表明，农村公共服务的有效供给对于促进传统农业向现代农业转型，加速推进农村新型城镇化和新型工业化发展，以及实现全面建设农村小康社会目标均具有重要的现实战略意义。因此，实现农村公共服务应有的使用价值，无疑构成了农村公共服务供给效率的目标价值体系的重要组成部分。这一重要性已经被大量的研究成果所佐证。迟福林和方栓喜（2004）研究认为，“三农”问题主要是农村居民没有享受最基本的公共服务。林伯强（2005）关于公共投资对农村发展、减贫和地区平衡效应的研究结果表明，农村教育、农村基础设施、农业研发等对提高农业生产率、缓解农村贫困等具有显著的积极效应。吴丹（2012）在对欠发达地区农村公共产品供给效应进行研究时，发现农村公共产品供给与社会福利呈显著正相关关系。骆永民和樊丽明（2012）实证分析了农村基础设施与农村居民收入之间的关系，研究发现，各种农村基础设施投资对本省和邻省的农村居民收入具有正向作用。

对于农村公共服务供给的实际价值，学者们各抒己见，但其对促进农村经济社会发展的基本功能包括：①增加农村居民收入。农村公共服务的有效供给能在农村创造出就业机会，直接增加农村居民收入；降低生产经营成本，间接增加农村居民收入；为农村居民返乡创业创造条件。②启动农村消费市场。目前农村公共服务供给严重滞后，不仅严重制约农村居民的消费需求由低级向高级转换，而且影响农村居民生活质量的提高。因此，农村公共服务的有效供给有利于减轻农村居民负担，减少消费障碍，降低消费成本，刺激农村消费。③促进现代农业发展。公共服务的改善，不仅可降低生产成本、销售成本在内的经营成本，提高农业生产率，可以降低自然风险和经济风险，提高农业生产抗风险能力，而且能促进农业专业化、规模化、产业化、市场化的发展，提高农村社会劳动生产率。④实现农村现代化。行路难、上学难、就医难等问题在农村地区仍普遍存在，因此，提供农村居民急需的道路、教育、医疗等基本公共服务，是现代城市文明向农村延伸的重要桥梁和基本通道，为农村居民参与整个经济社会发展过程及分享经济社会发展成果创造必要的条件，促进农村现代化的发展。

2.3.3 农村公共服务供给效率的公平目标

科斯主张以客观效果作为效率的检验标准（即追求资源约束条件下的个体或整体效用最大化），布坎南强调以主观感受作为检验效率高低的标准（布坎南认为效率独立于效果之外并存在于过程之中,强调配置效率是人们对经济活动的"一致同意或自愿交换"）。虽然这两种检验标准有所差异，但事实上，"客观效果""主观感受"这两种标准都暗含着对"公平"的价值判断，因为脱离了公平的效率是没有实际意义的（曼昆，2003；Okun，1971；迈尔斯，2001；李燕凌，2007）。亚当·斯密认为公共服务的有效供给就是要以"实现最大多数人的最大幸福"为前提，换句话说，"最大多数人的最大幸福"是检验公共服务供给是否有效率的重要准则。曼昆（2003）研究指出社会始终面临"效率与平等"的权衡取舍问题，并认为"效率"是指社会能从其稀缺资源中得到最多的东西，而"平等"是指将这些资源的成果公平地分配给社会成员。当考虑的目的在于实现更平等地分配经济福利的政策时，虽然这些政策对实现更大的平等有好处，但它以降低效率为代价。Okun（1971）研究认为"公平和效率"是最需要加以慎重权衡的社会经济问题，并在很多的社会政策领域中一直困扰着我们。迈尔斯（2001）研究认为公平和效率这两个目标会不可避免地发生矛盾或冲突，提高效率的政策往往是高度不公平的，促进公平的政策则往往会在经济中造成很大的效率损失和产生抑制效率功能的作用，但公平和效率在本质上并不存在显著差异，因而主张经济蛋糕有效率的分配是"使最穷的人状况尽可能变好的分配"。

公平和效率是任何时期农村公共服务供给机制选择都必须坚持的两大标准。事实上，政府职能理念变迁的每一阶段都蕴含着对公平和效率两大标准的权衡。通常来说，政府供给更看重公平，而私人供给则更强调效率。就收入分配而言，效率是公平的前提。道理很简单，如果没有效率，就可能阻碍生产力发展及社会财富增长；但是，效率必须有赖于公平，理由同样充足，即如果不顾收入分配的公平甚至形成两极分化，会损害人们的工作热情，降低工作效率。由于农村公共服务（尤其是基本公共服务）本身体现的"公平目标"或"非经济目标"无法通过以个体选择为基础的市场机制实现，这就为各级政府供给农村公共服务提供了可能性与必要性。然而，政府能否有效供给农村公共服务，却取决于众多严格条件，包括消费者偏好如何充分显示、信息完全性和对称性如何实现、委托代理问题如何解决、消费者偏好及如何加总等一系列现实问题。但是，以上一系列众多严峻的问题难以同步解决，或者说一系列严格条件难以满足，更难以同时满足，可能会导致政府的农村公共服务供给效率低下。所以，政府机制均在公共服务供给过程上存在失灵或低效率问题。但无论如何，实现公平公正是农村公共服务供给的重要目标，也是农村公共服务能否实现有效供给的重要评价标准。

2.4 农村公共服务供给效率的评价模型

2.4.1 “双层效率”评价模型的选择理由

农村公共服务的供求双方信息不对称、供给主体多元化与供给方式多样性、不同地区农村经济社会发展的异质性等问题，使得对农村公共服务供给效率的评价研究是一项十分复杂的工作。概括地讲，农村公共服务供给效率评估的复杂性体现在以下方面。

首先，供求双方信息不对称。农村公共服务供需双方信息不对称使得难以准确判断农村公共服务供给所产生的实际效果。主要体现在：①由于农村公共服务消费的非竞争性和非排他性，一般来说，出于策略考虑，农村居民具有隐瞒其对农村公共服务真实需求的偏好。②我国农村幅员面积大，出于公共财政支出的成本和效益的考虑，政府分层次分区域供给农村公共服务，即使分层次分区域供给农村公共服务，也难以确保农村公共服务供给的针对性。③当前我国农村公共服务财政资金有限，以及农村居民需求广泛性和多样化使得“讨价还价”成本很高，政府有理由采取“体制外供给”决策方式，但是，这种体制外供给决策方式可能会进一步增强农村居民隐藏其对农村公共服务需求的偏好。④政府供给农村公共服务还与其自身“政绩”目标联系在一起，尼斯坎宁模型已经较好地解释了政府扩大供给的政策偏好。政府有效供给农村公共服务必须基于一系列相关决策信息，但上述各种原因的叠加使得政府难以获得相关决策信息，同时农村居民的合理诉求无法及时传递到政府决策部门。这种供求信息不对称必将导致农村公共服务供给效率损失，而这种效率损失难以“计量”，更难以让农村公共服务供求双方达成“共识”。为了解决农村公共服务供求双方信息不对称问题，布坎南提出的“一致同意”方法应是解决这一问题的好办法，可能有助于解决农村公共服务供给效率难以评估的问题。然而，实践表明，在我国农村公共服务供给中“一致同意”的成本较高，且“一事一议”并未带来农村公共服务供给的明显改善（个案例外）（李燕凌，2007）。

其次，不同的主体有着不同的目标价值。从目前来看，我国农村公共服务的供给主体主要是政府，农村公共服务的需求主体主要是农村居民，但农村公共服务的供给主体（政府）和需求主体（农村居民）具有不同的目标和价值判断，因此也难以准确地判断供给农村公共服务所实现的实际效果。从实际情况来看，农村居民希望政府不加区分地供给他们所需要的各类公共服务，甚至供给私人服务，并且最好不需要支付任何成本。尽管政府对承担农村公共服务具有不可推卸的责任，但是，政府供给农村公共服务是有范围、有层次的，且不同范围、不同层次的目的也是不同的。如果在农村居民不支付任何税收（成本），而由政府“无限量供给”的情况下，本书认为这样的农村公共服务供给是不可能有效率的。

最后，效率评估方法多样，选择标准不一。经济学上的“农村公共服务供给效率”概念一般被理解为“萨缪尔森”效率条件或规则，从狭义上看（尤其是在实证研究中），人们通常以政府财政支出绩效评估来衡量农村公共服务供给效率。但是曼昆的“效率”定义扩展了人们考察农村公共服务供给效率的视野。从广义上讲，应当把从稀缺的公共资源配置中能够获得的全部“东西”，都纳入效率的计算之中。不过，这就带来了难题，如所有项目的公共服务如何计量？来自供求双方不同主体、不同目标的公共服务供给效果，在计量上如何实现加总？尼斯坎宁意义上的 X 效率是否也应当被包含在效率计算的结果之中？如何去剔除这种影响？农村公共服务供给对私人投资产生的“汲水效应”如何计算？

上述问题在西部农村公共服务供给效率评估中都会被涉及，基于此，本书提出并构建农村公共服务供给“双层效率”评价模型（图 2-7）。虽然该模型仍不可能解决所有问题，但力求解决需求主体（农村居民）的需求表达、供给主体（政府）的财政支农效率，以及有限信息充分利用和效率测度计量等问题。本书把宏观统计数据和微观调查数据相结合，构建农村居民主观的顾客满意度指数（customer satisfaction index，CSI）和客观的 DEA 静态效率值及 Malmquist 动态效率值，然后，基于系统论原理和方法对西部农村公共服务供给“双层效率”系统的功能协调性及其影响因素进行实证分析，进而评价西部农村公共服务供给的效果，提出提高西部农村公共服务供给效率的基本思路与对策建议。

2.4.2　“双层效率”评价模型的基本内涵

本书将利用“双层效率”评价模型（图 2-7）来实证研究西部农村公共服务供给效率涉及的供给与需求主体、供给范围与层次、评价指标选择与分类等相关问题，所以有必要对“双层效率”评价模型的基本内容进行说明。

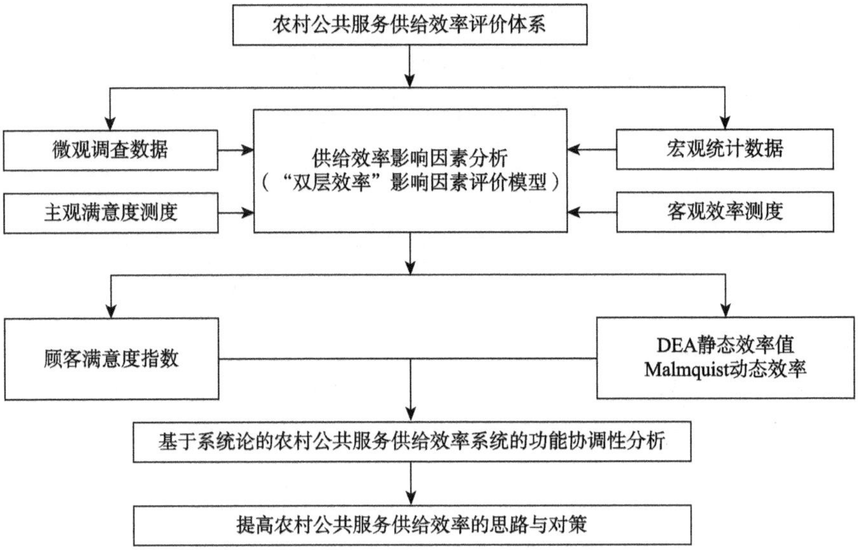

图 2-7　农村公共服务供给“双层效率”评价模型

1. 农村公共服务供给效率的测评方法

研究农村公共服务供给效率，既可以从经济学角度考察，又可以从管理学角度考虑（李燕凌，2007；郭小喃，2010；王薇和李燕凌，2013）。农村公共服务供给与农村经济可持续发展息息相关，而农村经济可持续发展是国民经济可持续发展的基础，所以，农村公共服务供给效率问题理所当然属于经济学探讨的范畴；此外，农村公共服务有效供给事关农村社会长治久安和农村居民安居乐业，所以农村公共服务供给效率问题又是农村公共管理学研究的重要内容（李燕凌，2007；郭小喃，2010）。基于此，本书认为农村公共服务供给效率的测评方法可分为“工具性”测评方法和“非工具性”测评方法。

（1）“工具性”测评方法。假设在农村公共服务投入规模既定的情况下，判断农村公共服务供给是否有效，比较理想的办法是通过农村公共服务产出总量或规模大小，来判断农村公共服务产出总量或规模是否符合，以及在多大程度上符合农村公共服务供给资源配置的客观要求（李燕凌，2007；郭小喃，2010），简单地讲，就是考察在提供农村公共服务过程中的投入与产出之比。原则上，农村公共服务产出总量或规模无论是大于还是小于客观要求的农村公共服务资源配置水平都不能称之为有效率，这就是“工具性”效率的判断标准。简单而言，在既定农村公共服务资源消耗或投入的前提下，只要能够计算出农村公共服务产出的最大量，就能够以此测度农村公共服务的供给效率；或者在农村公共服务产出既定的情况下，只要能够计算出农村公共服务供给的资源消耗或投入的最小值即可。

运用“工具性”测评方法来评估农村公共服务供给效率只需取得精准的投入和产出数据，通过经济计量便能得出直观的结果，因而这种测评方法近年来被广泛使用。然而，现有的相关统计具有一定程度的不规范和不透明，统计数据的真实性和客观性就会受到质疑，而“工具性”测评方法又对数据高度依赖，使得“工具性”测评方法下得出的结论受到质疑。

（2）“非工具性”测评方法。近年来，李强等（2006）、李燕凌（2007）、夏锋（2008）、朱玉春等（2011）尝试遵循“第三优原则”，使用主观判断法（主要是农村居民满意度）对农村公共服务供给效果或效率进行研究。例如，让农村居民（农户）对所设定的问题或目标选项，根据农村居民（农户）对农村公共服务供给的满意度，以及他们需要政府供给的农村公共服务的紧迫程度进行排序，然后根据实地调查数据计算出农村公共服务的满意度指数或优先供给指数（唐娟莉等，2010；王薇和李燕凌，2013），这称为“非工具性”测评方法。“非工具性”测评方法不是只考虑帕累托最优原则而是遵循“第三优原则”，考察农村居民对农村公共服务效果或效率的实际幸福感，通过考察农村居民的满意度来实现农村公共服务的效果或效率（唐娟莉等，2010）。

“非工具性”测评方法体现了“以人（农村居民）为本，执政为民（农村居民）”的观念，高度重视消费主体（农村居民）的主观评价，从而避免了“工具性”测评方法数据与实际评价易脱节的弊端。当然，“非工具性”测评方法得出真实结论的前提是调查对象的代表性、调查范围的广泛性和调查问卷设计的科学性，如果调查对象不具有代表性、调查范围过窄和调查问卷设计不科学，都会影响结果的真实性。

“工具性”与“非工具性”测评方法对评估农村公共服务供给效率的路径有所不同，“工具性”测评方法主要是从农村公共服务供给者（政府）的角度对农村公共服务供给效率进行评估，而“非工具性”测评方法主要是从农村公共服务消费者（农村居民）的角度对农村公共服务供给效率进行评估，但两种测评方法评估的最终目标是一致的，都是为了提高农村公共服务的供给效率，实现农村公共服务的有效供给。鉴于本书的研究目标及对农村公共服务供给效率的本质规定性，本书将同时运用两种测评方法对西部农村公共服务供给效率进行测评，具体来讲，运用“工具性”测评方法（DEA 方法）从宏观层面对政府财政支农支出的效率进行评价，运用“非工具性”测评方法（顾客满意度）从微观层面对农村公共服务的农村居民满意度进行考察。这是本书“双层效率”评价模型被命名为“双层”的内在要求。

2. 农村公共服务供给范围

2.1.3 小节分析表明，农村公共服务供给范围既包括全国性农村公共服务供给，如农村义务教育、农村医疗服务、农村基础设施等，又包括区域性农村公共服务供给，如退耕还林还草、跨地区的农业病虫害防治、跨地区的农村水利基本建设等，还包括地方性农村公共服务供给，如县乡农村道路交通、县乡农贸市场、县乡农村供水排水等，以及社区农村公共服务供给，如村道路、村文化活动室、村治安联防等。可见，农村公共服务供给范围具有明显的层次性。由此引申的问题是：如何对不同范围或层次的农村公共服务供给效果进行加总？这是一个既涉及效率目标设定的难题，又涉及经济计量处理的难题（李燕凌，2007）。从效果目标视角来看，中央政府更重视影响范围大、影响程度深的宏观层面的农村公共服务供给，地方政府更重视影响范围较大、影响程度较深的中观层面的农村公共服务供给，而村委会和村民们则更关心的是社区微观层面的农村公共服务供给；从评估技术处理角度上看，如果简单地把不同层次的农村公共服务供给效果"量化"后进行简单加总或线性加权加总也是不行的，因为这样处理可能将抹杀不同层次或范围内农村居民对农村公共服务的真实需求偏好，影响评估结果的真实性和客观性。基于课题研究目标的设定，本书选择从供给主体（政府）与消费主体（农村居民）这两个具有典型意义的主体角度，对宏观层面西部农村公共服务供给宏观效率进行评估，以及微观层面西部农村公共服务供给微观效率进行评估。这也是评价模型被命名为"双层"的基本含义。

3. 农村公共服务供需主体

2.1.3 小节分析表明，农村公共服务的供给方式主要包括政府供给、市场供给和自愿供给。但事实上，目前农村很多公共服务是由村民集体（村委会）供给的，甚至部分农村公共服务是由农村居民自费供给的。由于农村公共服务供给效率与其供给主体所追求的目标密切相关（王薇和李燕凌，2013），从严格意义上讲，农村公共服务的供给效率评价既包括对政府供给的农村公共服务供给效率评价、市场供给的农村公共服务供给效率评价，还包括对以第三方为代表自愿供给的农村公共服务供给效率评价，以及以村民集体或村民为主体的农村公共服务供给效率评价。考虑到目前我国农村公共服务供给中的市场供给、自愿供给和农村居民自主供给的规模相对不足、相关数据缺失等的实际情况，以及农村公共服务的最终消费者（需求方）是农村居民，所以，在西部农村公共服务供给效率的实证分析中，本书仅仅选择了政府（供给方）与农村居民（需求方）这两个最具代表性的主体（供给主体和需求主体），分别从政府（供给方）财政支农支出角度考察西部农村公共服务的供给效率，从农村居民（需求方）满意度视角来考察西部农村公共服务所产生的实际效果带来的效率。这也是评价模型被命名为"双层"的又一基本含义。

2.4.3　“双层效率”评价模型的评估结果

如前所述，本书将运用“工具性”测评方法和“非工具性”测评方法分别从供给主体（政府）和需求主体（农村居民）两个层面分别对西部农村公共服务供给宏观效率和供给微观效率进行评价。针对不同的主体对西部农村公共服务供给效率进行实证分析时，将会基于不同的评价目标，并选择不同的评价工具，同时也将得到不同的效率评价结果和结论。但是，终极目标是相同的，即实现西部地区农村公共服务有效供给，促进西部地区农业和农村经济健康持续发展。为了达到这一终极目标，西部农村公共服务的供给与农村公共服务的需求必须是协调的，因此必须对供给和需求两个层面的评价结果进行综合分析和判断，考察西部农村公共服务供给效率“质量”及影响“质量”的影响因素。换句话说，即要在对西部农村公共服务供给宏观效率和供给微观效率进行功能协调性分析和判断的基础之上，揭示影响西部农村公共服务供给效率系统非协调性的成因。

对西部农村公共服务供给效率“质量”评价的目的，不是就“效率”论“效率”的问题，也不是仅仅给出一个供给效率“质量”数据测算和数据排序，而是期望从供给和需求的统筹视角对西部农村公共服务供给效率“质量”进行功能协调性的判断及其造成功能非协调性成因的揭示，为制定改进西部农村公共服务供给效率系统协调性、提高西部农村公共服务供给效率的相关政策提供依据。鉴于此，本书在运用“双层效率”评价模型对西部农村公共服务供给效率的实证分析中，首先从微观、宏观两个层面分别对西部农村公共服务供给效率进行测度，并分别考察相关因素对西部农村公共服务供给宏观效率和微观效率的影响方向与影响程度；其次，基于系统论原理构建相应的经济计量模型对西部农村公共服务供给效率系统的协调程度和协调类型进行实证考察；再次，通过经济计量工具对不同协调类型及其影响因素进行系统分析，以期揭示西部农村公共服务供给效率系统存在的主要问题及内在成因；最后，基于单层效率评价结果和“双层效率”评价结果，并结合当前西部农村经济社会发展的实际情况，有针对性地提出改进西部农村公共服务供给效率系统协调性、提高西部农村公共服务供给效率的相关政策建议。

2.5　本 章 小 结

本章通过对公共服务和农村公共服务的概念和内涵、农村公共服务供给效率的改进途径、农村公共服务供给效率的目标体系等进行讨论，提出和介绍本书评估所采用的“双层效率”评价模型，为后续研究提供理论分析架构。研究表明：①按照农村公共服务的物质形态,本书认为应该选择实践中常见的农村道路设施、农村义务教育、农村医疗卫生、农村社会保障、农田水利设施等农村公共服务进行研究，可能更有利于实证考察西部农村公共服务供给效率。②通过对农村公共服务供求均衡的最优理论、次优理论、俱乐部均衡理论等进行梳理，分析农村公共服务最优供给的实现条件和农村公共服务供给效率的改进途径。③提出并讨论农村公共服务有效供给需要兼顾效果、功能与公平等目标。④基于农村公共服务供给效率评估的复杂性分析，提出和分析农村公共服务供给“双层效率”评价模型。

第 3 章　西部农村公共服务供给现状与问题分析

本章的主要任务是在对农村公共服务供给制度变迁效率进行分析的基础上，对现阶段西部农村公共服务供给现状和特征进行讨论，揭示西部农村公共服务供给中存在的主要问题及其成因，为后续研究提供基础素材。

3.1　农村公共服务供给的制度变迁

从总体上来看，西部农村公共服务供给制度变迁与全国农村公共服务制度变迁的轨迹基本一致。本节通过对全国农村公共服务供给制度变迁的解析，来探索不同时期农村公共服务供给制度的基本特征，并对不同时期农村公共服务供给制度变迁效率进行简要分析。

3.1.1　人民公社之前的农村公共服务供给

中华人民共和国成立后，恢复工农业生产、维持社会稳定、发展国民经济成为摆在新生人民政权面前的最为紧迫的任务。在总结以往土地改革经验的基础上，结合新形势，1950 年 6 月中央人民政府委员会颁布了《中华人民共和国土地改革法》，明确指出废除地主阶级封建剥削的土地所有制，实行农民的土地所有制。到 1952 年 9 月，除西藏、新疆等少数民族地区和台湾地区外，全国绝大部分地区实行了土地改革。土地改革的胜利，促进了农业发展，为国家财政经济根本好转和农业社会主义改造奠定了坚实的基础。这一时期农村公共服务供给的基本特征如下。

（1）供给主体。中华人民共和国成立后，广大农村居民实现了拥有土地的梦想，劳动积极性高涨。绝大多数农村居民虽拥有了一定面积的土地，但并未同时拥有耕作所需的工具和发展农业的配套设施（郭瑞萍，2005）。国家统计局调查数据显示，土地改革结束后，农村户均拥有耕地 15.25 亩①，耕犁 0.54 部，畜 0.64 头，水车 0.1 部，劳动力平均耕作土地仅 7 亩左右。土地改革后的个体农业生产面临着突出的两难问题：一是对农村公共服务的依赖性空前增强；二是财政资金有限，政府无力供给农村公共服务，而生产资料的平均化使得农村公共服务的私人供给无法继续（许静波和郭祥玉，2008）。在这样的背景下，通过各种互助合作形式进行农业社会主义改造是十分必要和合理的,互助合作形式主要有互助组、初级社和高级社（李海涛，2010）。互助组的建立是符合农村居民需求的农村公共服务供给制度的诱致性变迁,所以它不仅有效解决了遭受战争破坏造成的耕畜、工具和基本农田设施的不足问题，而且极大地促进了农业生产和农村经济的发展（林毅夫，1994；郭瑞萍，2005）。在互助组的基础上，政府又采取了由渐进到突变的强制性方式推行初级社和高级社。然而，到高级社时期，尤其是当社员难以“自由”进出高级社时，高级社的决策就难以共同做出，“共同决策、集体生产、共同使用”的合作方式仅剩下“集体生产、共同使用”的特征（郭瑞萍，2005），农业经济的发展也受到了影响（辛逸，2003）。总之，以合作互助形式存在的互助组、初级社和高级社对农村公共服务供给起到了极其重要的作用，政府承担更多的是宏观层面的组织管理任务及提供部分全国性必需的公共产品。与农业农村经济发展和农村居民生产生活需要相比，这一阶段的农村公共服务供给范围和总量都十分不足，但这种供给主体结构与整体的社会经济状况和农业实际是相对适应的（李海涛，2010）。

（2）供给决策机制。农村原来的家族社会逐渐被以合作互助形式存在的互助组、初级社和高级社取代，农村公共服务供给决策机制逐渐由家族社会为载体向以这种合作互助形式的组织为依托转型。由于互助组、初级社、高级社均为互助合作形式组织，农村居民较容易参与农村公共服务供给决策，并且在农村公共服务的供给数量、供给类型等方面容易达成共识。该阶段农村公共服务供给决策效率是较高的，即所提供的农村公共服务与农村发展需求是基本一致的。当然该阶段也形成了部分与农村发展需求不相适应的农村公共服务供给决策（李海涛，2010）。这主要是因为互助组、初级社和高级社属于国家社会主义改造的重要组织依托，国家战略性的政策会影响或干扰互助合作组织供给农村公共服务。

（3）偏好表达机制。由于当时农业生产相对落后，农村经济发展水平相对较低，农村居民的需求有较高的同质性，容易在以保障基本生产生活条件为主要目

---

① 1 亩≈666.67 平方米。

标的农村公共服务供给中达成共识。农村居民的同质性需求偏好主要通过互助组、初级社和高级社渠道来表露（李海涛，2010）。

（4）资金筹集机制。由于当时经济整体水平低，政府没有雄厚的财力为农村居民提供丰富多样的农村公共服务，中央政府只能通过国家政策来促进农业发展，如奖励丰产、发放农业贷款及疏导供销等。地方政府筹集提供农村公共服务的资金来源主要是公粮附加收入。该阶段农村公共服务供给支出包括乡镇干部活动支出、农田水利基础设施支出、交通事业支出、医疗卫生机构支出及社会救济抚恤金等，其中农业生产的公共服务供给主要由互助合作组织渠道进行资金筹集和建设（李海涛，2010）。

（5）激励约束机制。对于互助组和初级社而言，农村居民基于自身利益需求对农村公共服务供给积极表露意愿，并在小范围进行有效监督。这主要是因为农村居民提供了劳动力、牲畜、土地等生产资料，且报酬按照综合贡献的大小进行分配。而对于高级社而言，由于农村居民的生产资料被剥夺，收益取决于劳动力支出，农村居民缺乏对农村公共服务供给的监督动力。就国家层面而言，在激励和监督方面有针对性的政策措施较为缺乏（李海涛，2010）。

3.1.2　人民公社时期的农村公共服务供给

人民公社是传统体制下的农村基本政治经济组织形式，人民公社不是农村居民自发选择的结果，而是执政党凭借其强大的政治力量动员的结果（夏永和常伟，2006）。人民公社时期，无论是生产队还是农业生产合作社，既是经济组织又是政治实体（即“政社合一”）。人民公社时期的农村公共服务供给的基本特征如下。

（1）供给主体。人民公社是典型的“政社合一”组织形式，人民公社拥有调动绝大部分人力、物力和财力的权力，负责统一管理所辖区域的政治、经济和社会事务（张吉国，2005），并通过高度集中的计划经济体制进行农村公共服务的供给和生产（辛逸，2003；张红，2010）。在当时的政治、经济和社会环境约束下，这一单一供给主体对农村公共服务供给发挥了较大的作用。1949~1982 年，国家通过行政命令方式动员 30%以上的劳动力建成了 86 102 座水库，蓄水量达 278.46 亿立方米，除涝面积 27 139 万亩；固定排灌站 47 089 万处、机电井 2 624 万眼，排灌设施达 2 524.88 万马力（1 马力=745.7 瓦），有效灌溉面积 66 265.3 万亩（吕亚荣，2007）。20 世纪五六十年代，“合作医疗”等医疗卫生保健制度在农村实行，到 1978 年全国有 80%的村庄实行医疗费减免，90%的生产大队建立农村医疗保障体系（罗宏磊，2008）。

（2）供给决策机制。这一时期的农村公共服务供给是典型的“自上而下”的供给决策机制。人民公社的出现使处于分散状态的农村居民被史无前例地高度组织起来，生产资料全部上缴集体，农村居民没有经济的自主权；严格的城乡户籍管理制度、口粮制度，使农村居民依附于土地无法自由流动迁徙；严格的行政化管理，使农村居民没有选择再劳动的权利，也没有退社的权利。所以，农村居民很难影响供给决策，这一时期实行的是一种典型的“自上而下”的供给决策机制。

（3）偏好表达机制。人民公社时期，一方面，高度的组织化使农村居民丧失了对农村公共服务的主动需求，事实上农村居民也没有需求的差异（林万龙，2002），农村居民或公社成员只是农村公共服务供给的被动接受者（陶勇，2006）。农村居民无法参与到农村公共服务供给决策中，其表露需求偏好的途径匮乏。另一方面，农村居民失去了对生产资料、自身劳动及经济生活的自主权，也使农村居民缺乏表露偏好的积极性（李海涛，2010）。

（4）资金筹集机制。筹资渠道有制度内和制度外两个渠道。制度内农村公共服务供给不足，这是由于通过税收手段筹集的农村公共服务供给资金十分有限，且仅限于公社。因此，制度外供给便成为人民公社时期农村公共服务的主要筹资渠道（表3-1）。事实上，农村公共服务的物质成本由公积金和公益金支付，而公积金和公益金是农村居民自筹的；人力成本以“工分”支付，而工分报酬也来自农村居民自己的劳动剩余。因此，总体来讲，这一时期的农村公共服务表面上是人民公社提供，实际上是由农村居民自己提供的。

表 3-1　人民公社时期农村公共服务的筹资渠道

公共服务项目	筹资渠道
植树造林	国家重点扶持造林任务重、投资数量大、依靠自己力量确有困难的社队，对一般单位造林和社员个人造林不给予补助
小型农田水利工程	大型水利工程建设以国家投资为主，以农村居民出工为辅；小型农田水利工程建设凡是队内力量全部负担的，应自筹解决，国家不予补助；有困难的根据困难大小给予补助
农林水气事业费	国家预算和公社社有资金共同负担
中小学经费	国家办的农村中小学，经费以国家预算管理拨款为主，杂费、勤工俭学以地方财政安排的自筹资金作为补充；社队集体办学，以公社社有资金、杂费收入、勤工俭学收入为主，国家给予一定补助
文化和广播事业	实行“社办公助”，以公社资金为主，国家预算内支出给予适量补助
卫生事业	国家财政安排合作医疗补助费，用于培训医务人员的经费开支；公社自行安排一部分社会救济费和社办敬老院、养老院等福利事业的经费支出；大队卫生所几乎全部依靠集体经济投资和维持；社办卫生院实行“社办公助”，主要依靠集体力量，国家对卫生院给予必要补助；农村合作医疗由大队统筹全体农村居民的医疗费用，基本医疗服务费主要由社区集体承担
抚恤和社会救济	除国家预算安排的抚恤和社会救济费用外，公社应自行安排一部分社会救济和社办敬老院等福利事业的经费支出

资料来源：《人民公社财政与财务管理》编写组（1981）、辛逸（2005）

（5）激励约束机制。以政治激励为主，对管理者的激励约束多是出于共产党员的责任心及政绩的升迁（罗宏磊，2008）。虽然这一时期的激励约束机制还不完善，在制度上也存在较大缺陷，但当时对于腐败、渎职等现象采取严厉惩治措施，起到了较好的检查和监督效果（李海涛，2010）。通过工分的方式来计算劳动的报酬，但集体劳动难以有效监督劳动和合理评估劳动价值，所以工分无法客观公正地反映劳动质量，从而使得部分农村居民产生消极怠工等“搭便车”行为（林毅夫，1994）。

3.1.3　家庭联产承包责任制后的农村公共服务供给

1978 年，我国开始实行家庭联产承包责任制，撤销了人民公社，建立了乡镇人民政府，并设立了乡镇财政。实行家庭联产承包责任制后，乡镇政府不再具有人民公社那样直接的经济管理职能，无法直接获取经济剩余，通过制度内的渠道获得的财力也非常有限（刘会柏，2008）。然而，乡镇政府承担着地区经济社会各项建设的职责，事权远大于财权。由于家庭经营的制度变迁并未有计划有组织地实施，再加上没有系统的理论准备，且发生在社会重大转折时期，这些决定了制度发展变迁具有长期性。农村公共服务供给（如农业基础设施、农业技术推广等），并未因家庭经营“自下而上”的诱致性制度变迁得到有效安排。这一时期的农村公共服务供给体现出以下特点（表 3-2）。

表 3-2　家庭联产承包责任制后的农村公共服务供给的制度外筹资渠道

项目	具体内容	使用范围
村提留	公积金；公益金；管理费	农田水利建设；植树造林；购置生产性固定资产；兴办集体企业；“五保户”供养；困难户补助；合作医疗保健；其他集体福利事业；村干部的工资和管理支出
乡统筹	农村教育事业附加费；计划生育费；民兵训练费；社会优抚费；民办交通费	农村义务教育；计划生育；民兵训练；社会优抚；乡村道路建设
义务工和积累工	非物质形式（每年每个农村劳动力 5~10 个义务工，10~20 个积累工）	农田水利建设和修筑桥、路等公益事业

资料来源：曾福生等（2006）

（1）供给主体。在实行家庭联产承包责任制后，供给主体因家庭联产承包责任制的实行转变为政府、村委会、农村居民、市场机构及民间组织。人民公社解体之后的乡镇基层政府产生，其法律责任是指导基层进行科学文化教育、医疗卫生保健等方面的筹建，工作范围包括农村公共服务供给的全部内容。乡镇基层政府拥有供给农村公共服务的权力，但其缺乏调动各项社会资源的能力。村委会不是政府性质的机构，而是农村居民自发形成的村民组织，因此村委会不具有向农村居民供给公共服务的使命。但实际上，农村基础义务教育、农村卫生医疗、农业基础设施等公共服务均由村委会提供。随着农村经济社会水平不断提高，农村居民生活收入逐渐增加，农村居民也具有经济能力供给部分公共服务。市场机构和民间组织也因政府调控机制的转变成为农村公共服务的供给者。虽然农村公共服务供给主体出现了多元化，但由于绝大部分农村公共服务未纳入国家财政支出，造成农村公共服务供给仍以乡镇财政和自然村的自主供给为主，成本由农村居民负担。

（2）供给决策机制。由于公共财政缺位，这一阶段依然实行“自上而下”的供给决策机制。这一“自上而下”的供给决策机制不仅忽视农村居民的个体偏好和差异，违背民主决策的原则，而且导致了供给总量和供给结构仍然不能根据农村不同地区的经济发展水平来配置。农村公共服务供给主体缺位和总量不足诱发“乡政村治”治理格局的形成（张军和蒋维，1998）。但由于制度惯性、农村居民素质不高、维权意识不强及村民自治制度不完善等，农村居民难以表达其利益需求，且在公共服务供给的决策、运作和监督中也经常被排斥在外。

（3）偏好表达机制。一方面，农村居民已经成为农村公共服务供给资金的主要承担者，农业生产多样化使农村居民需求个性化和多元化，因此在自主意识的驱使下农村居民愿意表达需求偏好（李海涛，2010）；另一方面，由于制度惯性、“搭便车”问题突出、维权意识不强、村民自治制度不完善和不规范等，农村居民仍被排斥在农村公共服务供给项目的决策、运作和监督之外，很难表达其需求偏好（刘会柏，2008）。

（4）资金筹集机制。乡镇政府履行公共服务供给职能的一部分资金由国家下拨的财政预算和法定的农村税费附加提供，而绝大部分村级公共事业及乡镇范围内的部分事业所需资金要到预算外筹集。从表 3-2 可以看出农村公共服务的供给主要属于制度外供给。

（5）激励约束机制。对于政府供给而言，激励约束机制依然沿袭人民公社时期“自上而下”的政绩考评机制。对于私人供给而言，经济利益是其主要的激励约束，当然相关政策及法律法规也对私人供给产生了一定的激励作用和约束作用。在自愿捐献中，对私人捐献者给予精神激励，对企业捐赠者给予政策优惠，在一定程度上激发了各类自愿主体供给农村公共服务的热情（李海涛，2010）。

3.1.4 农村税费改革后的农村公共服务供给

家庭联产承包责任制后的农村公共服务供给制度，不仅使农村公共服务供给状况不断恶化，加重了农村居民负担，而且制约了农村经济社会发展。基于此，农村税费改革 2000 年在安徽试点，2003 年在全国范围内推广实施。这一时期的农村公共服务供给体现出以下特点。

（1）供给主体。国家整体财政收入分配体制并没有因农村税费改革发生很大变化，但乡镇由于预算外财政来源的缺失受到较大冲击，财政更加紧张，加之乡镇财政供养人员超编情况比较严重，全国近 2/3 的乡镇政府在负债运行，严重影响了农村基层政权供给公共事业的能力（许静波和郭祥玉，2008；孙耀武，2006）。针对这一情况，中央采取了加大财政投入力度、转移支付力度等措施来完善农村养老和医疗体系，加快农村交通道路建设，完善农业基础设施等（刘会柏，2008）。尤其是 2004 年以来，中央连续发布的 15 个"一号文件"均提出要激励农村公共服务非政府供给行为。文件先后提出，对农民个人、农场职工、农机专业户和直接从事农业生产的农机服务组织购置和更新大型农机具给予一定补贴；对经营性的工程，可组建法人实体，实行企业化运作，也可拍卖给个人经营；对业主开发建设的农村基础设施，地方人民政府要给予扶持，并规范其收费标准和服务行为；引导农村居民投工投劳建设小型农田水利设施，按照"自愿组织、民办民营、共同受益"的原则，支持农村居民兴办和管护小型农田水利设施；鼓励、引导和支持农村发展各种新型的社会化服务组织，推动农产品行业协会发展；按照提高水平、完善机制、逐步并轨的要求，大力推动社会事业发展和基础设施建设向农村倾斜，努力缩小城乡差距，加快实现城乡基本公共服务均等化；"积极引导社会资源投向农业农村""开展农村公共服务标准化试点工作"；等等。但应该看到，长期以来鼓励农村公共服务非政府供给的政策匮乏，尽管政府在一系列"一号文件"中反复强调农村公共服务非政府供给的重要性，并提出了一些措施，但主要是对政府本身提出的新规则，对非政府供给主体的激励则缺乏操作性（李海涛，2010）。

（2）供给决策机制。农村税费改革后农村公共服务供给主体逐渐呈现出多元化趋势，但不同供给主体的供给决策方式有显著差异：①政府供给。政府仍采取"自上而下"的供给决策机制。②市场供给。因要自负盈亏，因而自主决策是否供给农村公共服务。③新型农村经济组织。新型农村经济组织实行民主化管理，农村公共服务供给决策由全体社员投票决定。④"一事一议"。部分公共服务通过"一事一议"方式决定是否供给。⑤自愿供给。自愿提供者一般会自主决策诸如教学设备、职业技能培训等农村公共服务，而对于农田灌溉设施、桥梁道路等农村公共服务，他们大多不参与决策，仅提供资金。总体来看，农村公共服务供给决策机制在农村税费改革后更加多样化、民主化，但最大供给主体（政府）的"自上而下"决策机制没有得到根本改变（许静波和郭祥玉，2008）。受经济利益或政治理性的影响，一些地方基层政府忽视耗资大、见效慢的公共服务，供给品劣质次的公共服务，这严重影响了农村公共服务总体的供给效率（李海涛，2010）。

（3）偏好表达机制。农村税费被全面取消后，农村居民被强制性交费及政府强制性供给农村公共服务的现象彻底改变。从理论上讲，对于农村公共服务供给，农村居民应该享有知晓权和行使决策权，可以通过“一事一议”方式表达利益需求。但事实上，在政府供给的过程中，农村居民表露真实需求的机会及参与农村公共服务供给决策的机会依然很少（李燕凌，2007），甚至还有一些农村地区存在有事不议、没事乱议和议而不决等现象，农村公共服务供给效率仍较低（李海涛，2010）。但是，在私人、新型合作组织供给的过程中，农村居民能够较好地表达需求偏好，如是否同意企业加入新型农业合作组织、是否提供乡村道路等。总体来看，农村税费改革使农村居民在农村公共服务供给决策上有了前所未有的自由，从这个角度讲，效率得到了提高。

（4）资金筹集机制。农村公共服务供给的建设资金主要来源于以下几个方面：一是政府的财政转移支付；二是农村“一事一议”筹资费用；三是农村居民、企业及其他非政府组织的投入；四是社会捐助（李海涛，2010）。农村税费改革从制度层面在筹资机制上遏制了制度外筹资，也完善了农村公共服务筹资机制，丰富了农村公共服务筹资渠道，但农村公共服务供给机制一定意义上仍然是农村税费改革前供给制度的延续（刘会柏，2008）。具体表现为：首先，农村公共服务供给依然是“自上而下”的决策程序，农村居民的公共服务需求表达机制还处于低层次，且只在狭小的村级范围内实施。其次，农村居民仍是公共服务成本的实际主要支付者。

（5）激励约束机制。由于农村税费改革只体现在财政方面，有关政府供给的激励约束机制在农村税费改革前后基本保持不变（李海涛，2010）。对于政府供给，部分基层政府干部可能会受政绩考核、职位升迁或者经济利益驱使等因素的影响，提供了农村居民并不需要的公共服务，导致农村公共服务供求错位现象突出。而对于非政府供给，政府在接连出台的政策中，如通过金融扶持、减少税费、增加补贴等多种形式，来引导社会资源向农村公共服务倾斜，以此来发展农村公共服务事业。在监管方面，从农村税费改革到现在，一套实用和完整的农村公共服务生产、使用、筹资和决策的监督管理机制还没有建立和健全，使得农村公共服务资源配置效果难以保证。此外，农村居民缺乏参与农村公共服务供给监督管理的积极性，这也影响了农村公共服务的供给效率。

3.2 农村公共服务供给的现状分析

西部地区幅员面积大，各地农村经济和社会发展差异显著，因此我们将以试验区中的重庆市[①]农村公共服务为例，分析讨论农村公共服务供给的现状和成效。

3.2.1　基础设施供给

（1）农村道路。直辖以来，重庆市对农村道路建设加大投资力度，通过实施通达通畅工程，农村交通面貌改观较大。仅 2013 年重庆市政府就投资 74.8 亿元新建或改建农村公路 8 031 千米，其中主城区和渝西片区完工 3 869 千米，完成投资 47.5 亿元，渝东北完工 1 963 千米，完成投资 16.1 亿元，渝东南完工 2 199 千米，完成投资 11.2 亿元。截至 2013 年底，重庆市农村公路总里程已超过 10 万千米，乡镇通畅率、行政村通达率均达到 100%。

（2）农田水利。2012 年，重庆市政府投入 8.1 亿元用于小水池、小水渠、山塘和节水灌溉等小型农田水利设施建设。截至 2012 年底，重庆市农村共有水库 2 907 座、水泵 96.15 万台，机电排灌面积和旱涝保收面积分别达到 18.81 万公顷[②]和 35.39 万公顷。由图 3-1 可知，1997~2012 年有效灌溉面积和农用机械总动力均呈现不同程度的增长态势，其中有效灌溉面积由 1997 年的 50.89 万公顷增加到 2012 年的 70.3 万公顷，农用机械总动力由 1997 年的 454.07 万千瓦增加到 2012 年的 1 162 万千瓦。

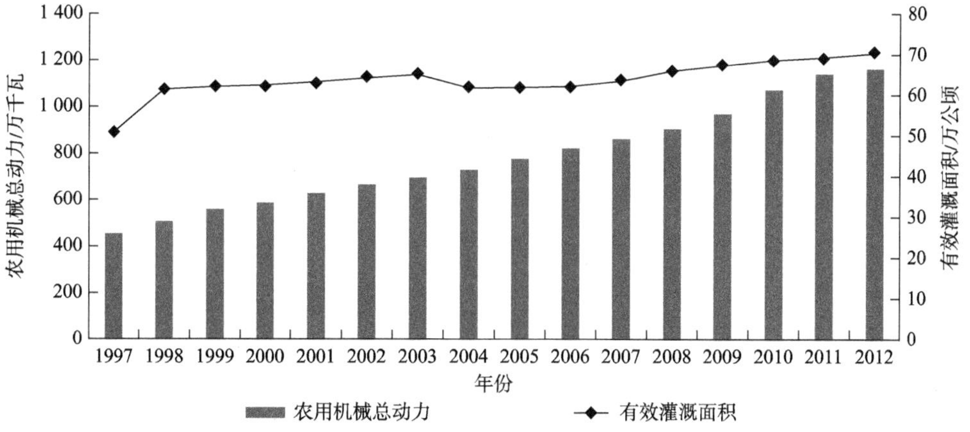

图 3-1　重庆市农田有效灌溉面积和农用机械总动力

（3）农村电力。2012 年，重庆市投资 16.5 亿元用于解决农村供电不稳、电网老化等问题，推进农村电网改造升级，先后建成丰都、綦江两个电气化区（县）、30 个电气化乡（镇）、300 个电气化村。截至 2012 年底，重庆市拥有乡村办电站

① 如果不做特殊说明，本书描述性分析和实证分析时用重庆市相关数据来说明西部地区。

② 1 公顷=10 000 平方米。

745 个，农村用电量达到 738 000 万千瓦时，为 1997 年农村用电量的 2.24 倍。

（4）其他。为了加速农村农业信息化，2012 年，重庆市新建了 30 个区县农业门户网站、100 多个乡镇农业信息网、1 000 多个“一村一品”村级网页，80% 以上的农户获得了农业信息化服务，100%的乡镇和 90%的行政村实现了电子办公，2 000 家农业企业和合作社实现了信息化管理。截至 2012 年底，通电话村 8 478 个，占全部行政村的 99.9%，比 1997 年增加 75.7%；农村有生活污水净化沼气池 17 186 个，处理农业废弃沼气工程 2 773.5 个，有太阳能热水器 26.9 万平方米。

3.2.2 医疗卫生设施

直辖以来重庆市政府高度重视农村医疗卫生体系建设，并取得了较大成效。2012 年，重庆市村卫生室达到 10 642 个，行政村覆盖率为 100%，高出全国 6.7 个百分点；开展新型农村合作医疗（以下简称新农合）的区县所占比例为 97.36%，高出全国 7.39 个百分点（表 3-3）。卫生院有 933 个，乡村医生和卫生员为 23 320 人，新农合参与者平均补偿次数为 1.44 次。1997~2012 年重庆市农村医疗机构床位数总体也处于增长趋势（图 3-2）。

表 3-3　2012 年重庆市农村医疗卫生情况

地区	村卫生室/个	设置卫生室的村占行政村比例	开展新农合的区县所占比例
重庆	10 642	100%	97.36%
全国	653 419	93.3%	89.97%

资料来源：《中国农村统计年鉴 2013》和《中国统计年鉴 2013》

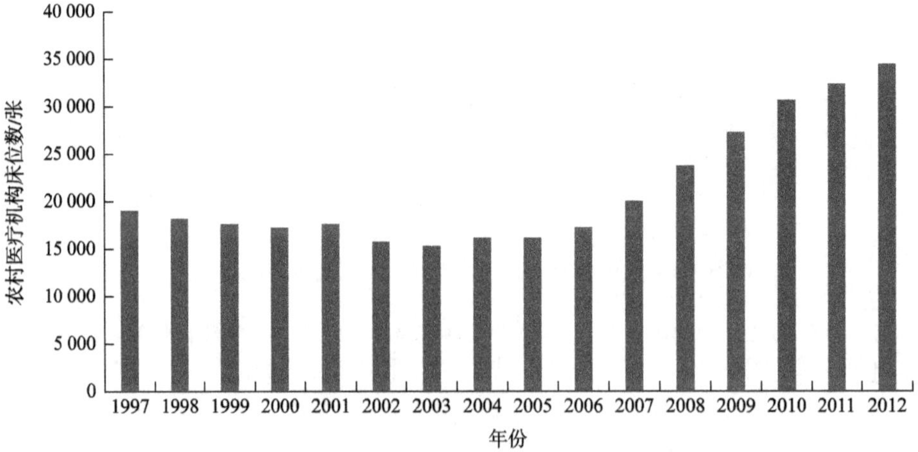

图 3-2　1997~2012 年重庆市农村医疗机构床位数

3.2.3　科技教育供给

在推进城乡一体化发展的新阶段下，解决“三农”问题不仅要强调农村经济发展，还要关注农村科技教育事业发展。农村居民是新农村建设的主体，农村经济发展的速度和质量依赖于农村居民的科教文化素质。为了提高农村居民科教文化水平，重庆市逐年加大对农村科教文化事业的投资力度。2010~2012 年，重庆市累计投入 150 亿元教育资金，改造农村初中 283 所，新建和完善农村寄宿制学校 348 所，改建或扩建农村义务教育薄弱学校 956 所。农村劳动力人均受教育年限逐步提高，由 1997 年的 7.19 年增加到 2012 年的 8.12 年，增幅为 12.9%。截至 2012 年底，重庆市乡镇文化站达到 827 个，农村广播节目、电视节目综合人口覆盖率分别为 97.58%、98.44%。同时，为了发展“高产、高效、生态、安全”的农业和贯彻实施科教兴农战略，2012 年重庆市完成九龙坡等 10 个区县基层农业技术推广体系改革与建设项目共 830 名基层农技人员的培训任务。

3.2.4　社会保障供给

直辖以来，重庆市对农村社会保障体系建设的重视程度不断增强。2011 年，新型农村社会养老保险的参保人数有 1 125.1 万人，达到领取待遇年龄的参保人数为 347.7 万人，分别比 2010 年增加 317.7 万人、82.7 万人；2012 年，新型农村社会养老保险和城镇居民社会养老保险制度全覆盖工作启动，合并为城乡居民社会养老保险，参保人数有 1 130.9 万人，达到领取待遇年龄参保人数为 372.4 万人；农村社会救济费支出 226 470.8 万元，最低生活保障支出 130 219.5 万元，自然灾害生活救助支出 46 845.7 万元，最低生活保障人数达到 743 423 人，养老服务机构 2 012 个，收养 64 089 人。由表 3-4 可知，2012 年重庆市农村集中供养“五保”人数 5.8 万人，传统救济 1.3 万人，医疗救助支出 39 499.3 万元，均比 2011 年有所增加。

表 3-4　重庆市农村社会保障情况

年份	农村集中供养“五保”人数/万人	农村医疗救助支出/万元	农村传统救济人数/万人
2012	5.8	39 499.3	1.3
2011	4.8	34 482.6	1.2

资料来源：《中国统计年鉴》（2012~2013 年）

3.3 农村公共服务供给存在的问题透析

自 1997 年直辖以来，尽管重庆市农村公共服务供给力度逐年加大，并取得了显著成效，但农村公共服务供给存在总体供给不足、供给显失公平、供给结构失衡、供给效率偏低等亟待解决的问题，具体如下。

3.3.1 总体供给不足

由表 3-5 和图 3-3 可知，2012 年，重庆市农林水事务财政支出占公共财政预算支出的比重仅为 8.41%，人均农林水事务财政支出①仅为 2 023 元，在我国 31 个省区市中仅排在第 27 位和第 15 位，人均农林水事务财政支出比同为直辖市的天津低 1 850 元，以上数据说明重庆市财政支农力度还比较小，在一定程度上导致了重庆市农村公共服务供给总量的不足，具体表现在以下几方面。

表 3-5 2012 年我国各地区财政支农情况

地区	公共财政支出预算/亿元	农林水事务财政支出/亿元	农林水事务财政支出占公共财政预算支出的比重	人均农林水事务财政支出/元
北京	3 685	223	6.05%	7 797
天津	2 143	101	4.71%	3 870
河北	4 079	444	10.89%	1 145
山西	2 759	310	11.24%	1 761
内蒙古	3 426	451	13.16%	4 287
辽宁	4 559	405	8.88%	2 686
吉林	2 471	291	11.78%	2 286
黑龙江	3 172	430	13.56%	2 603
上海	4 184	218	5.21%	8 549
江苏	7 028	754	10.73%	2 573
浙江	4 162	408	9.80%	2 024
安徽	3 961	430	10.86%	1 342
福建	2 608	244	9.36%	1 612
江西	3 019	385	12.75%	1 629
山东	5 905	674	11.41%	1 463

① 人均农林水事务财政支出=农林水事务财政支出/乡村人口数。

续表

地区	公共财政支出预算/亿元	农林水事务财政支出/亿元	农林水事务财政支出占公共财政预算支出的比重	人均农林水事务财政支出/元
河南	5 006	552	11.03%	1 019
湖北	3 760	419	11.14%	1 559
湖南	4 119	448	10.88%	1 264
广东	7 388	540	7.31%	1 565
广西	2 985	369	12.36%	1 396
海南	912	124	13.60%	2 890
重庆	3 046	256	8.40%	2 021
四川	5 451	655	12.02%	1 436
贵州	2 756	362	13.13%	1 634
云南	3 573	519	14.53%	1 835
西藏	905	143	15.80%	6 008
陕西	3 324	376	11.31%	2 004
甘肃	2 060	302	14.66%	1 913
青海	1 159	134	11.56%	4 452
宁夏	864	140	16.20%	4 389
新疆	2 720	365	13.42%	2 918

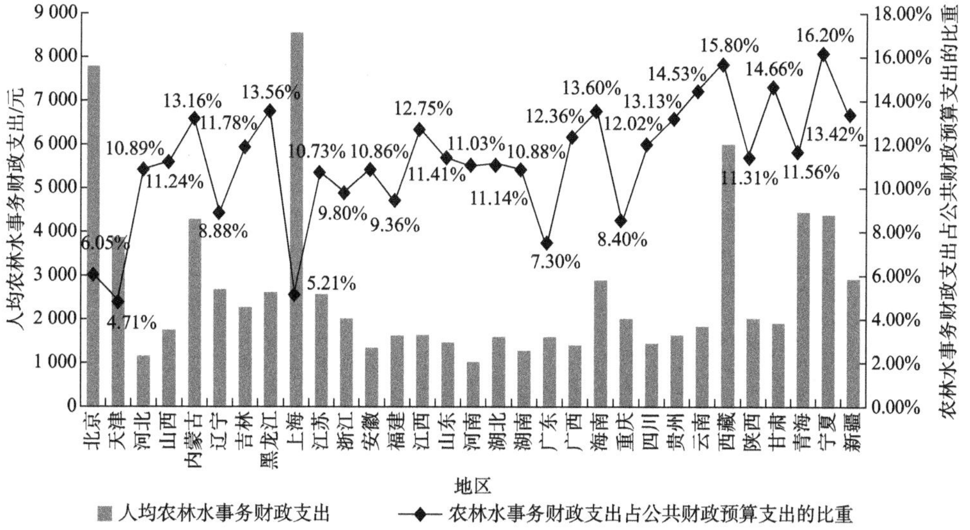

图 3-3　2012 年我国各地区财政支农情况

（1）基础设施。在农田水利方面，尽管直辖以来重庆市对农村农田水电等基础设施建设的投入力度逐渐增强，增长速度逐步提高，但是，农田水电等基础设施仍存在供给不足和不到位的现象，农村基础设施建设落后的局面仍未能得到根本扭转，规模较小、总量不足、水平较低，严重滞后于农村经济社会的发展。2012年，重庆市有效灌溉面积仅占耕地总面积的31.44%，而同期全国有效灌溉面积占比达到51.79%，天津达到76.39%。受农村基础设施薄弱的影响，重庆市农村耕地流转不畅问题比较突出。2012年农村居民人均经营耕地面积、园地面积、养殖水面面积均低于天津和全国平均水平（表3-6）。2012年全国农用机械总动力平均为3 308.35万千瓦，为重庆的2.84倍。重庆市农村居民家庭平均每百户拥有的大中型拖拉机、小型和手扶拖拉机的数量均低于天津和全国平均水平，尤其是小型和手扶拖拉机数量，全国平均水平约为重庆市的22倍（表3-7）。这些数据充分说明重庆市农村机械生产还处于初级阶段，农业机械化水平亟须提高。

表3-6　2012年农村居民家庭土地经营情况　　单位：亩/人

地区	经营耕地面积	经营山地面积	园地面积	养殖水面面积
全国	2.34	0.48	0.10	0.04
天津	1.58		0.06	0.03
重庆	1.29	0.32	0.04	0.01

资料来源：《中国统计年鉴2013》

表3-7　2012年农村居民家庭平均每百户拥有拖拉机数量

地区	大中型拖拉机/台	小型和手扶拖拉机/台
全国	4.40	20.49
天津	1.00	7.86
重庆	0.39	0.94

资料来源：《中国统计年鉴2013》

在交通道路方面，农村交通道路建设仍较为薄弱，具体表现在：一是农村公路通畅水平偏低。2012年，农村行政村通畅率为69%，比全国低19个百分点；行政村客车通达率为82%，比全国低6个百分点。二是农村道路建设和养护资金缺乏。部分区县的农村地处山区，恶劣的自然条件加大了农村交通道路建设的困难程度，再加上缺乏投入资金，交通建设发展滞后。除了国家级、省级、县级的道路有养护资金保障外，很多农村道路养护管理资金严重缺乏，基本属于零投入，农村道路没有正规的养护队伍，养护管理体制极不健全。农村道路缺乏养护资金，且技术得不到保障，这从根本上决定了农村道路使用年限较短。三是农村公路等级较差。大多数农村地势崎岖不平，缺乏道路建设资金，还有部分村级公路属于村民投资建设，很多道路没有经过专业部门的规划设计，许多道路线路不规范。

在水供给方面，2012年重庆市自来水受益村为6 173个行政村，覆盖率达到72.91%，虽然比1997年29.77%的覆盖率有了大幅的增长，但仍有2 294个行政村缺乏自来水设施。

在农村卫生厕所普及方面，2012 年重庆市农村卫生厕所普及率为 60.8%，比全国低 10.9 个百分点，比天津低 32.5 个百分点。这说明重庆市农村自来水和卫生厕所的普及率还需继续完善。

在能源供给方面，农村居民一般首选使用秸秆和薪柴，煤炭次之，而较少使用电能及可再生清洁能源（如沼气、天然气）。大多数农村能源基础差、政府投入力度小且管理服务机制不健全，农村能源供求矛盾凸显。

（2）医疗卫生。直辖以来，重庆市农村医疗卫生条件有了一定的改善，但是由于大多数农村地区地理位置偏远，经济发展相对滞后，生活条件较差，农村医疗卫生建设还存在一些问题，具体表现在：一是农村医疗卫生资源匮乏。由于农村地理、经济等原因，很多有专业特长的卫生技术人才不愿到农村工作，农村基本医疗需求无法得到满足，并且资源配置失衡、队伍结构不合理。由表 3-8 可知，2012 年每千农业人口的村卫生室人员及乡村医生和卫生员人数均低于同期全国和天津水平，这说明重庆市农村卫生人员短缺，农村卫生资源明显落后于全国平均水平。二是农村医疗环境差，医疗服务水平低。农村居民主要到村级或乡镇医疗机构就医，但村级、乡镇的医疗工作人员的专业水平有限，素质偏低。三是目前新农合制度还需要改善。例如，定点的乡镇医院卫生服务质量差、医疗费用高，有时还存在乱收费现象，特别是有些工作人员服务态度差、水平低，存在小病大治现象，这就使得部分农村居民不愿意看病，影响他们参加新农合的积极性。现有的农村医疗补偿水平根本无法减轻农村居民的负担，且报销程序复杂，这从另一方面增加了农村居民看病的难度。

表 3-8　2012 年重庆市农村卫生人员情况　　单位：人

指标	重庆	全国	天津
每千农业人口的村卫生室人员	1.48	1.56	1.57
每千农业人口的乡村医生和卫生员	1.15	1.25	1.27

资料来源：《中国农村统计年鉴 2013》和《中国卫生统计年鉴 2013》

（3）文化教育。直辖以来，重庆市加大对农村文化教育的投资力度，教育基础设施不断完善，但还存在一系列问题。一是农村存在各级政府教育经费投入不明确、总体教育经费保障水平偏低的问题。学校的硬件设施较差，对校舍的维修与改造缺乏长效投资机制。二是农村职业教育和成人教育落后。随着国家产业结构政策的调整及城市化、工业化进程的加快，大量的农村剩余劳动力出现，但农村职业教育发展缓慢，就业压力随之增大，农村劳动者提高职业技能的需求便不能得到满足。三是教学设施陈旧、办学条件差。多数农村中小学校的计算机等现代化教育设备较少，且机型落后，不能满足教学要求，无法保证教学质量，农村基础教育的建设发展受到严重制约。如表 3-9 所示，在农村居民家庭劳动力受教育程度中，重庆市小学程度劳动力所占比例分别高出全国、天津 4.8 个百分点和

14.4 个百分点，而初中、高中、中专、大专及大专以上文化程度所占比例分别比全国低 0.9 个百分点、1.3 个百分点、0.6 个百分点、1.0 个百分点，比天津低 11.1 个百分点、2.4 个百分点、1.3 个百分点、1.8 个百分点，这些数据充分说明重庆市农村居民受教育程度低于天津和全国平均水平。重庆市农村初中和小学的人均图书和人均计算机数均低于天津（表 3-10），并且重庆市教学设施非常落后且严重缺乏，不能满足广大农村居民不断增长的文化需求，需要进一步加强。

表 3-9　2012 年重庆市农村居民家庭劳动力文化状况

地区	平均每百个劳动力中占比					
	不识字或识字很少	小学程度	初中程度	高中程度	中专程度	大专及大专以上
重庆	4.3%	30.9%	52.1%	8.7%	2.1%	1.9%
全国	5.3%	26.1%	53.0%	10.0%	2.7%	2.9%
天津	2.2%	16.5%	63.2%	11.1%	3.4%	3.7%

资料来源：《中国农村统计年鉴 2013》

表 3-10　2012 年重庆市农村地区基础教育情况对比

教育层次	指标	重庆	全国	天津
初中	人均图书/册	19.98	30.34	42.37
	人均计算机/台	0.11	0.11	0.18
小学	人均图书/册	14.25	16.72	29.21
	人均计算机/台	0.06	0.05	0.15

资料来源：《中国教育统计年鉴 2013》

（4）社会保障。在城乡二元结构下，重庆市农村社会保障制度建设仍然处于初级阶段，农村社会保障体系还不健全，不能适应农村经济社会发展多元化的需求，具体表现在：一是农村社会保障水平较低、覆盖面较窄且形式单一。农村社会保障的形式主要是农村“五保”、社会救济、社会优抚、社会养老及合作医疗保险，由于缺乏资金，各种农村社会保障的形式都存在着覆盖面小、保障水平较低的问题，这些问题严重制约着农村经济社会的发展，无法从根本上解决社会公平问题。在农村社会救济救助中，“五保”供养基础较差，救济救助资金难以落实。据统计，重庆市 2012 年享有最低社会保障的农村居民占乡村人口（1 267 万人）的 5.87%，尚有很多贫困农村居民未能纳入社会保障体系。二是农村社会保障的社会化程度低，保障功能差。作为老工业基地，重庆市地方财政实力相对薄弱，每年通过国家法定政策、系统下发的财政资金，用于城市居民的最低保障及其他支出后剩余不多，这就使得农村的社会保障资金不足，在农村医疗、养老保障等方面的工作仅能在小范围内实施。三是农村社会保障资金缺乏。这是重庆市农村社会保障制度存在的主要问题，社会保障资金投入不足，与人民生活水平的提高不相适应，并且分配不均衡，重城市轻农村的现象比较严重。

3.3.2　供给显失公平

供给显失公平主要体现在城乡之间和区域之间两个层面，具体分析如下。

1. 城乡差距显著

一直以来，国家比较偏向城市发展，出台的相关政策对城市的招商引资有益，而农村则缺乏政策支持，且政府对城市的财政拨款明显多于农村；再加上国家对官员的政绩考核指标与其所在地区的经济发展状况密切相关，而城市的经济基础优于农村，这就促使部分官员在官位升迁利益的驱使下优先选择供给城市公共服务，而忽略供给农村。由于以上原因，农村的基础设施、教育、医疗等建设发展滞后，远远落后于城市。重庆市城镇化率由 2006 年的 46.7%增长到 2012 年的 56.98%，增幅 10.28 个百分点。但是，大量的社会资源和优秀人才在城镇化进程中被吸引到城镇，到农村的较少。从图 3-4 可以看出，2006~2012 年重庆市城镇占全社会固定资产投资总额的比重均在 90%之上，而农村所占比重均在 10%以下，农村和城镇的差距非常明显。这些数据说明重庆市城乡公共服务供给差异明显，在一定程度上城镇对农村资源的“剥夺”还在继续，具体表现在以下几方面。

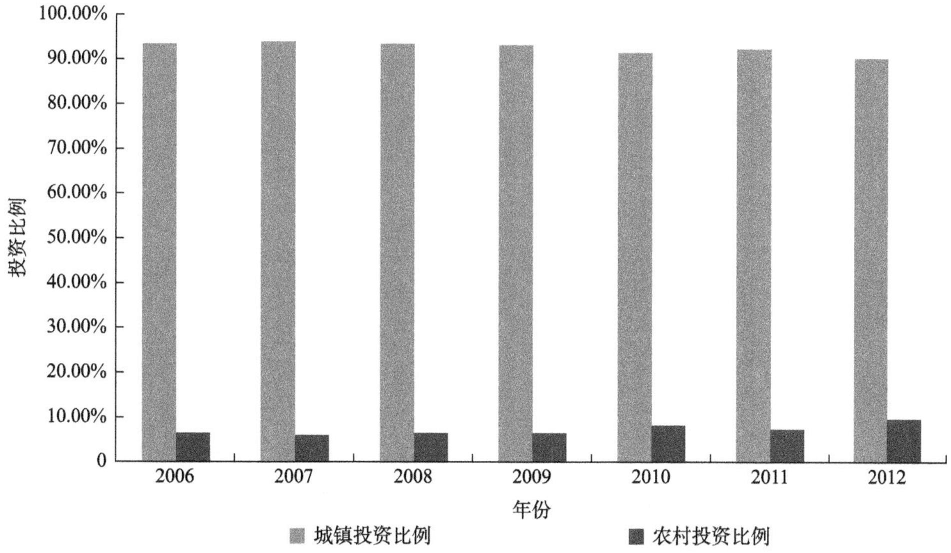

图 3-4　重庆市城乡固定资产投资构成比例

（1）基础设施。由于政府长期以来比较倾向于城市基础设施建设的投入，城市公共基础设施体系较为完善，而相对于城市基础设施的高速发展，农村基础设施建设整体呈现投资资金匮乏、供给总量不足及服务质量低下等现象。城乡公共服务供给的“双轨制”造成城市基础设施由地方政府负责，农村基础设施主要依靠集体经济和农村居民自行解决，农村的农田水利、交通、通信等基础设施供给不足。2012年，重庆市城镇固定资产投资总额比农村高出 7 544 万亿元；城镇用水普及率为92.76%，比农村高约 20 个百分点；城镇燃气普及率为 92.54%，而农村远不及此；城市道路覆盖率为 100%，而农村公路覆盖率、等级都较低，通行能力差，抗灾能力弱；城市交通方式多样，立交桥、公路、高速公路等可方便出行，而农村仍存在没有通水泥路的山村，道路交通状况较差。农村基础设施状况远远落后于城市，这严重阻碍了农村居民生活水平的提高。

（2）医疗卫生。如表 3-11 所示，农村医疗卫生条件与城市相比存在明显差距，农村卫生资源严重不足，医疗人员缺乏，尤其是注册护士数量，基本是城市的一半。从图 3-5 可以看出，尽管农村居民越来越关注自身健康，医疗保健支出逐步增多，但农村居民人均医疗保健支出始终低于城市居民，且差距颇大，这在一定程度上说明城市居民的医疗消费水平优于农村。

表 3-11　2012 年重庆市城乡每千人口医疗卫生状况对比

地区	卫生技术人员/人	执业（助理）医师/人	注册护士/人	医疗卫生机构床位数/张
城市	4.42	1.63	1.89	4.09
农村	3.39	1.47	1.03	3.71

资料来源：《中国统计年鉴 2013》

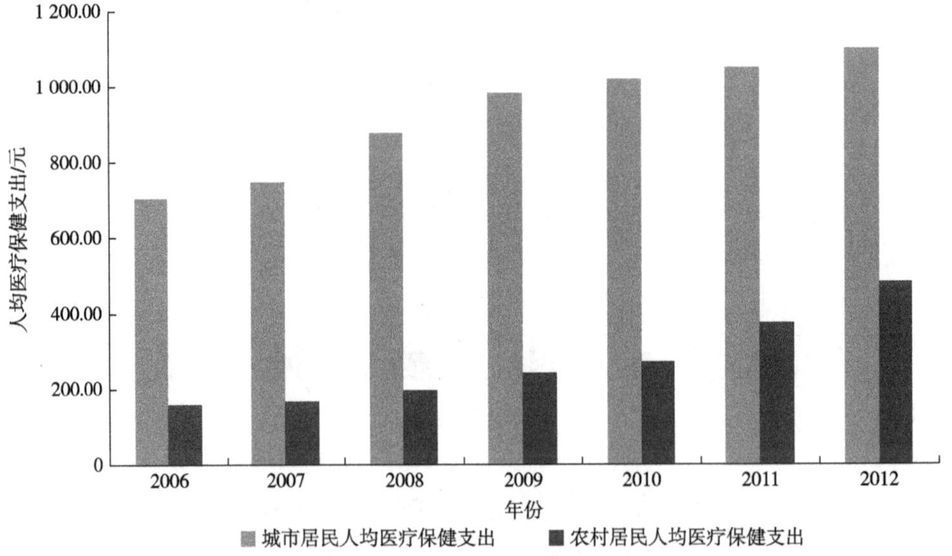

图 3-5　重庆市城乡居民人均医疗保健支出

（3）文化教育。由表 3-12 可知，2011 年，城市公共财政预算教育事业支出均多于农村，尤其初中教育基本建设支出是农村的两倍多，而城市的小学教育基本建设支出也接近于农村的两倍，城乡教育经费的巨大差距表明农村义务教育经费支出严重不足。

表 3-12 2011 年重庆市城乡义务教育经费支出

教育层次	地区	公共财政预算教育事业支出/万元	基本建设支出/万元
初中	城市	716 555.0	47 012.5
	农村	448 611.7	22 832.9
小学	城市	946 873.8	16 121.6
	农村	635 343.7	8 614.6

资料来源：《中国教育经费统计年鉴 2012》，城市和农村的初中教育经费分别是选用地方普通初中和地方农村初中的教育经费指标；城市和农村的小学教育经费分别是选用地方普通小学和地方农村小学的教育经费指标

农村教育经费投资不足阻碍农村教育事业发展，具体表现在以下方面：一是基础教学设备。如表 3-13 所示，2012 年，农村小学拥有的图书室、微机室面积，图书、计算机数量和多媒体教室座位数都少于城市，农村小学固定资产总值仅占城市的 77.7%左右。二是师资力量。如表 3-14 所示，在城乡基础教育专任教师学历分布中，城市的研究生和本科学历层次教师数量均大于农村，尤其是小学的研究生学历层次教师数量是农村的 12.8 倍；而在专科、高中和高中以下的学历层次中，城市占比明显小于农村占比，这些数据说明农村师资水平有待进一步提高。

表 3-13 2012 年重庆市城乡基础教育办学设施对比

教育层次	地区	教室/平方米	图书室/平方米	微机室/平方米	图书/册	计算机/台	多媒体教室座位数/个	固定资产总值/万元
小学	城市	1 882 029	72 445	69 245	7 359 954	53 727	241 728	513 069.38
	农村	2 761 878	71 309	59 882	7 066 571	31 781	44 376	398 662.92

资料来源：《中国教育统计年鉴 2012》

表 3-14 2012 年重庆市城乡基础教育专任教师学历分布

教育层次	地区	研究生	本科	专科	高中	高中以下
初中	城市	2.23%	88.31%	9.06%	0.38%	0.01%
	农村	0.16%	72.69%	26.04%	1.07%	0.03%
小学	城市	0.64%	53.92%	41.02%	4.38%	0.05%
	农村	0.05%	18.82%	63.38%	17.37%	0.39%

资料来源：《中国教育统计年鉴 2012》

（4）社会保障。直辖以来，重庆市积极推行农村社会保障各项工作，建立并不断完善农村社会保障制度、农村医疗保险与救助制度、农村居民最低生活保障

及养老保险制度等。但由于长期实行城乡二元结构，城市社会保障体系相对比较健全和完善，退休城市职工可以领取退休金，失业城市职工可以领取失业救济金，“三无”城市人员可以领取城镇居民最低生活保障金。农村地区社会保障项目较少，覆盖范围较窄，生育、工伤及失业保险制度目前尚未完全建立，大部分农村居民还是依靠土地和子女，并且不管是从哪个范围看（主城区、两翼地区或者贫困山区），现有的农村居民最低保障标准远低于城镇居民。

2. 区域差异凸显

重庆市是“大城市、大农村”并存的直辖市。由于经济发展的历史积累因素，加上资源、技术、政策等条件的不同，各区域间的经济和社会发展水平存在不同程度的差异，而这些差异在各个区域的农村公共服务供给方面表现明显。按照重庆市 2006 年“一圈两翼”的划分方法，即渝中区、渝北区、南岸区、江北区、九龙坡区、大渡口区、沙坪坝区、巴南区、北碚区、永川区、江津区、合川区、南川区、涪陵区、长寿区、潼南县①、铜梁县②、大足区、荣昌县③、璧山县④、綦江区 21 个区县为一小时经济圈地区，万州区、城口县、巫溪县、巫山县、开县⑤、云阳县、奉节县、梁平县⑥、忠县、垫江县、丰都县 11 个区县为渝东北翼地区，黔江区、秀山土家族苗族自治县、酉阳县、石柱县、彭水苗族土家族自治县、武隆县⑦6 个区县为渝东南翼地区。

从表 3-15 可以看出，三大地区在财政支出方面存在较大差异。在财政总支出和农业支出中，一小时经济圈地区最多，渝东北翼地区次之，渝东南翼地区最少；在农村卫生和教育支出中，渝东北翼地区最多，一小时经济圈地区次之，渝东南翼地区最少。通过对比发现，在所有财政支出中，渝东南翼地区均为最少，这说明对三大地区的财政投资较倾向一小时经济圈地区和渝东北翼地区。

表 3-15　2012 年重庆市各地区财政支出情况　　单位：万元

地区	财政总支出	农业支出	农村卫生支出	农村教育支出
一小时经济圈	13 105 315	986 988	83 573	220 614
渝东北翼	4 715 665	766 108	100 881	233 384
渝东南翼	2 119 613	409 564	38 983	125 409

资料来源：《重庆统计年鉴 2013》及相关计算

① 现潼南区。
② 现铜梁区。
③ 现荣昌区。
④ 现璧山区。
⑤ 现开州区。
⑥ 现梁平区。
⑦ 现武隆区。

由表 3-16 可知，三大地区的农村基础设施供给差异也较为明显。在农作物耕种面积和农村用电量方面，一小时经济圈地区最多，渝东北翼地区次之，渝东南翼地区最少；在公路里程方面，渝东北翼地区最多，一小时经济圈地区次之，渝东南翼地区最少。在医疗卫生方面，一小时经济圈地区有 7 892 张农村卫生机构床位，渝东北翼地区有 7 470 张，而渝东南翼地区最少，仅有 2 755 张，这说明一小时经济圈地区的医疗卫生供给在三大地区中是最好的，而渝东南翼地区最差。

表 3-16 2012 年重庆市各地区基础设施情况

地区	农作物耕种面积/公顷	农村用电量/万千瓦时	公路里程/千米
一小时经济圈	1 599 959	540 856	46 239
渝东北翼	1 253 487	132 775	56 235
渝东南翼	624 247	64 369	18 253

资料来源：《重庆统计年鉴 2013》及相关计算

3.3.3 供给结构失衡

目前农村公共服务的供给结构失衡问题比较突出，具体体现在以下几个方面。

（1）农村居民迫切需要的农村公共服务供给较为缺乏。由于农业生产和日常生活的需要，农村居民需要的公共服务如下：一是与农业生产和农村居民生活息息相关的公共服务设施，如小型农业机械设备、较为通畅的农村道路及农田水利灌溉设施等；二是农业科技类的公共设施；三是市场供求信息。上述三类公共服务，农村居民个人没有能力提供，因此必须依赖政府供给，但政府供给非常有限，总体供给不足，这不仅损害农村居民的自身利益，而且影响农村经济社会的可持续发展。

（2）农村居民需求较少的公共服务供给往往过剩。首先，一些政府部门出于自身利益最大化的目的，对能够显示部门政绩、增大自身福利的公共项目较为重视并积极供给，而忽视农村居民的经济承担能力及需求。例如，在农村一些落后地区修建体育设施、娱乐场所等超出农村居民消费观念的公共设施，政府利用改善农村经济的目的来美化办公地点附近的环境，这些形象工程不会增加农村居民对这些公共设施的使用率，反而会降低效率，造成资源浪费。其次，对于利益回报缓慢但对农村居民有价值的公共服务重视不够，甚至避而不谈，如农业科技成果推广应用、农村义务教育、农村医疗卫生、农村环境保护等农村公共服务。此类公共服务见效慢且会耗费大量资金，因此一些政府在财政资金相对不足的情况下，比较偏向显示部门政绩、见效快的公共服务项目。

（3）重视供给数量，忽视供给质量。部分政府官员出于自身升迁的目的将财政资金投入能够显示其政绩的新公共服务项目，而对于之前的公共服务项目缺乏维修、维护的热情，这导致农村电网老旧、道路破损、水利设施陈旧等。

3.3.4 供给效率偏低

随着市场化进程的加快，农村居民对农村公共服务需求的数量和质量都在不断提高，但由于“自上而下”的公共服务供给机制，政府忽视农村居民公共服务的真实需求，再加上乡镇政府财力较为薄弱，目前农村公共服务供给效率偏低，主要表现在农村公共服务供给的总体水平偏低、结构不合理、管理上存在缺陷三个方面。总体供给不足和供给结构失衡在 3.3.1 小节和 3.3.3 小节已经阐述过，在本小节主要分析管理上的缺陷。

实地调查和访谈发现，在农村公共服务供给中，从决定提供何种服务，到政府部门把财政资金通过集中统筹规划，再分配到覆盖农村经济、社会和文化等各个领域的公共服务项目，各个环节都存在一定程度的效率低下问题。首先，在机构设置方面，低效率表现在管理混乱、机构膨胀、人员冗杂等。其次，从管理人员来看，部分干部服务态度差、服务意识淡薄，影响农村公共服务的供给效率。再次，关于决策环节，供给总量和供给结构通常由政府部门以文件的形式下达，带有很强的指令性和统一性，导致农村公共服务供给与农村居民的实际情况脱离。最后，在筹资过程中，财政紧张决定了供给无法满足农村居民日益增长的公共服务需求，因此部分农村地区仍然存在制度外的筹集现象；在招标过程中，地方保护主义现象严重，这也影响农村公共服务的供给效率。此外，在农村公共服务供给中，各职能部门没有建立和形成有效的协调机制，资金的多头申请及项目管理不规范，严重阻碍了农村公共服务供给资金的使用效率。各职能部门的权力界定不明确，职能部门间制衡机制匮乏，导致各个环节滥用权力、化公为私等现象出现，也降低农村公共服务的供给效率。

3.4 农村公共服务供给问题的原因分析

3.4.1 城乡公共服务供给的二元性

长期以来，在重视工业发展战略及城乡分割政策的影响下，“重工业、轻农业”“重城市、轻农村”现象严重。这种行为导致城乡之间、工农之间的关系严重扭曲，形成城乡二元经济结构。城乡二元经济结构造成城市和农村差异显著的公共服务供给体制和制度，主要表现为城市所需的公共服务在数量和质量上都明显优于农村，如城市居民有较完善的社会保障体系、医疗救助和养老保险制度等，城市的公共服务一般由政府提供，通过财政预算安排所需资金，甚至一些本来需要政府和居民共同负担的混合公共服务也由政府免费供给。而农村的公共服务供给主要由基层部门负责，且有部分公共服务项目的资金由农村居民通过自筹方式获取，农村居民负担部分成本支出。这种不合理的城乡公共服务供给体制加重了农村居民的负担，使得农村公共服务资金缺口越来越大，农村公共服务供给相对薄弱的财力又使农村公共服务供给情况进一步恶化。在农村主要供给的是基础设施类的公共服务，而这种公共服务供给具有较强的效益外延性，需要政府部门直接投资或发挥主导作用，但实际上政府并没有履行相应的义务，缺位现象较为严重。

重庆市农村公共服务供给同样受城乡二元结构的影响。由表 3-17 可知，1997~2012 年重庆市财政支农支出的绝对数额有明显增长，但财政支农支出占财政总支出的比重在 1997~2012 年的 16 年里没有明显增加，大都在 4%~5%徘徊，且有下降趋势，在 1997~2000 年下降明显；另外，财政支农支出年均增长 13.0%，低于财政总支出 14.7% 的增长速度，说明政府对于农村建设的关注力度不够，还需进一步加强关注力度。

表 3-17　1997~2012 年重庆市财政支农情况

年份	财政总支出/亿元	财政支农支出/亿元	财政支农支出占财政总支出的比重
1997	115.162 7	7.206 7	6.26%
1998	125.181 8	7.529 1	6.01%
1999	138.692 6	6.772 9	4.88%
2000	159.097 1	7.494 7	4.71%
2001	183.899 4	9.136 1	4.97%
2002	224.719 6	10.765 9	4.79%
2003	228.168 8	9.901 1	4.34%
2004	251.633 5	17.124 7	6.81%
2005	290.394 6	14.437 5	4.97%
2006	338.855 4	15.966 8	4.71%
2007	392.948 7	19.949 7	5.08%
2008	450.967 2	23.885 9	5.30%
2009	489.353 8	33.983 7	6.94%
2010	635.561 3	36.832 4	5.80%
2011	787.155 6	39.539 9	5.02%
2012	905.190 4	44.857 4	4.96%

资料来源：《重庆统计年鉴》（1998~2013 年）、《中国统计年鉴》（1998~2013 年）及相关计算。财政支农支出是指财政总支出中的农林水事务的财政支出，主要是指政府对农业生产上的公共服务支出，并不能涵盖政府对农村公共服务的全部支出。但在未能获取较为全面的政府对农村公共服务支出数据的情况下，本书用农林水事务的财政支出代表政府对农村的公共服务供给情况，其中财政总支出、财政支农支出均通过 GDP 平减指数进行平减，以使数据具有可比性

3.4.2 农村居民需求表达机制不畅

通过实地调查和访谈发现，虽然重庆市农村居民在需求表达方面有较大改进，但还存在一些问题，主要表现在以下几个方面。

（1）农村居民缺乏有效的需求表达能力。虽然农村居民利益表达的意识较强，积极性较高，但是由于受到经济条件落后或农村教育水平低下的影响，农村居民整体的文化教育程度并不高，缺乏有效的利益表达能力。例如，农村居民对国家颁布的政策法规理解能力有限，对自身利益的口头和书面表达能力也欠缺，这容易导致农村居民的利益或信息表达失真，进而影响到农村居民需求表达机制的畅通运行。

（2）诉求表达渠道不通畅。诉求表达渠道是利益表达程序中的重要组成部分，渠道畅通与否直接关系着利益表达的成效如何。虽然目前我国已经建立起以人民代表为核心，包括信访、村民自治等利益表达渠道，但实地调研发现这些渠道在实际操作中还存在一些问题。一是人民代表渠道。人民代表中的农村居民代表大多来自先富起来的农村居民阶层，如村干部、企业家、知识分子等，由于他们大多并不生活在农村或脱离了农村社会的底层，也不完全了解底层农村居民的生存现状，事实上他们难以完全表达农村居民的利益需求。在县、乡以上级别的人大代表中，农村居民所占的比例较小，人数的限制也在一定程度上使得农村居民的自身利益无法得到有效保护。另外，人大代表与农村居民的沟通和联系较少，这在一定程度上制约了农村居民的利益表达。二是信访渠道。信访渠道成本投入相对较为低廉，农村居民常利用此渠道进行利益表达。然而，信访机构不具备查处问题的职能和权力，他们只是做出原则性的答复或者将问题转交给相关部门，并不能对农村公共服务供给中存在的问题进行有效监督和跟踪，实际运作效率低下。三是村民自治渠道。从理论上讲，村委会是反映农村居民需求、维护农村居民权益并向上级政府传达农村居民意愿的法定自治组织，然而，调查发现村委会扮演着基层政府附属机构的角色，行政化倾向日益突显，因而农村居民通过此渠道也难以表达他们的需求。

（3）基层机构忽视农村居民利益表达。通过实地调查和访谈发现，向乡镇（村委会）政府及其行政人员反映问题是农村居民表达利益诉求的重要渠道，但目前部分农村地区存在着部分基层政府及其行政人员政绩观扭曲的现象。主要是基层政府行政人员的政绩考核标准是通过“自上而下”的形式，即他们政绩的评估主要取决于其完成上级下达任务的情况，并没有将农村居民利益是否受损及其诉求是否得到维护等纳入考核指标，这就使得基层政府及其工作人员通常忽视农村居民的利益需求，影响农村居民利益表达的积极性。另外，还有部分基层组织在决策过程中，主要是基于自身利益最大化而不是从农村居民利益出发来行使权力，这种行为使得农村居民利益严重受损，农村居民表达渠道不畅。

3.4.3　农村公共服务供给决策机制障碍

通过实地访谈发现，目前农村公共服务供给仍然是“自上而下”的决策机制，并未突破强制性供给的行政弊端，其实质还是计划经济体制的延续。农村公共服务供给主要是由乡村社区外部的行政指令决定的，而不是由乡村社区内部农村居民的需求决定的。农村基层政府及其行政人员在经济利益和政绩考核指标的驱使下，他们追求的行为目标并不总是与农村居民的目标一致。同时，农村公共服务供给并未实行有效的谈判制度，农村居民的利益需求无法在公共服务供给决策中体现。这最终导致农村公共资源筹集和使用的失衡。

“自上而下”的供给决策机制通常忽视农村居民的利益和诉求，也没有把农村公共服务有效供给纳入政府政绩考核中，导致农村公共服务供给与农村居民需求脱节现象突出。这种公共服务供给与农村居民需求严重偏离的现象，不仅浪费大量的公共服务资金，还增加农村居民的负担，主要表现在供不应求和供非所需两个方面。目前农村公共服务的供给总量、供给结构主要是由乡镇及其以上的政府以政策规定的方式下达，且对经济发展水平不同、条件不同的地区都是按照统一要求执行，带有明显的行政指令性。农村居民对农村公共服务的需要，都是以自身所处的生产、生活环境及各地的资源状况为条件的。行政命令式的农村公共服务供给决策机制从体制上决定了农村公共服务供给结构失衡。由于受经济利益和政绩考核的影响，地方政府通常比较倾向投资一些见效快的短期公共项目，而对农业科技推广、农业发展综合规划等和农村居民利益息息相关的项目（如农村居民职业技能培训、农村返乡创业培训）缺乏热情。农村公共服务供给过程缺乏民众监督，供给决策机制具有行政指令性，这些导致部分社会公共资源被用于与农村居民不相关的项目，农村公共服务供给与农村居民需求严重脱节，公共资源使用效率低下，严重影响农村经济社会的发展。

3.4.4　农村公共服务供给监督机制不健全

通过实地访谈发现，监督机制不健全主要表现在以下两个方面。

（1）审计监督机制不健全。首先，缺乏对国家财政农业支出使用的监督。在当前体制下，地方部门对国家下拨的农业支持资金拥有支配权，但缺少监督，并且通常在事后进行审计，具有滞后性。事后审计虽然能够发现某些问题，但损失已经造成，并且无法挽回。其次，缺少对预算外资金使用过程的监督。预算外资金通常由相关行政事业单位负责收取及支配，因此，相关行政事业单位掌握预算外资金收支情况的全面信息，而审计部门不可能完全掌握预算外资金的使用情况。这样造成监督者（审计部门）与被监督者（相关行政事业单位）之间信息不对称，监督者对预算外资金的收支情况只能由被监督者提供，而这通常会掩盖事实的真相。

（2）社会监督机制不健全。一方面，在当前体制下，同级的人民代表大会及农村居民对预算外资金的收支状况不甚了解。即使某些地区在公共场合把财务、政务情况向农村居民公开，也只是形式表现，缺少实质性约束。很多农村地区的村委会没有建立健全的会计制度，资金收支管理不规范，存在着白条入账及会计账簿设置不全等问题，这在一定程度上影响上级、农村居民和其他部门的监督。另一方面，由于农村居民文化素质较低，维权意识淡薄，对农村公共资源的信息也缺少了解，再加上我国实行自上而下的农村公共服务供给，所以农村居民很少参与民主监督。这些造成农村居民不能充分行使他们对农村公共资源管理的监督权。农村居民未能行使有效的监督权，且审计也缺少监督，这导致农村公共服务供给资金管理混乱，透明度不高，用来提供农村公共服务的社会资源被暗箱操作，造成非正常资金需求挤兑正常资金需求，公共资源未能得到很好的监督利用，农村公共服务供给更加不足。

3.4.5 农村公共服务筹资机制不完善

通过实地访谈发现，筹资机制的缺陷主要体现在以下几个方面。

（1）制度外供给。调查发现，部分地区农村公共服务的供给资金仍有一定的比例是通过制度外财政获取，而制度外财政通常是由各级乡镇政府部门通过不同渠道筹集的资金及由此产生的政府支出。中央及省级部门财政实力雄厚，而基层政府财政能力十分薄弱，但基层政府必须处理纷杂的事务，所以为了使基层政府的财权与事权相一致，使财政资金收支维持平衡，基层政府必须通过制度外财政获取部分收入，以弥补巨大的财政缺口。

（2）资金来源减少。农村税费改革从制度上遏制了对农村居民的各种收费行为，包括集资、摊派等，在一定程度上规范了农村分配秩序，并减轻了农村居民负担。但同时也带来一些问题，最突出的就是基层政府筹资渠道减少导致的财力下降，这严重影响了农村公共服务的供给。

（3）供给主体单一。目前部分农村公共服务供给和生产依然被政府垄断，私人投资大规模进入农村公共服务领域比较困难，市场力量也难以在农村公共服务生产中发挥较大作用，政府仍是农村公共服务的供给主体。由于行政力量的保护，政府没有生产终止的危机，政府缺乏追求公共服务生产成本最小化目标的热情。不仅如此，单一的由政府供给的农村公共服务不能满足农村居民多样化需求的矛盾日益凸显。

（4）供给责任不明确。虽然目前实行的是从中央到省、市、县、乡镇多级的农村公共服务财政投入体制，但中央与地方政府及地方各级政府之间在实际工作中的职责不明晰，使得县乡两级政府负担较重。按照分级财政管理的原则，各级政府的财权与事权应该对等，但在实际中，基层政府的事权往往大于财权。这是由于上级政府把本来应由其提供的公共服务事权通过政府权威转移到下级政府，经层层下移，最终由乡镇政府负责。

3.5 本章小结

本章分析了人民公社之前、人民公社时期、家庭联产承包责任制后、农村税费改革后这四个时期的农村公共服务供给制度变迁，并结合重庆市农村公共服务供给现状，讨论重庆市农村公共服务供给存在的问题及其成因，主要得出以下结论：①农村公共服务供给水平逐渐提高。农村道路、农田水利、农村电力、农村通信及能源等基础设施不断完善，农村医疗卫生体系逐步健全，农村文化教育水平不断提高，农村社会保障覆盖更加全面。②农村公共服务供给中问题突出。一是供给数量不足和质量水平不高；二是地区差异显著，缺失公平；三是结构失衡严重，不能满足农村居民需求；四是供给效率偏低，管理缺陷明显。③农村公共服务供给问题形成成因复杂。一是城乡二元经济结构影响农村城市公共服务供给；二是需求表达机制不畅，影响农村居民诉求表达的积极性；三是农村公共服务供给决策机制缺乏自下而上的沟通渠道，难以达到供给与需求的平衡；四是农村公共服务供给监督机制不健全，造成公共资源管理混乱，配置效率低下；五是农村公共服务供给面临筹资难的问题突出。

第4章　微观层面西部农村公共服务供给效率的实证分析

本章的主要任务是在结合顾客满意度理论和农村公共服务供给效率的基础上，设计农村居民公共服务满意度的调查问卷，并利用2012年12月对重庆市17个区县农村的537份实地调研数据，采用因子分析方法和Logistic模型对农村公共服务供给满意度及其影响因素进行实证分析，以期为提高西部农村公共服务供给效率，实现农村公共服务有效供给提供微观层面的实证依据。

4.1　顾客满意度理论与农村公共服务供给效率

4.1.1　顾客满意度理论简介

顾客满意是从英文customer satisfaction翻译过来的，是市场营销领域和企业管理领域的重要概念。顾客满意思想和理念源于欧洲，但作为概念提出并用CS表示，则始于1986年的美国消费心理学家。时至今日，对顾客满意概念的定义，学术界至今仍然存在分歧。一种观点是从过程的角度来定义，认为顾客满意是顾客对消费行为的事后评价；另一种观点从状态的角度来定义，认为顾客满意是顾客对购买行为的事后感觉或感受，是消费经历所产生的结果。本书倾向于第一种观点，认为顾客满意是积极的事后评价，是顾客在购买产品后获得与购买前对产品信念相一致的积极评价。

顾客满意度是顾客满意程度的简称。顾客满意度是将顾客满意程度进行量化的统计指标，旨在体现顾客对产品或服务的期望值与实际感受值之间的差异，Johnson和Fornell（1991）用如下函数形式测量顾客满意度：

$$顾客满意度 = f\left(对性能的期望, 感知到的性能\right) \tag{4-1}$$

顾客满意度理论在心理学、经济学、管理学等领域已得到广泛使用。Fornell 和 Wernerfelt（1988）根据顾客期望、购买事后感知、购买价格等因素创建了费耐尔模型。计算原理是运用偏微分最小二次方求解方法得出的指数，来衡量顾客满意度程度，也称顾客满意度指数。顾客满意度指数模型不仅较好地吸收了抽样调查和统计理论的成熟思想，也能较为准确地反映顾客满意度的水平，并且可以预测关键要素的改进是否能促成顾客满意度水平的提升。顾客满意度不是一个孤立的概念，它同时与顾客购买行为的事前期望及事后评价相互关联。因此，对顾客满意度的测度，要同时注重顾客满意度本身及其相关变量，才能达到从整体上认识顾客满意和分析顾客满意的目的。测算顾客满意度常见的方法是首先构建顾客满意度评价指标体系，其次采用抽样调查方法获取实地调查数据，基于实地调查数据对顾客满意度进行测度。顾客满意度指数模型早期主要应用于工商企业管理领域，通常用来测算顾客对工商企业所提供的产品或服务的质量、性能、价格等满意程度。20 世纪 90 年代后，顾客满意度理论日趋成熟并逐渐成为企业经营管理的重要指导思想，成为全球盛行的一种企业管理哲学和企业经营文化。顾客满意度指数模型获得广泛应用，瑞典是第一个建立顾客满意度指数的国家，随后美国和德国等国家也建立了各自的全国性顾客满意度指数。

相对于国外而言，国内对顾客满意度的研究较晚。1995 年，赵平教授将顾客满意度指数引入国内。1997 年，清华大学课题组对北京市电视机品牌的顾客满意度指数进行了实证研究。1998 年，清华大学受国家质量技术监督局的委托开始研究中国顾客满意指数评价方法。2000 年，清华大学和中国标准化研究院组建“中国顾客满意指数”课题组，并在 2000~2002 年对 19 个行业、124 个品牌的顾客满意度进行试调查和分析，2002 年“中国顾客满意度指数”研究成果通过科技部鉴定，成为唯一通过国家级鉴定的顾客满意度测评方法。2002~2005 年，依据《中国顾客满意指数》的相关测评办法，清华大学中国企业研究中心对耐用消费品制造业、非耐用消费品制造业、生活服务业的 39 个行业、400 多类产品的主要品牌进行顾客满意度指数调查。2005 年，中国标准化研究院成立顾客满意度测评中心，并公开出版《中国顾客满意度手册》（2006~2014 年），为广大顾客提供了消费指南。

4.1.2　文献回顾：顾客满意度理论的运用

通过文献梳理我们发现，运用顾客满意度理论对农村公共服务供给满意度研究的文献大致可以分为农村公共服务供给满意度评价研究、农村公共服务供给满意度影响因素研究、农村居民对农村公共服务需求意愿研究等三个方面。

（1）农村公共服务供给满意度评价研究。李强等（2006）基于2003年和2005年的调查数据对农村道路、农村学校、农村灌溉、农村饮用水、农村诊所和农村垃圾处理六种公共服务供给满意度进行评估，发现农村居民对农村道路、农村灌溉的满意度最低，且环境敏感区和非环境敏感区的满意度存在较大差异。徐双敏（2006）对湖北省咸安区改革后的农村公共服务供给满意度进行研究，发现“以钱养事”改革后的农村公共服务处于基本满意的水平。夏锋（2008）基于我国29个省区市的微观调研数据，对生产类、公共安全类、民生类和环境保护类公共服务的农村居民满意度进行实证分析，发现上述各类公共服务供给满意度存在显著差异。王心良和蒋剑勇（2009）运用主成分分析法对浙江省农村公共服务供给满意度进行实证评价，发现农村基础设施的满意度较高，农业基本建设和农村居民服务管理的满意度较低。袁建华等（2010）发现农村居民对农村通信状况、农村供电服务等硬件方面的公共服务供给满意度较高，而对农村图书馆服务、农业技术服务等软件方面的公共服务供给满意度较低。王蕾和朱玉春（2011）等基于735户的调查数据对西部地区农村居民公共服务供给满意度进行实证分析，发现农村公共服务供给总体满意度水平相对较高，其中农村电网的满意度最高，其他依次为农村道路、公共安全、信息服务、社会保障、环境保护、医疗、饮水设施、公共卫生、教育、文化事业、农田水利设施和农业科技推广培训。方凯和王厚俊(2012）使用因子分析方法对湖北省农村居民的农村公共服务供给满意度进行评估，发现湖北省的农村公共服务供给总体满意度水平较低，其中精神性公共服务供给满意度高于物质性公共服务供给满意度。

（2）农村公共服务供给满意度影响因素研究。何精华等（2006）对长江三角洲地区的农村公共服务供给满意度进行分析，发现政府服务承诺的公信度或政府服务的可靠性是影响农村公共服务供给满意度的主要因素。李燕凌（2007）基于湖南省126个乡镇的农户抽样调查数据，运用Probit模型对农村公共服务供给满意度的影响因素进行回归分析，发现年龄、有效灌溉面积率、收入水平、农林技术站服务次数、受教育年限、距乡镇政府距离、医疗可及性等因素是农村公共服务供给满意度的主要影响因素。樊丽明和骆永民（2009）使用结构方程模型对农村基础设施满意度及其影响因素进行实证分析，发现村庄类型、收入水平、农村基础设施价格、村庄距县城距离、农户家庭结构、农村基础设施供需缺口等因素与农村公共服务供给满意度水平紧密相关。马林靖和张林秀（2008）使用序列Logistic回归模型对农村灌溉设施的满意度影响因素进行分析，发现农户受教育程度、灌溉设施实施前预算和意见征询机制、农户参与项目维护与农户满意度呈正相关关系。唐娟莉等（2010）基于二元离散选择模型发现农村道路、农田水利设施、农村基础教育、医疗、年龄、生活垃圾处理、村务收支状况等是影响农村公共服务供给满意度的主要因素。王延中和江翠萍（2010）基于路径分析法发现医疗机构评价、药品评价、医护人员评价、农村居民文化程度、主要患病类型、患病后的主要诊疗方式是农村医疗服务满意度的主要影响因素。王蕾和朱玉春（2011）等运用层次分析法对西部农村公共服务供给满意度影响因素进行分析，发现农村道路、农田水利设施、农村医疗卫生、农村基础教育、农村饮水设施对农村公共服务供给满意度具有显著影响，而农户的个体特征对农村公共服务供给满意度无显著性影响。许莉（2012）基于江西省 21 个县的调查数据，运用排序选择模型对农村公共服务供给满意度及其影响因素进行实证研究，发现满意度主要受到年龄、受教育程度、人均收入水平、农村居民对各项公共服务供给满意度、农村居民对农村公共服务需求表达、农村居民参与决策程度、农村居民对筹资支持等因素的影响。

（3）农村居民对农村公共服务需求意愿研究。孔祥智等（2007）利用聚类分析方法对农村居民公共服务需求顺序进行分析，发现最急需的农村公共服务均是农村居民自己无力投资和需要政府加大投资力度的服务类型。白南生等（2007）基于实地调查数据及 Logistic 模型的实证发现，农村居民对农村基础设施的需求意愿强烈，且“生产型”基础设施的需求意愿强于“生活型”基础设施。孙翠清和林万龙（2008）发现，不同类型的农村居民对农村义务教育、农村社会保障、农村医疗卫生、农村文化事业、劳动力技能培训等公共服务的需求意愿不尽相同，其中农村居民对劳动力技能培训的需求意愿最为突出。王谦（2008）通过对山东省三个县市的农村公共服务需求程度进行实证分析，发现农村居民对农村社会保障、农村医疗卫生和农村义务教育等社会性公共服务的需求意愿最强，对农村道路建设、农田水利设施和农村电网等基础设施类公共服务的需求意愿次之。易红梅等（2008）发现农村居民需要的农村公共服务类型与政府实际投资的公共服务类型存在不对应的情况，其中农村居民对于饮用水设施、灌溉设施和农村道路的需求较强。张立荣和李名峰（2012）从满意度和需求度二维耦合的视角对湖北省农村公共服务的现状进行实证分析，最终确定的公共服务供给需求顺序由高到低依次是养老和最低生活保障、基本医疗保障和基础教育、农田水利建设和社会治安、就业服务与技能培训、环境保护、文化体育活动和农村合作信贷、农业生产指导和农产品供需信息、乡村道路建设、电力和通信设施建设、饮用水设施建设。吕微和韩晋乐（2014）以山西农村居民公共服务需求调查为基础，认为当地最亟待改进的农村公共服务是道路建设、农资供给、农产品销售、公共文化、农技推广和养老保险服务。

根据对上述文献的回顾可知，应用顾客满意度理论对农村公共服务供给满意度进行测算受到众多国内学者的认同，以上文献对深入研究微观层面农村公共服务供给效率的评价具有重要借鉴意义。但是，现有文献中少有学者关注西部农村公共服务供给满意度，鲜见有学者对成渝试验区的农村公共服务供给满意度进行专题研究。此外，重庆市作为中国最年轻的直辖市，同时具有中等省的构架和欠发达省的特征，并且具有典型的城乡二元结构的特征，集中和叠加了中国东部现象与西部现象，具有与中国很多省区尤其是西部省区相似的基本特点，是中国基本国情的一个缩影。基于此，本章主要基于顾客满意度理论，基于试验区中重庆市的农村公共服务供给情况的实地微观调查问卷数据，对西部农村公共服务供给满意度及其影响因素进行实证分析，以期为西部地区农村公共服务供给效率的改善提供理论和现实依据。

4.2 调查设计与研究方法

4.2.1 调查设计

对于农村公共服务消费者主体的农村居民而言，只有农村居民认为有用处的公共服务，才是有效率的；相反，即使供给部门反复认定有用并强制供给的公共服务，当农村居民认为其没有用处时，农村居民依然感觉它是无效率的。根据前文农村公共服务概念的定义，并结合农村公共服务的消费非竞争性和非排他性特征，为了实现对农村公共服务供给满意度进行调查的目的，调查设计如下。

（1）调查的内容。调查的主要内容包含个人特征、农村生活型公共服务供给满意度、农村生产型公共服务供给满意度和农村公共服务供给制度满意度四个方面。调查内容是从农村居民的角度进行设计，并将农村公共服务供给满意度划分为农村生活型公共服务供给满意度、农村生产型公共服务供给满意度和农村公共服务供给制度满意度，在此基础上再对各类公共服务子项目的满意度进行详细调查。农村公共服务供给满意度调查结果将作为微观层面供给效率的判断依据，并与宏观层面农村公共服务供给效率进行对比分析。

（2）调查对象。调查对象以户主或成年农村居民为主，并尽可能覆盖各种类型个人特征的受访对象。为了确保受访对象对农村公共服务供给有清楚的了解和认识，并且可以自由地、完整地表达自己的判断，主要针对 20 岁以上的农村居民进行访问，同时随机询问了部分村干部，为本次的调研起到补充说明作用。为了确保调查结果的可靠性和有效性，在受访对象的选择中也尽可能地选择不同收入水平、不同教育背景及多种类型个人特征的农村居民进行访问，以期得到更全面的调查结果，并对不同类型个人特征与满意度水平的相关性进行检验。

（3）调查问题。在对农村公共服务供给满意度进行调查的基础上，本书也对农村公共服务供给现存的问题进行调查，以期来分析研究农村公共服务与农村居民满意度之间的关系，揭示现阶段农村居民需求与公共服务供给之间的不匹配程度，并为农村公共服务供给满意度的改善提供依据。

（4）影响因素。通过回归分析对农村公共服务供给满意度的影响因素进行筛选，并对影响因素的作用大小和方式进行分析。同时，微观层面的农村公共服务供给满意度影响因素回归结果也是与宏观层面供给效率回归结果进行比较的依据。在调查问卷中还涉及相关影响农村公共服务供给满意度的因素选项。

4.2.2　研究方法

（1）因子分析方法。在对调查问卷数据进行分析时，采集丰富的基础数据有利于为研究提供更为全面的信息，增加分析的准确度。然而收集大量的多变量数据不仅需要花费大量的时间和工作量，还会在分析变量时由于变量间存在的相关性增加研究问题的复杂程度。因子分析方法的基本原理是从变量之间的相互关联出发，将具有错综复杂关系的变量简化为几个具有代表性的综合因子，从而降低变量的维度。这样可以将原始变量进行合并及分类，其中相关性较高的变量可以归并于同一类型的综合因子之中，而相关性较低的变量可以分散存在于不同类型的综合因子之中，每个综合因子代表不同的变量。这样的好处在于，之前原始变量的每一分量可以用少数的不可测算的公共因子与特殊因子的加总来表示，原始数据的主要信息可以体现在较少的公共因子中，从而实现数据的浓缩并将核心问题呈现出来。

因子分析方法的核心是从若干变量指标中将公共因子提取出来，各因子的得分函数是将公共因子的方差贡献率作为权重，与该因子的得分乘积之和一同构成，其中因子分析方法在数学上的表示为矩阵：$\boldsymbol{X}=\boldsymbol{AF}+\boldsymbol{B}$，即

$$\begin{cases} x_1=\alpha_{11}f_1+\alpha_{12}f_2+\alpha_{13}f_3+\cdots+\alpha_{1k}f_k+\beta_1 \\ x_2=\alpha_{21}f_1+\alpha_{22}f_2+\alpha_{23}f_3+\cdots+\alpha_{2k}f_k+\beta_2 \\ x_3=\alpha_{31}f_1+\alpha_{32}f_2+\alpha_{33}f_3+\cdots+\alpha_{3k}f_k+\beta_3 \\ \qquad\vdots \\ x_p=\alpha_{p1}f_1+\alpha_{p2}f_2+\alpha_{p3}f_3+\cdots+\alpha_{pk}f_k+\beta_p \end{cases} \quad (k\leqslant p) \tag{4-2}$$

其中，向量 $\boldsymbol{X}(x_1,x_2,x_3,\cdots,x_p)$ 代表 p 个原始观测值；$\boldsymbol{F}(f_1,f_2,f_3,\cdots,f_k)$ 代表 $\boldsymbol{X}(x_1,x_2,x_3,\cdots,x_p)$ 从 p 个原始观测值中可以提取 k 个公共因子，即在各个原始观测值的表达式中一同出现的因子，并且它们是不可观测的且相互独立的理论变量，公共因子的具体含义应该根据研究的实际问题来明确；公共因子 $\boldsymbol{F}(f_1,f_2,f_3,\cdots,f_k)$ 的因子载荷矩阵为 $\boldsymbol{A}(\alpha_{ij})$，其中 $\alpha_{ij}(i=1,2,\cdots,p;\ j=1,2,\cdots,k)$ 为第 i 个原始观测变量

在第 j 个因子上的因子载荷，也可称为因子负荷；α_{ij} 为 x_1 与 f_1 的相关系数，用来表示 x_1 对 f_1 的相关或依赖程度，α_{ij} 可以当做是第 i 个变量在第 j 个公共因子上所占的权重，如果 α_{ij} 的绝对值越大，则说明 x_1 在公共因子 f_1 上的载荷量越大；$\boldsymbol{B}\left(\beta_1,\beta_2,\beta_3,\cdots,\beta_p\right)$ 的含义是 p 个原始观测值的特殊因子，即不能被 k 个公共因子所包含的不可观测的那部分。特殊因子之间互相独立，同时特殊因子与公共因子之间也是互相独立的。

（2）Logistic 回归分析方法。计量经济模型通常假定被解释变量的取值可以是实数范围内的任意值，定义为连续性变量。但是，在进行微观调查问卷数据处理时常会碰到被解释变量是离散变量的情况。二元选择模型就是离散因变量模型的简单形式，即被解释变量只能取“0”和“1”两个值。二元 Logistic 回归模型是最常用的二元选择模型，它类似于线性回归模型，但是它更适用于因变量的值是 0、1 变量的情况。设 Y 为因变量，$X_1,X_2,\cdots,X_k$ 为一组自变量。当 Y 是阳性反应时，$Y=1$；当 Y 是阴性反应时，$Y=0$。P 是阳性反应发生的概率，Q 是阴性反应发生的概率，$P+Q=1$。

Logistic 回归模型为

$$P=\frac{\mathrm{e}^{\beta_0+\beta_1X_1+\beta_2X_2+\cdots+\beta_kX_k}}{1+\mathrm{e}^{\beta_0+\beta_1X_1+\beta_2X_2+\cdots+\beta_kX_k}} \tag{4-3}$$

其中，β_0 为常数项；$\beta_j\left(j=1,2,\cdots,k\right)$ 为与 X_j 有关的参数，也称为偏回归系数。事件发生的概率 P 与 $\boldsymbol{\beta X}$ 之间呈曲线关系，当 $\boldsymbol{\beta X}$ 在 $\left(-\infty,\infty\right)$ 变化时，P 在（0，1）变化。

4.3 变量选择与数据来源

4.3.1 变量选择

本章在综合何精华等（2006）、陈俊红等（2006）、李燕凌和曾福生（2008）、夏锋（2008）、王谦（2008）、刘小锋（2009）、唐娟莉等（2011）相关研究成果的基础上，根据西部地区（重庆市）农村的实际情况，选取变量主要包括个人特征、农村公共服务供给总体满意度、农村生活型公共服务供给满意度、农村生产型公共服务供给满意度和农村公共服务供给制度满意度五个方面。

（1）个人特征。个人特征变量方面分别选取性别、年龄、家庭人口、受教育程度、家庭年总收入、家庭务农收入和家庭承包土地面积七个变量衡量受访者的个人特征，主要目的在于考察农村公共服务供给满意度是否在不同类型的受访者中存在显著差异，也就是判断农村公共服务供给满意度是否存在个性化特征，各变量的赋值情况如表 4-1 所示。

表 4-1　个人特征变量赋值情况

变量名称	赋值情况
性别	女性=0，男性=1
年龄	20~30 岁=1，30~40 岁=2，40~50 岁=3，50~60 岁=4，60 岁以上=5
家庭人口	3 人及以下=1，3~4 人=2，5~6 人=3，7~8 人=4，8 人以上=5
受教育程度	小学=1，初中=2，高中=3，大专=4，本科及以上=5
家庭年总收入	1 万元及以下=1，1 万~2 万元=2，2 万~3 万元=3，3 万~4 万元=4，4 万元以上=5
家庭务农收入	0.5 万元及以下=1，0.5 万~1 万元=2，1 万~1.5 万元=3，1.5 万~2 万元=4，2 万元以上=5
家庭承包土地面积	5 亩及以下=1，5~10 亩=2，10~15 亩=3，15~20 亩=4，20 亩以上=5

（2）农村公共服务供给总体满意度。农村公共服务供给总体满意度变量在调查问卷中设置为满意度数据，在农村公共服务供给满意度现状分析时，该变量分为五个等级，非常不满意赋值为 1，不满意赋值为 2，基本满意赋值为 3，满意赋值为 4，非常满意赋值为 5。在 Logistic 回归中，需要将因变量简化处理为“0，1”变量，故将选择非常不满意至基本满意的受访者赋值为 0，将选择满意和非常满意的受访者赋值为 1。

（3）农村生活型公共服务供给满意度。农村生活型公共服务供给满意度变量选取供电满意度、饮水满意度、道路满意度、通信满意度、文娱设施或场所满意度、村文娱活动满意度、社会保障满意度、医疗设备满意度、医务人员水平满意度、小学教室和宿舍满意度、小学教师素质满意度、居住环境满意度、公共卫生满意度、社会治安满意度等 14 个方面的数据来衡量，满意度的赋值方法同样选择将非常不满意至非常满意分别赋值 1~5。由于农村生活型公共服务供给满意度变量包含的子变量数量较多，我们将 14 个子变量通过因子分析的方法合成农村生活型公共服务供给满意度，以期能够尽可能全面地覆盖农村生活型公共服务供给满意度的信息。

（4）农村生产型公共服务供给满意度。农村生产型公共服务供给满意度变量选取农业基础设施满意度、财政支农满意度、农田水利满意度和农林科学技术服务站服务满意度四个方面的数据来衡量，满意度的赋值方法同样选择将非常不满意至非常满意分别赋值 1~5。为了减少变量数量的同时尽可能保留变量信息，同样使用因子分析方法对以上四个子变量进行降维处理。

（5）农村公共服务供给制度满意度。在选择农村公共服务供给制度满意度变量方面，我们选取村民自治程度和村规民约满意度、村委会办事效率满意度、村干部工作态度满意度、信息表达渠道满意度和“一事一议”机制满意度五个类型的自变量来衡量，满意度的赋值方法同样选择将非常不满意至非常满意分别赋值1~5，同样也通过因子分析方法将以上五个自变量进行降维处理。

4.3.2 数据来源

本章分析所需数据源于2012年12月对重庆市农村公共服务供给满意度的微观实地调研数据。本次调研采取随机走访的方式进行，分别走访重庆市经济发达地区和欠发达地区的17个区县，其中在一小时经济圈地区内调查涪陵、江津、长寿、璧山、大足、巴南和铜梁7个区县，渝东北翼地区内调查垫江、巫山、梁平、万州、云阳和丰都6个区县，渝东南翼地区内调查武隆、石柱、酉阳县和秀山土家族苗族自治县4个区县，每个区县按照地区经济发展水平再随机抽选4~6个自然村，再在每个抽样的自然村中随机选取20位以上的村民进行调查。调查问卷数据来源如表4-2所示。此次调查共发放调查问卷600份，收回有效问卷537份，占全部问卷总数的89.5%，其中一小时经济圈地区收回有效问卷234份，渝东北翼地区收回有效问卷138份，渝东南翼地区收回有效问卷165份。

表 4-2　调查问卷数据来源情况

区县	乡（镇）	问卷数量/份	所属地区
涪陵区	李渡	20	一小时经济圈
江津区	石门、油溪、珞璜	45	
长寿区	葛兰、龙河、双龙	24	
璧山县	丁家、三合、八塘、马坊、来凤	45	
大足区	金山、宝顶、万古、石马、回龙	25	
巴南区	东温泉	25	
铜梁县	侣俸	50	
垫江县	长龙、澄溪	21	渝东北翼
巫山县	铜鼓	25	
梁平县	大观	19	
万州区	高粱、分水、李河	25	
云阳县	高阳	25	
丰都县	双路、兴义、龙河	23	
武隆县	白马、赵家	57	渝东南翼
石柱县	龙沙、大歇	51	
酉阳县	麻旺、小河、丁市、钟多	20	
秀山土家族苗族自治县	高田、溶溪、中和、石堤、海洋、平凯	37	

4.4　农村公共服务供给满意度的实证分析

4.4.1　问卷信度与效度分析

将 537 份调查问卷数据导入 SPSS 19.0 软件中，按照重庆市总体和“一圈两翼”地区的数据分布进行信度与效度检验，检验结果如表 4-3 所示。重庆总体和“一圈两翼”地区的检验变量间偏相关性的 KMO（Kaiser-Meyer-Olkin）统计量分别为 0.887 0、0.871 0、0.838 0 和 0.776 0，可认为变量间相关程度差异较小，调查数据信度较好且适合做因子分析[①]。重庆市总体和“一圈两翼”地区的巴特利特统计量值比较大，且其对应的相伴概率值小于 0.05，拒绝了巴特利特球形假设，同时认定相关系数矩阵不可能是单位阵，调查问卷数据通过了效度检验，同样得出适合做因子分析的结论。

表 4-3　调查问卷的 KMO 值与巴特利特球形检验

项目		重庆市总体	一小时经济圈	渝东北翼	渝东南翼
KMO 值		0.887 0	0.871 0	0.838 0	0.776 0
巴特利特球形检验	卡方检验值	5 888.458 0	3 220.656 0	1 815.883 0	1 978.256 0
	自由度	435.000 0	435.000 0	435.000 0	435.000 0
	P 值	0	0	0	0

4.4.2　描述性统计分析

个人特征的调查内容包含性别、年龄、家庭人口、受教育程度、家庭年总收入、家庭务农收入、家庭承包土地面积，本部分将主要介绍调查问卷中各特征项的分布情况，并通过方差分析检验不同的类型特征受访者是否存在农村公共服务供给满意度的差异。

（1）性别。本次调查对象中男性受访者为 278 人，占总人数的 51.77%；女性受访者为 259 人，占总人数的 48.23%。由方差分析结果（表 4-4）可知，重庆市总体及“一圈两翼”地区性别情况的方差检验均接受了原假设，说明不同性别受访者对农村公共服务供给满意度感知不存在明显差异。

---

① KMO 统计量的取值在 0~1，KMO 值越接近 1，则越适合做因子分析。

表 4-4　性别情况的方差检验

项目			重庆市总体		一小时经济圈		渝东北翼		渝东南翼	
统计值			平方和	显著性	平方和	显著性	平方和	显著性	平方和	显著性
组间	组合		0.002 0	0.920 3	0.330 0	0.693 0	0.650 0	0.497 0	0.015 0	0.789 0
	线性项	加权	0.002 0	0.920 3	0.330 0	0.693 0	0.650 0	0.497 0	0.015 0	0.789 0
		非加权	0.002 0	0.920 3	0.330 0	0.693 0	0.650 0	0.497 0	0.015 0	0.789 0
组内			104.448 7		48.621 0		19.101 0		34.833 0	
总数			104.450 7		48.654 0		19.167 0		34.848 0	

（2）年龄。本次调查对象中 20~30 岁的受访者有 124 人，占 23.09%；30~40 岁的受访者有 146 人，占 27.19%；40~50 岁的受访者有 165 人，占 30.73%；50~60 岁的受访者有 62 人，占 11.55%；60 岁以上的受访者有 40 人，占 7.45%。可见，受访者年龄主要集中在 20~60 岁。由方差分析结果（表 4-5）可知，重庆市总体及“一圈两翼”地区年龄情况的方差检验均接受了原假设，说明不同年龄受访者对农村公共服务供给满意度感知不存在明显差异。

表 4-5　年龄情况的方差检验

项目			重庆市总体		一小时经济圈		渝东北翼		渝东南翼	
统计值			平方和	显著性	平方和	显著性	平方和	显著性	平方和	显著性
组间	组合		0.961 6	0.294 6	0.443 8	0.716 0	0.256 8	0.771 1	1.200 5	0.227 4
	线性项	加权	0.669 3	0.064 2	0.291 4	0.240 6	0.002 0	0.906 3	0.871 6	0.043 4
		非加权	0.795 9	0.043 6	0.269 4	0.259 2	0.005 6	0.842 9	0.889 2	0.041 4
		偏差	0.165 7	0.837 0	0.174 5	0.842 5	0.251 2	0.623 3	0.311 3	0.687 3
组内			103.489 0		48.210 0		18.909 9		33.648 0	
总数			104.450 7		48.653 8		19.166 7		34.848 5	

（3）家庭人口。本次调查对象中家庭成员 3 人及以下的 52 户，占 9.68%；家庭成员 3~4 人的 236 户，占 43.95%；家庭成员 5~6 人的 152 户，占 28.31%；家庭成员 7~8 人的 76 户，占 14.15%；家庭成员 8 人以上的 21 户，占 3.91%。可见，被调查对象家庭人口大部分为 3~6 人。由方差分析结果（表 4-6）可知，重庆市总体及“一圈两翼”地区家庭人口情况的方差检验均接受了原假设，说明不同家庭人口数量的受访者对农村公共服务供给满意度感知不存在明显差异。

表 4-6　家庭人口情况的方差检验

项目			重庆市总体		一小时经济圈		渝东北翼		渝东南翼	
统计值			平方和	显著性	平方和	显著性	平方和	显著性	平方和	显著性
组间	组合		0.489 8	0.643 7	1.288 4	0.186 6	0.582 3	0.388 2	0.299 6	0.845 9
	线性项	加权	0.066 7	0.559 3	0.146 0	0.401 7	0.021 9	0.693 0	0.002 4	0.915 5
		非加权	0.168 7	0.353 2	0.486 9	0.126 3	0.092 7	0.416 8	0.031 7	0.702 3
		偏差	0.321 1	0.649 9	0.801 5	0.278 0	0.489 6	0.324 5	0.267 9	0.743 5
组内			103.960 8		47.365 4		18.584 4		34.548 9	
总数			104.450 7		48.653 8		19.166 7		34.848 5	

（4）受教育程度。本次调查对象小学学历 186 人，占 34.64%；初中学历 193 人，占 35.94%；高中学历 82 人，占 15.27%；大专学历 28 人，占 5.21%；本科及以上学历 48 人，占 8.94%。可见，调查对象的受教育程度以小学和初中为主。其中，酉阳的样本最为特殊，在 20 份调查问卷中，学历在本科及以上的共有 9 人，所占的比例达到了 45%。由方差分析结果（表 4-7）可知，重庆市总体、一小时经济圈、渝东南翼地区的受教育程度情况的方差检验均拒绝了原假设，说明不同受教育程度的受访者对农村公共服务供给满意度感知存在明显差异。渝东北翼地区的受教育程度情况的方差检验接受了原假设，说明不同受教育程度的受访者对农村公共服务供给满意度感知不存在明显差异。

表 4-7　受教育程度情况的方差检验

项目			重庆市总体		一小时经济圈		渝东北翼		渝东南翼	
统计值			平方和	显著性	平方和	显著性	平方和	显著性	平方和	显著性
组间	组合		4.222 6	0.000 2	2.967 6	0.005 9	0.706 7	0.168 0	1.974 0	0.052 1
	线性项	加权	1.260 1	0.010 0	0.447 9	0.135 4	0.299 0	0.143 0	0.203 1	0.321 6
		非加权	2.075 3	0.001 0	1.699 7	0.003 9			0.239 2	0.282 3
		偏差	2.147 3	0.010 3	1.267 9	0.098 7	0.407 7	0.231 4	1.734 9	0.041 0
组内			100.228 1		45.686 2		18.460 0		32.874 4	
总数			104.450 7		48.653 8		19.166 7		34.848 5	

（5）家庭年总收入。本次调查对象中家庭年总收入在 1 万元及以下的有 87 户，占 16.20%；家庭年总收入在 1 万~2 万元的有 155 户，占 28.86%；家庭年总收入在 2 万~3 万元的有 157 户，占 29.24%；家庭年总收入在 3 万~4 万元的有 81 户，占 15.08%；家庭年总收入在 4 万元以上的有 57 户，占 10.61%，调查对象基

本涵盖了各个收入阶段的农村居民。由方差分析结果（表 4-8）可知，重庆市总体及“两翼”地区家庭年总收入水平的方差检验均接受了原假设，说明不同家庭年总收入水平的受访者对农村公共服务供给满意度感知不存在明显差异，一小时经济圈地区家庭年总收入水平的方差检验拒绝了原假设，说明不同家庭年总收入水平的受访者对农村公共服务供给满意度感知存在明显差异。

表 4-8　家庭年总收入水平的方差检验

项目			重庆市总体		一小时经济圈		渝东北翼		渝东南翼	
统计值			平方和	显著性	平方和	显著性	平方和	显著性	平方和	显著性
组间	组合		0.263 0	0.853 9	2.006 5	0.046 1	0.073 9	0.971 7	0.742 8	0.482 7
	线性项	加权	0.001 5	0.931 1	0.073 1	0.549 9	0.005 7	0.841 7	0.164 2	0.381 4
		非加权	0.008 5	0.835 5	0.003 8	0.891 4	0.020 3	0.707 7	0.274 5	0.258 2
		偏差	0.254 5	0.729 3	2.002 7	0.021 8	0.053 7	0.945 4	0.468 3	0.534 2
组内			104.187 7		46.647 3		19.092 7		34.105 7	
总数			104.450 7		48.653 8		19.166 7		34.848 5	

（6）家庭务农收入。本次调查对象中务农收入在 0.5 万元及以下的有 275 户，占 51.21%；务农收入在 0.5 万~1 万元的有 180 户，占 33.52%；务农收入在 1 万~1.5 万元的有 64 户，占 11.92%；务农收入在 1.5 万~2 万元的有 5 户，占 0.93%；务农收入在 2 万元以上的有 13 户，占 2.42%。由此可以看出，超过 80%的家庭务农收入在 1 万元及以下。由方差分析结果（表 4-9）可知，重庆市总体及渝东北翼地区家庭务农收入水平的方差检验均拒绝了原假设，说明不同家庭务农收入水平的受访者对农村公共服务供给满意度感知存在明显差异，一小时经济圈和渝东南翼地区家庭务农收入水平的方差检验均接受了原假设，说明不同务农收入水平的受访者对农村公共服务供给满意度感知不存在明显差异。

表 4-9　家庭务农收入水平的方差检验

项目			重庆市总体		一小时经济圈		渝东北翼		渝东南翼	
统计值			平方和	显著性	平方和	显著性	平方和	显著性	平方和	显著性
组间	组合		2.690 6	0.007 6	1.199 8	0.219 2	1.104 6	0.046 4	1.520 5	0.126 6
	线性项	加权	1.762 5	0.002 5	0.860 0	0.042 8	0.743 4	0.020 3	0.668 3	0.075 2
		非加权	2.524 6	0.000 3	0.305 5	0.225 9			1.410 1	0.010 1
		偏差	0.166 0	0.833 2	0.894 3	0.232 3	0.361 2	0.265 4	0.110 3	0.912 2
组内			101.760 1		47.454 1		18.062 1		33.328 0	
总数			104.450 7		48.653 8		19.166 7		34.848 5	

（7）家庭承包土地面积。本次调查对象中家庭承包土地面积 5 亩及以下的有 330 户，占 61.45%；承包土地面积 5~10 亩的有 135 户，占 25.14%；承包土地面积 10~15 亩的有 47 户，占 8.75%；承包土地面积 15~20 亩的有 17 户，占 3.17%；承包土地面积 20 亩以上的有 8 户，占 1.49%。由此可见，60%以上的家庭承包土地面积都在 5 亩及以下，这与重庆市整体的山地地形有关系，导致家庭承包土地面积比较少。由方差分析结果（表 4-10）可知，重庆市总体及"一圈两翼"地区家庭承包土地面积情况的方差检验均接受了原假设，说明不同家庭承包土地面积的受访者对农村公共服务供给满意度感知不存在明显差异。

表 4-10　家庭承包土地面积的方差检验

项目			重庆市总体		一小时经济圈		渝东北翼		渝东南翼	
统计值			平方和	显著性	平方和	显著性	平方和	显著性	平方和	显著性
组间	组合		0.905 7	0.326 1	0.573 4	0.604 5	0.649 5	0.200 4	0.590 1	0.600 5
	线性项	加权	0.291 8	0.221 3	0.001 6	0.930 3	0.006 7	0.826 5	0.345 2	0.206 0
		非加权	0.133 0	0.408 9	0.007 4	0.851 6	0.482 9	0.063 8	0.007 6	0.850 8
		偏差	0.772 7	0.265 9	0.566 1	0.442 6	0.166 6	0.548 7	0.582 5	0.439 2
组内			103.545 0		48.080 4		18.517 2		34.258 3	
总数			104.450 7		48.653 8		19.166 7		34.848 5	

4.4.3　农村公共服务供给总体满意度分析

根据 17 个区县的 537 份调查问卷中对农村公共服务供给总体满意度的调查结果，可以计算出各区县及其代表地区的农村公共服务供给总体满意度的平均水平，如表 4-11 所示。

表 4-11　农村居民对农村公共服务供给总体满意度情况

区县	总体满意度平均水平	所属地区
涪陵区	4.00	一小时经济圈
璧山县	3.27	
江津区	3.09	
长寿区	3.08	
铜梁县	2.94	
大足区	2.72	
巴南区	2.12	

续表

区县	总体满意度平均水平	所属地区
垫江县	3.29	渝东北翼
巫山县	3.08	
梁平县	2.89	
万州区	2.68	
云阳县	2.68	
丰都县	2.13	
武隆县	3.47	渝东南翼
酉阳县	3.00	
石柱县	2.49	
秀山土家族苗族自治县	2.14	
一小时经济圈	3.03	
渝东北翼	2.78	
渝东南翼	2.81	
重庆市总体	2.90	

（1）农村居民对农村公共服务供给总体满意度接近基本满意水平。将满意程度按照“非常不满意”至“非常满意”分成五等级，分别赋值 1~5，农村公共服务供给总体满意度均值仅为 2.90，接近基本满意水平（赋值为 3），“一圈两翼”地区满意度的均值也徘徊在 3 左右，17 个区县中，酉阳、铜梁、梁平等 10 个区县的满意度平均水平在 2.0~3.0，武隆、垫江、璧山等 6 个区县的满意度平均水平在 3.0~3.5，仅有涪陵达到了满意的水平。由此可知，农村居民对农村公共服务供给总体满意度并不高，接近中等水平，仍有较大的改善空间。

（2）一小时经济圈地区总体满意度略高于“两翼”地区。一小时经济圈地区农村居民对农村公共服务供给总体满意度的平均水平为 3.03，略高于基本满意水平，渝东南翼地区的平均水平为 2.81，略高于渝东北翼地区的 2.78，“两翼”地区的满意度介于不满意与基本满意之间。从 17 个区县的满意度平均水平来看，本次调查中一小时经济圈地区所属的 7 个区县中，涪陵、璧山、江津和长寿 4 个区县的满意度平均水平高于 3；渝东南翼地区所属 4 个区县中，武隆和酉阳的满意度平均水平大于或等于 3；渝东北翼地区所属的 6 个区县中，仅有垫江和巫山的满意度平均水平大于 3。经济发达区域农村居民对农村公共服务供给总体满意度略高于经济欠发达区域，但区域间满意度平均水平的差异较小。

（3）农村公共服务供给的总量和质量、供给与需求的匹配程度是影响农村公共服务供给总体满意度的主要因素。在对农村公共服务供给中存在的问题进行调查时，46.09%的受访者认为农村公共服务供给的主要问题在于总量不足；56.05%的受访者认为目前农村公共服务供给的质量较差；58.20%的受访者认为供给与农村居民需求并不相称。以上三个问题均是农村公共服务供给过程中客观存在的问题，其中以供给与农村居民的需求不相称的问题最为受到认同。在对当前农村公共服务供给问题的产生原因进行调查时，58.98%的受访者认为政府财政投入不足是满意度不高的原因；46.48%的受访者认为与集体经济组织弱化有关；32.81%的受访者认为与农村居民热情度不高有关；52.73%的受访者认为与县乡村干部关注力度不够有关。由此表明，受访者对这几个原因都比较赞同，其中政府财政投入不足和县乡村干部关注力度不够两个原因最被受访者认可。

4.4.4　农村生活型公共服务供给满意度分析

农村生活型公共服务供给满意度包含供电、饮水、道路、通信等 14 个方面的内容，如表 4-12 所示。农村生活型公共服务的内容较广泛，故使用因子分析方法对其 14 个子指标进行降维处理，计算出农村生活型公共服务供给满意度水平。

表 4-12　农村生活型公共服务供给满意度构成项

因子	农村生活型公共服务供给满意度构成项
f_1	供电满意度
f_2	饮水满意度
f_3	道路满意度
f_4	通信满意度
f_5	文娱设施或场所满意度
f_6	村文娱活动满意度
f_7	社会保障满意度
f_8	医疗设备满意度
f_9	医务人员水平满意度
f_{10}	小学教室和宿舍满意度
f_{11}	小学教师素质满意度
f_{12}	居住环境满意度
f_{13}	公共卫生满意度
f_{14}	社会治安满意度

（1）农村生活型公共服务供给满意度的因子分析。本部分的主要任务是通过

因子分析验证前文构建的农村生活型公共服务供给满意度指标体系的合理性，并发掘哪些因素是影响农村生活型公共服务供给满意度的重要因子，进而梳理农村居民对于各类型公共服务的需求顺序。通过将 f_1~f_{14} 指标的调查数据导入 SPSS 19.0 软件中，计算出各变量的共同度结果，如表 4-13 所示。共同度值越大则代表该指标对公共因子的共同依赖程度越强，说明使用这些公共因子来解释该测评指标的有效性越强。一般来说，当共同度值大于 0.40 时，说明公共因子能很好地解释测评指标。表 4-13 中所有变量的共同度值都高于 0.40，表明这 14 个变量有公共因子存在。在明确公共因子存在之后，继而可以采用主成分法提取出三个特征值大于 1 的因子。由于根据初始载荷矩阵直接对公共因子做出解释不是很容易，本章在此并未列出因子载荷矩阵，而是运用因子旋转载荷矩阵对公共因子进行解释（表 4-13），三个因子的总方差解释率达到 55.111 0%。

表 4-13　因子旋转载荷矩阵及共同度（一）

项目	F_1	F_2	F_3	共同度
供电满意度	0.513 0	0.423 8	0.069 9	0.447 7
饮水满意度	0.485 1	0.473 0	0.227 0	0.510 6
道路满意度	0.596 9	0.111 7	0.239 1	0.425 9
通信满意度	0.545 5	0.297 1	0.410 6	0.554 4
文娱设施或场所满意度	0.527 7	−0.592 5	0.382 2	0.775 6
村文娱活动满意度	0.616 7	−0.462 1	0.408 9	0.761 1
社会保障满意度	0.681 8	−0.189 9	0.052 7	0.503 7
医疗设备满意度	0.683 8	−0.283 7	−0.233 1	0.602 3
医务人员水平满意度	0.677 8	−0.215 9	−0.264 7	0.576 1
小学教室和宿舍满意度	0.654 7	−0.065 1	−0.334 9	0.545 0
小学教师素质满意度	0.554 3	−0.160 3	−0.452 4	0.537 6
居住环境满意度	0.559 9	0.405 1	0.079 4	0.483 9
公共卫生满意度	0.673 8	0.171 0	−0.127 5	0.499 5
社会治安满意度	0.559 1	0.324 3	−0.272 3	0.491 9

由因子方差解释度可知，$\boldsymbol{F}=0.650\,5\times\boldsymbol{F}_1+0.202\,2\times\boldsymbol{F}_2+0.147\,2\times\boldsymbol{F}_3$，结合因子得分矩阵情况（表 4-14），可以计算出 14 个子指标对农村生活型公共服务供给满意度的影响大小为

$$\begin{aligned}\boldsymbol{F}=&0.130\,5\times f_1+0.153\,6\times f_2+0.122\,8\times f_3+0.162\,4\times f_4+0.041\,1\times f_5\\&+0.073\,0\times f_6+0.070\,6\times f_7+0.021\,7\times f_8+0.025\,6\times f_9+0.033\,0\times f_{10}\\&-0.007\,6\times f_{11}+0.135\,4\times f_{12}+0.093\,0\times f_{13}+0.079\,2\times f_{14}\end{aligned}$$

表 4-14　因子得分矩阵（一）

项目	F_1	F_2	F_3
供电满意度	0.102 2	0.271 6	0.061 6
饮水满意度	0.096 7	0.303 1	0.199 8
道路满意度	0.118 9	0.071 6	0.210 5
通信满意度	0.108 7	0.190 4	0.361 4
文娱设施或场所满意度	0.105 1	−0.379 8	0.336 4
村文娱活动满意度	0.122 9	−0.296 2	0.359 9
社会保障满意度	0.135 8	−0.121 7	0.046 4
医疗设备满意度	0.136 2	−0.181 8	−0.205 1
医务人员水平满意度	0.135 0	−0.138 4	−0.233 0
小学教室和宿舍满意度	0.130 4	−0.041 7	−0.294 8
小学教师素质满意度	0.110 4	−0.102 8	−0.398 2
居住环境满意度	0.111 6	0.259 6	0.069 9
公共卫生满意度	0.134 2	0.109 6	−0.112 2
社会治安满意度	0.111 4	0.207 8	−0.239 6

由农村生活型公共服务供给满意度的计算公式可知，通信、饮水、居住环境、供电和道路满意度 5 个指标对 ***F*** 的影响系数均大于 0.10，是构成生活型公共服务供给满意度的重要组成部分；公共卫生、社会治安、村文娱活动、社会保障、文娱设施或场所、小学教室和宿舍、医务人员水平和医疗设备对 ***F*** 的影响系数为正值，但均介于 0 和 1 之间，对农村生活型公共服务供给满意度的影响较弱；小学教师素质对 ***F*** 的影响系数为−0.007 6，说明小学教师素质满意度与农村生活型公共服务供给满意度呈现微弱的负相关关系。

（2）农村居民对农村生活型公共服务供给满意度介于基本满意和满意水平之间。根据因子分析结果，可以计算出 17 个区县农村居民对农村生活型公共服务供给满意度水平。由表 4-15 可知，重庆市总体的农村生活型公共服务供给满意度平均水平为 3.51，“一圈两翼”地区的满意度平均水平也介于 3 和 4 之间，在基本满意和满意水平之间。从 17 个区县农村居民对农村生活型公共服务供给满意度来看，仅有云阳、丰都两个区县的满意度低于“基本满意”水平，涪陵的满意度水平最高，达到 4.56，介于满意与非常满意之间，大部分区县的满意度均略高于基本满意水平。

表 4-15　农村居民对农村生活型公共服务供给满意度情况

区县	平均满意度	所属地区
涪陵区	4.56	一小时经济圈
江津区	3.83	
长寿区	3.82	

续表

区县	平均满意度	所属地区
璧山县	3.61	一小时经济圈
大足区	3.52	
巴南区	3.50	
铜梁县	3.46	
垫江县	3.64	渝东北翼
巫山县	3.55	
梁平县	3.53	
万州区	3.19	
云阳县	2.99	
丰都县	2.47	
武隆县	3.65	渝东南翼
石柱县	3.50	
酉阳县	3.43	
秀山土家族苗族自治县	3.30	
一小时经济圈	3.70	
渝东北翼	3.22	
渝东南翼	3.50	
重庆市总体	3.51	

（3）一小时经济圈地区的农村生活型公共服务供给满意度最高，渝东南翼和渝东北翼地区次之。一小时经济圈地区农村居民对农村生活型公共服务供给满意度平均水平为 3.70，高于渝东南翼和渝东北翼地区的 3.50 和 3.22，其中一小时经济圈所属七个区县的满意度均高于 3.40，渝东南翼所属的四个区县的满意度均高于或等于 3.30，渝东北翼所属六个区县中云阳和丰都的满意度小于 3，其余 4 个区县的满意度高于 3.10。农村居民对农村生活型公共服务供给满意度的调查结果与农村公共服务供给总体满意度相似，经济较为发达的一小时经济圈拥有较高的满意度，“两翼”地区的满意度水平次之。

（4）资金投入力度和设施改善速度是影响农村居民对农村生活型公共服务供给满意度的主要因素。在供电方面，受访者认为“设施老旧”、“资金投入不足”及“电价较高”三个因素的比重分别是 45.25%、35.94%和 35.38%，受访者普遍认为这三个问题均是农村供电情况中存在的重要问题。在饮水方面，46.18%的受访者认为当地饮用水存在“资金投入不足”问题，40.41%的受访者家庭存在“未接通自来水”问题，24.39%的受访者认为“环境污染严重”问题也应该得到重视和改进。在道路方面，62.57%的受访者对当地的村内道路状况的总体评价是“稍有进步”，22.91%的受访者则认为村内道路情况与几年前差不多，超过 50%的受访者认为村内道路存在“道路路况较差”和“资金投入不足”问题。在通信方面，48.60%的受访者认为存在“通信信号不稳”的问题，43%的受访者认为存在“通信设备老化，故障率高”和“收费较高”的问题。在村文娱活动方面，72.83%的受访者认为存在缺乏活动设备的问题，61.13%的受访者认为存在缺乏文娱活动场所的问题，63.40%的受访者认为存在活动的次数较少的问题。在医疗卫生方面，超过一半的受访者均认为医用设备匮乏、医务人员不足、医疗技术水平有限、投入资金不足是农村医疗卫生存在的主要问题，同时也有 32.08%的受访者认为当地的医疗场地和房舍比较简陋。在教育方面，超过一半的受访者认为教学设备匮乏、师资队伍不足、教学水平有限、投入资金不足是农村义务教育存在的主要问题，70.38%的受访者认为农村学校的教室、宿舍条件和老师的基本教学素质有所改善，但 62.17%的受访者认为改善速度较为缓慢。在居住环境方面，超过一半的受访者认为环境改善不明显，仅有 29.38%的受访者认为居住环境得到改善。在公共卫生方面，63.61%的受访者认为公共卫生条件明显改善。在社会治安方面，55.19%的受访者认为当地警力水平仍需提高，69.16%的受访者希望居住地附近能有治安人员或设施。

4.4.5　农村生产型公共服务供给满意度分析

农村生产型公共服务供给满意度包含农业生产基础设施、财政支农、农田水利、农林科学技术服务站服务四个方面的内容，如表 4-16 所示。同样使用因子分析方法对其四个子指标进行降维处理，并计算出农村生产型公共服务供给满意度水平。

表 4-16　农村生产型公共服务供给满意度构成项

因子	农村生产型公共服务供给满意度构成项
f_1	农业生产基础设施满意度
f_2	财政支农满意度
f_3	农田水利满意度
f_4	农林科学技术服务站服务满意度

（1）农村生产型公共服务供给满意度的因子分析。将 f_1~f_4 指标的调查数据导入 SPSS 19.0 软件中，计算出各变量的共同度结果，如表 4-17 所示。表 4-17 中所有变量的共同度接近或超过 0.6，表明这四个变量有公共因子存在。在明确公共因子存在之后，可以采用主成分法提取两个特征值大于 1 的因子。得到因子旋转载荷矩阵（表 4-17），两个因子总方差解释率达到 66.501 0%。

表 4-17　因子旋转载荷矩阵及共同度（二）

项目	F_1	F_2	共同度
农业生产基础设施满意度	0.772 9	0.303 2	0.689 3
财政支农满意度	−0.423 5	0.686 6	0.650 8
农田水利满意度	−0.539 1	0.548 5	0.591 5
农林科学技术服务站服务满意度	0.676 3	0.520 7	0.728 5

由因子方差解释度可知，$\boldsymbol{F} = 0.5731 \times \boldsymbol{F}_1 + 0.4268 \times \boldsymbol{F}_2$，结合因子得分矩阵情况（表 4-18），可以计算出四个子指标对生产型公共服务供给满意度的影响大小为

$$\boldsymbol{F} = 0.4045 \times f_1 + 0.0989 \times f_2 + 0.0036 \times f_3 + 0.4500 \times f_4$$

表 4-18　因子得分矩阵（二）

项目	F_1	F_2
农业生产基础设施满意度	0.506 9	0.267 0
财政支农满意度	−0.277 8	0.604 8
农田水利满意度	−0.353 6	0.483 1
农林科学技术服务站服务满意度	0.443 6	0.458 6

由农村生产型公共服务供给满意度的计算公式可知，农业生产基础设施和农林科学技术服务站服务满意度两个指标对 $\boldsymbol{F}$ 的影响系数均大于 0.40，是构成农村生产型公共服务供给满意度的重要组成部分；财政支农和农田水利满意度指标对 $\boldsymbol{F}$ 的影响系数为正值，但均介于 0 至 1 之间，对农村生产型公共服务供给满意度的影响较弱。

（2）农村居民对农村生产型公共服务供给满意度达到基本满意。根据因子分析结果，可以计算出农村居民对农村生产型公共服务供给满意度水平。由表 4-19 可知，重庆市总体农村居民对农村生产型公共服务供给满意度的平均水平为 3.07，“一圈两翼”地区的满意度平均水平也略高于 3，处于基本满意水平。从 17 个区县农村居民对农村生产型公共服务供给的满意度来看，江津、璧山、涪陵、巫山和武隆 5 个区县的满意度介于 2 和 3 之间，其余 12 个区县的满意度均介于 3 和 4 之间，总体上农村居民对农村生产型公共服务供给满意度处于基本满意水平。

表 4-19　农村居民对农村生产型公共服务供给满意度情况

区县	平均满意度	所属地区
巴南区	3.70	一小时经济圈
铜梁县	3.11	
长寿区	3.05	
大足区	3.04	
江津区	2.99	
璧山县	2.92	
涪陵区	2.07	

续表

区县	平均满意度	所属地区
丰都县	3.58	渝东北翼
云阳县	3.40	
梁平县	3.26	
垫江县	3.06	
万州区	3.01	
巫山县	2.78	
秀山土家族苗族自治县	3.41	渝东南翼
石柱县	3.31	
酉阳县	3.08	
武隆县	2.60	
一小时经济圈	3.01	
渝东北翼	3.18	
渝东南翼	3.06	
重庆市总体	3.07	

（3）农村居民对农村生产型公共服务供给满意度存在显著的地区差异。渝东北翼地区农村居民对农村生产型公共服务供给平均满意度为 3.18，高于渝东南翼和一小时经济圈地区的 3.06 和 3.01。渝东北翼和渝东南翼地区所属的区县中均分别有一个区县（巫山和武隆）的满意度低于 3，一小时经济圈地区所属的七个区县中，江津、璧山、涪陵三个区县的满意度低于 3，这与重庆市农村公共服务供给总体满意度和农村生活型公共服务供给满意度调查结果不一致，其原因可能是相对于经济较为发达的一小时经济圈地区来说，两翼地区对农业生产的依赖性更强，其农村生产型公共服务的改善情况优于一小时经济圈地区。

（4）投入力度和覆盖范围是影响农村居民对农村生产型公共服务供给满意度的重要因素。在农业生产基础设施方面，51.77%的受访者认为农业生产基础设施存在“资金投入不足”的问题，45.81%的受访者认为农业生产基础设施老旧，这说明投入力度不足和设施老旧的问题较为突出。在财政支农方面，78.93%的受访者认为财政支农力度不足，55.79%的受访者认为财政支农资金对农业生产的扶持效果不明显，42.09%的受访者认为申请支农信贷资金“条件苛刻，程序烦琐”，财政支农的力度和效果均不足。在农田水利方面，75%的受访者家庭承包土地有效灌溉面积率在 50%以下，有效灌溉面积率在 90%以上的只占受访者的 6.15%，同时 61.27%的受访者认为“水利设施覆盖面不广”，这说明农村家庭承包土地有效灌溉面积率偏低，覆盖面积不广。在农林科学技术服务站服务方面，大部分的受访者均认为农林科学技术服务站投入资金不足、培训次数太少、缺乏有经验的工作人员，农林科学技术服务站的人才素质和经验与农村居民的要求还有距离。同时 81.19%的受访者认为科技、信息对农业生产非常重要或重要，74.12%的受访者非常愿意或愿意接受技术培训，说明农村居民对科技的重要性有了广泛的认识,但是现有的培训次数或培训质量还未能满足农村居民的需要。

4.4.6 农村公共服务供给制度满意度分析

农村公共服务供给制度满意度包含村民自治程度和村规民约、村委会办事效率、村干部工作态度、信息表达渠道和“一事一议”机制五个方面的内容，如表 4-20 所示。同样使用因子分析方法对其五个子指标进行降维处理，并计算出农村公共服务供给制度满意度水平。

表 4-20 农村公共服务供给制度满意度构成项

因子	农村公共服务供给制度满意度构成项
f_1	村民自治程度和村规民约满意度
f_2	村委会办事效率满意度
f_3	村干部工作态度满意度
f_4	信息表达渠道满意度
f_5	“一事一议”机制满意度

（1）农村公共服务供给制度满意度的因子分析。将 f_1~f_5 指标的调查数据导入 SPSS 19.0 软件中，计算出各变量的共同度结果，如表 4-21 所示。表 4-21 中所有变量的共同度都在 0.4 以上，表明这五个变量有公共因子存在。在明确公共因子存在之后，可以采用主成分法提取三个特征值大于 1 的因子，得到因子旋转载荷矩阵（表 4-21），该公共因子的总方差解释率达到 62.091 0%。

表 4-21 因子旋转载荷矩阵及共同度（三）

项目	F_1	共同度
村民自治程度和村规民约满意度	0.750 0	0.562 5
村委会办事效率满意度	0.870 8	0.758 3
村干部工作态度满意度	0.792 8	0.628 5
信息表达渠道满意度	0.812 1	0.659 5
“一事一议”机制满意度	0.704 1	0.495 7

由因子方差解释度并结合因子得分矩阵情况（表 4-22），可以计算出五个子指标对农村公共服务供给制度满意度的影响大小为

$$\boldsymbol{F}=0.241\,6\times f_1+0.280\,5\times f_2+0.255\,4\times f_3+0.261\,6\times f_4+0.226\,8\times f_5$$

表 4-22　因子得分矩阵（三）

项目	F_1
村民自治程度和村规民约满意度	0.241 6
村委会办事效率满意度	0.280 5
村干部工作态度满意度	0.255 4
信息表达渠道满意度	0.261 6
“一事一议”机制满意度	0.226 8

由农村公共服务供给制度满意度的计算公式可知，村民自治程度和村规民约、村委会办事效率、村干部工作态度、信息表达渠道和“一事一议”机制指标对 F 的影响系数均大于 0.20，均是构成农村公共服务供给制度满意度的重要组成部分。

（2）农村居民对农村公共服务供给制度满意度介于基本满意和满意水平之间。根据因子分析结果，可以计算出 17 个区县农村居民对农村公共服务供给制度满意度水平。由表 4-23 可知，重庆市总体农村居民对农村公共服务供给制度满意度的平均水平为 3.66，“一圈两翼”地区的满意度平均水平介于 3 和 4 之间，农村居民对农村公共服务供给制度满意度介于基本满意和满意水平之间。从 17 个区县农村居民对农村公共服务供给制度满意度来看，铜梁、璧山、长寿和大足等 10 个区县的满意度介于 3 和 4 之间，介于基本满意和满意水平之间。涪陵、江津、垫江和武隆 4 个区县的满意度均较高，介于 4 和 5 之间。巴南、云阳和丰都 3 个区县的满意度低于 3，满意度水平较低。

表 4-23　农村居民对农村公共服务供给制度满意度情况

区县	平均满意度	所属地区
涪陵区	4.90	一小时经济圈
江津区	4.01	
铜梁县	3.76	
璧山县	3.75	
长寿区	3.39	
大足区	3.30	
巴南区	2.57	
垫江县	4.35	渝东北翼
巫山县	3.79	
梁平县	3.45	
万州区	3.41	
云阳县	2.67	
丰都县	2.59	

续表

区县	平均满意度	所属地区
武隆县	4.34	渝东南翼
酉阳县	3.88	
石柱县	3.77	
秀山土家族苗族自治县	3.19	
一小时经济圈	3.70	
渝东北翼	3.36	
渝东南翼	3.85	
重庆市总体	3.66	

（3）农村居民对农村公共服务供给制度满意度的地区差异特征明显。渝东南翼地区农村居民对农村公共服务供给制度平均满意度为3.85，高于一小时经济圈地区的3.70和渝东北翼地区的3.36，渝东南翼地区和一小时经济圈地区农村居民对农村公共服务供给制度满意度接近满意水平。渝东南翼地区的四个区县满意度水平均高于3。一小时经济圈地区的七个区县中，仅有巴南的满意度低于3，值得一提的是，涪陵的满意度接近非常满意水平，当地农村居民对农村公共服务供给制度满意度较高。渝东北翼地区的六个区县中，云阳和丰都的满意度低于3。重庆各地区和区县间农村居民对农村公共服务供给制度满意度差异明显。

（4）农村公共服务管理水平和农村居民信息表达渠道的畅通情况是影响农村居民对农村公共服务供给制度满意度的主要因素。63.87%的受访者认为村民自治制度和村规民约的完善有助于提高满意度，同时有36.13%的受访者认为当地的农村公共服务管理制度不健全，亟待完善。68.72%的受访者认为“一事一议”机制对提高农村公共服务供给效用的作用明显，说明“一事一议”机制基本能使村民得到它所带来的好处。72.40%的受访者明确表示想参与农村公共服务的管理和决策，同时58.72%的受访者希望自己对农村公共服务的意见能够顺畅地反映到村干部和管理人员处。

4.5 农村公共服务供给满意度的影响因素分析

4.5.1 农村公共服务供给满意度的影响因素分析

通过将农村公共服务供给满意度调查数据导入SPSS 19.0软件中进行Logistic

回归，得出的回归结果如表 4-24 所示。由表 4-24 可知，性别、年龄、家庭人口、家庭年总收入和家庭承包土地面积等个人特征因素对农村公共服务供给总体满意度的影响不显著，受教育程度、家庭务农收入、农村生活型公共服务供给满意度、农村生产型公共服务供给满意度、农村公共服务供给制度满意度对农村公共服务供给总体满意度的作用显著，具体从以下方面分析。

表 4-24　农村公共服务供给总体满意度影响因素的 Logistic 回归结果

影响因素	回归系数	标准误差	Wald	P 值
性别	−0.071 0	0.235 0	0.091 0	0.764 0
年龄	−0.064 0	0.129 0	0.248 0	0.618 0
家庭人口	0.037 0	0.132 0	0.077 0	0.781 0
受教育程度	0.204 0*	0.118 0	2.973 0	0.085 0
家庭年总收入	−0.118 0	0.110 0	1.153 0	0.283 0
家庭务农收入	0.546 0***	0.159 0	11.750 0	0.001 0
家庭承包土地面积	−0.209 0	0.172 0	1.483 0	0.223 0
农村生活型公共服务供给满意度	0.983 0***	0.208 0	22.355 0	0
农村生产型公共服务供给满意度	−0.819 0***	0.198 0	17.148 0	0
农村公共服务供给制度满意度	0.306 0**	0.151 0	4.108 0	0.043 0
常数项	−4.050 0***	1.372 0	8.719 0	0.003 0

*、**、***分别表示系数值在 10%、5%、1%的显著水平下通过检验

（1）受教育程度。受教育程度的回归系数为 0.204 0，且通过了 10%的显著水平检验，说明受教育程度越高的农村居民相应能够拥有较高的农村公共服务供给满意度。一方面，农村基础教育与农村经济发展密切相关，教育水平的提高能够带动农村居民收入改善；另一方面，受教育程度较高的农村居民也具有较强的学习能力，易于接受先进生产技术的推广和农业科技成果的转化，并且有助于提高农村公共服务的利用率。受教育程度的正向作用说明目前农村居民对农村公共服务供给总体满意度仍较大程度地与农村教育发展水平相关。

（2）家庭务农收入。家庭务农收入的回归系数为 0.546 0，且通过了 1%的显著性检验，同时家庭年总收入的回归系数为负值且未通过显著性检验，说明家庭务农收入相比工资性收入来说对农村公共服务供给总体满意度的影响更为突出。其原因是农村居民的家庭务农收入水平与生产积极性及生产技术水平相关，农村公共服务供给水平的改善和结构的优化有利于提高农村居民的生产积极性和促进农业生产技术的推广。因此，提高农村家庭务农收入水平对提高农村公共服务供给总体满意度具有重要意义。

（3）农村生活型公共服务供给满意度。农村生活型公共服务供给满意度的回

归系数为 0.983 0，系数值最高且通过了 1%的显著性检验，说明生活类型基础设施、教育、医疗和环境等方面是主要决定农村公共服务供给总体满意度的影响因素。其原因是农村的生活型基础设施相对落后，教育、医疗卫生水平及相关人员设备配置仍有较大的改善空间。农村居民对农村生活型公共服务改善的需求迫切，因此农村生活型公共服务供给满意度对农村公共服务供给总体满意度的正向作用最为突出。

（4）农村生产型公共服务供给满意度。农村生产型公共服务供给满意度的回归系数为−0.819 0，且通过了 1%的显著性检验，说明农村生产型公共服务供给满意度与农村公共服务供给总体满意度之间呈现负相关的关系。一方面，农村生产型公共服务供给满意度较高的地区可能出现农村公共服务供给总体满意度低下的情况，其原因可能是农村生活型公共服务供给满意度或是农村公共服务供给制度满意度较低，导致农村公共服务供给总体满意度水平被大幅度拉低，从而得出负相关的结论；另一方面，农村生产型公共服务供给满意度较低的地区可能出现农村公共服务供给总体满意度较高的情况，其原因可能是农村生产型公共服务带给农村居民的优惠是务农方面的收入增长，农村居民可以通过工资性收入改善自己的收入水平，而农村生活型公共服务是农村居民改善生活水平和质量的主要决定因素，其满意度更主要地决定农村公共服务供给总体满意度的大小和走向。

（5）农村公共服务供给制度满意度。农村公共服务供给制度满意度的回归系数为 0.306 0，且通过了 5%的显著性检验，说明农村居民对农村公共服务供给制度满意度的提高对农村公共服务供给总体满意度的正向作用显著。农村居民希望拥有畅通的意见表达渠道及参与公共服务供给决策的权利，村委会和村干部对公共服务的管理水平及工作态度、工作效率也是影响农村居民对农村公共服务供给制度满意度的重要因素，良好的农村公共服务供给制度能够促进农村公共服务供给总体满意度提升。

4.5.2 分地区农村公共服务供给满意度的影响因素分析

将“一圈两翼”地区的农村公共服务供给满意度调查数据分别导入 SPSS 19.0 软件中，得出的 Logistic 回归结果如表 4-25 所示，并对比分析“一圈两翼”地区各影响因素的回归结果，以及它们与重庆市总体回归结果的差异。

表 4-25 农村公共服务供给满意度影响因素的 Logistic 回归结果

项目	重庆市总体		一小时经济圈		渝东北翼		渝东南翼	
影响因素	回归系数	*P* 值	回归系数	*P* 值	回归系数	*P* 值	回归系数	*P* 值
性别	−0.071 0	0.764 0	−0.246 3	0.500 7	0.435 8	0.432 4	−0.099 1	0.813 3
年龄	−0.064 0	0.618 0	0.078 9	0.689 3	0.227 2	0.468 1	−0.334 5	0.158 1

续表

项目	重庆市总体		一小时经济圈		渝东北翼		渝东南翼	
影响因素	回归系数	P 值	回归系数	P 值	回归系数	P 值	回归系数	P 值
家庭人口	0.037 0	0.781 0	−0.169 9	0.454 3	0.204 4	0.524 3	0.171 1	0.408 1
受教育程度	0.204 0*	0.085 0	0.345 5*	0.096 0	0.525 0*	0.050 7	−0.044 4	0.816 6
家庭年总收入	−0.118 0	0.283 0	−0.348 6*	0.052 1	−0.136 8	0.654 7	0.052 6	0.772 5
家庭务农收入	0.546 0***	0.001 0	0.596 8**	0.033 9	0.807 5*	0.089 6	0.509 9**	0.022 5
家庭承包土地面积	−0.209 0	0.223 0	−0.253 9	0.393 1	0.011 1	0.979 0	−0.310 4	0.240 9
农村生活型公共服务供给满意度	0.983 0***	0	1.493 6***	0	1.287 7**	0.026 8	0.405 0	0.255 3
农村生产型公共服务供给满意度	−0.819 0***	0	−0.622 2*	0.060 3	−0.790 9*	0.087 6	−1.006 7***	0.002 7
农村公共服务供给制度满意度	0.306 0**	0.043 0	0.279 0	0.247 0	0.180 4	0.659 8	0.430 6	0.106 4
常数项	−4.050 0***	0.003 0	−5.783 0**	0.019 3	−8.362 9**	0.012 9	−1.057 9	0.625 6

*、**、***分别表示系数值在 10%、5%、1%的显著水平下通过检验

（1）一小时经济圈。一小时经济圈地区的回归结果与重庆市总体相似，其中受教育程度、家庭务农收入的回归系数分别为 0.345 5、0.596 8，且均通过了 10%及其以上的显著性检验，两个影响因素的系数值均低于渝东北翼地区的系数值，受教育程度和家庭务农收入水平的改善均对农村公共服务供给满意度具有显著的正向影响。家庭年总收入的回归系数为−0.348 6 且通过了 10%的显著性检验。所有地区中，仅有一小时经济圈地区的该因素通过了显著性检验，说明当地农村居民的工资性收入水平占家庭总收入水平的比例越高，其农村公共服务供给满意度越低，一方面是农村居民选择进城务工后，对城市的公共服务供给的优越性感知明显，因此对农村公共服务的不满意程度增加；另一方面，农村居民的家庭务农收入虽然对农村公共服务供给满意度有正向作用,但是由于工资性收入增长明显，农村居民对一些农村生产型公共服务使用需求下降，并且从事农业生产的积极性也随之降低。农村生活型公共服务供给满意度的系数为 1.493 6，通过 1%的显著性检验且系数值高于重庆市总体及“两翼”地区，说明一小时经济圈地区的农村居民对生活基础设施、教育、医疗卫生水平的需求最为强烈。农村生产型公共服务供给满意度的回归系数为−0.622 2，通过了 10% 的显著性检验，但其对农村公共服务供给满意度的负向作用小于重庆市总体及“两翼”地区，说明一小时经济圈地区的农村居民对农村生产型公共服务的需求最弱，离中心城区较近的农村居民拥有更多的工资性收入机会。农村公共服务供给制度满意度的回归系数虽然为正值，但未通过显著性检验。

（2）渝东北翼。渝东北翼地区的受教育程度和家庭务农收入的回归系数分别为 0.525 0 和 0.807 5，均通过了 10%的显著性检验且系数值高于重庆市总体、一小时经济圈地区和渝东南翼地区，说明渝东北翼地区农村居民受教育程度及家庭务农收入水平的改善对农村公共服务供给满意度的促进作用最为突出，渝东北翼地区农村居民对提升自身受教育程度的愿望强烈，并且希望通过提升自己的农业生产水平、掌握农业生产技术提高家庭务农收入水平。农村生活型公共服务供给满意度的回归系数为 1.287 7，通过了 5%的显著性检验，系数值仅次于一小时经济圈地区，说明渝东北翼地区农村居民对农村生活型公共服务的需求仍然突出。农村生产型公共服务供给满意度为−0.790 9，通过了 10%的显著性检验，说明渝东北翼地区的农村生产型公共服务供给满意度与农村公共服务供给总体满意度之间的矛盾也十分明显。

（3）渝东南翼。渝东南翼地区的回归结果与其他地区差异较大，仅有家庭务农收入和农村生产型公共服务供给满意度两个变量通过了显著性检验。受教育程度的系数值为负值（−0.044 4）且未通过检验，说明渝东南翼地区农村居民对提升受教育程度的需求弱于其他地区。农村生活型公共服务供给满意度的系数为 0.405 0 且未通过显著性检验，其原因是渝东南翼地区的农村生活型公共服务供给与农村居民的实际需求差异明显，生活型基础设施老旧，教育和卫生医疗水平落后，对农村总体满意度的影响较弱。家庭务农收入的回归系数为 0.509 9 且通过了 5%的显著性检验，其原因是对于经济较为落后的渝东南翼地区来说，农村居民的工资性收入来源渠道较窄，家庭务农收入对农村居民收入水平的影响较大，渝东南翼的农村居民对提升收入水平的需求突出。农村生产型公共服务供给满意度的回归系数为−1.006 7，其对农村公共服务供给满意度的负向作用最为突出且通过了 10% 的显著性检验，说明渝东南翼地区农村生产型公共服务供给满意度与农村公共服务供给总体满意度之间的不匹配程度最高，农村居民对高质量的农田水利和农林科学技术的需求与实际得到的农村生产型公共服务相差较大，导致其对农村公共服务供给总体满意度显著为负向作用。

4.6 本章小结

本章在结合顾客满意度理论和农村公共服务供给效率的基础上，设计农村公共服务供给满意度的调查问卷，并利用 2012 年 12 月对重庆市 17 个区县农村的 537 份实地调研数据，采用因子分析方法和 Logistic 模型对农村公共服务供给满意度及其影响因素进行实证分析。研究表明：①不同类型的性别、年龄、家庭人口和家庭承包土地面积的受访者对农村公共服务供给满意度差异不显著。②不同类型的受教育程度、家庭年总收入和家庭务农收入水平的受访者对农村公共服务供给满意度感知存在明显差异。③农村公共服务供给总体满意度接近基本满意水平，其中一小时经济圈地区的满意度最高，渝东南翼地区和渝东北翼地区次之。农村公共服务供给的总量和质量、供给与需求的匹配程度是影响农村公共服务供给总体满意度的主要因素。④农村生活型公共服务供给满意度介于基本满意和满意水平之间，通信、饮水、居住环境、供电和道路满意度是农村生活型公共服务供给满意度的重要组成部分，资金投入力度和设施改善速度是影响农村生活型公共服务供给满意度的主要因素。⑤农村生产型公共服务供给满意度达到基本满意水平，农业生产基础设施和农林科学技术服务站服务满意度是农村生产型公共服务供给满意度的重要组成部分，公共服务覆盖范围和投入力度是影响农村生产型公共服务供给满意度的重要因素。⑥农村公共服务供给制度满意度介于基本满意和满意水平之间，村民自治程度和村规民约、村委会办事效率、村干部工作态度、信息表达渠道和“一事一议”机制满意度是农村公共服务供给制度满意度的重要组成部分，公共服务管理水平和农村居民信息表达渠道的畅通情况是影响农村公共服务供给制度满意度的主要因素。⑦受教育程度、家庭务农收入、农村生活型公共服务供给满意度和农村公共服务供给制度满意度对农村公共服务供给满意度的正向作用显著，农村生产型公共服务供给满意度对农村公共服务供给满意度的负向作用显著。⑧一小时经济圈地区的农村公共服务供给满意度受到农村生活型公共服务供给满意度的正向影响最为突出。渝东北翼地区的农村公共服务供给满意度受到受教育程度和家庭务农收入的正向影响最强。渝东南翼地区的农村公共服务供给满意度受到农村生产型公共服务供给满意度的负向影响最为突出。

第 5 章　宏观层面西部农村公共服务供给效率的实证分析

第 4 章实证结果显示，农村公共服务供给满意度仅达到基本满意水平。那么宏观层面农村公共服务供给效率的现状及变化趋势如何？地区间是否存在显著差异？供给效率受到哪些因素的影响？为回答以上问题，本章通过梳理国内外研究财政支农效率的相关文献，构建农村公共服务供给宏观效率评估指标体系，引入 Bootstrap 修正的 DEA 模型及 Malmquist 指数对农村公共服务供给宏观效率进行测算，并用面板数据模型对供给效率的影响因素进行实证分析。

5.1　文献回顾：数据包络分析方法的运用

1. 国外文献回顾

国外对于（农村）公共服务供给效率的研究主要集中于地区整体公共服务供给效率的评估、影响因素和优化途径等方面。

第一，公共服务供给效率评估方法选择。对公共服务供给效率的评估方法主要有“3E”评价法、量本利分析法、成本效益分析法、DEA 方法等，其中最常用的是 DEA-Tobit 二阶段分析法。“3E”评价法由美国会计总署提出，主要侧重于对政府公共服务工作效率进行评估。1973 年美国联邦政府启动“联邦生产率测度项目”，并用成本效益分析法对启动的项目进行生产率评估。Rongen（1995）运用“或有估价法”（contingent valuation method）对挪威地方政府的六种主要公共服务财政支出效率进行评估，即考察六种主要公共服务是否满足人们的需要和偏好。Afonso 和 Fernandes（2008）使用 DEA 方法对葡萄牙五个地区的公共服务供给效率进行测算，并使用 DEA-Tobit 二阶段分析法对公共服务供给效率的影响因素进行实证分析。

第二，公共服务供给效率影响因素研究。Buchanan（1950）发现对于美国农业社区公共服务来说，在社区居民收入水平提高的情况下，公共服务的私人化有利于“俱乐部”公共服务的供给效率提高。Tresch（2014）持有同样的观点，认为公共服务的私人化是影响公共服务供给效率的重要因素。Olson 等（1995）的研究结果表明，决策形式是公共服务供给效率的主要影响因素。Stiglitz（1977）研究发现，社会选择、偏好显示和公共服务管理困难是公共服务供给效率偏低的主要原因。Gregory（1999）研究认为，公共部门的契约形式是影响公共服务供给效率的重要因素。速水佑次郎认为社会成本是影响公共服务供给效率的主要因素，因为信任作为一种“社会资本”能有效地提高公共服务供给效率，且能够降低与劳动分工相关的成本。Henisz 和 Elgar（2002）的研究发现，政治环境是影响国家或地区关键基础设施投资差异的重要因素。

第三，公共服务供给效率优化途径研究。Beesley 等的研究发现，通过引入私人部门或非政府组织参与公共服务供给，可以提高公共服务供给效率，并有效地保护消费者利益。Hume（1975）研究表明，公平的供给方式会带来高公共服务供给效率；但是，Fang 和 Norman（2003）研究认为，“集成化”的公共服务供给方式能够提高公共服务供给效率。Rainey 和 Steinbauer（1999）研究发现，政府在“利他主义”动机存在的情况下会更有效率地供给公共服务。

2. 国内文献回顾

国内对于公共服务的关注相对较晚，近年来国内学者对公共服务供给效率的关注逐渐增多，同时越来越多的学者将农村公共服务供给效率作为研究重点，国内学者的相关研究同样可以划分为农村公共服务供给效率的评价、影响因素分析及改进途径三个方面。

第一，在农村公共服务供给效率的评价方面，学者们广泛采用 DEA 模型对农村公共服务供给效率进行评估，如崔元锋和严立冬（2006）使用 DEA 模型对我国 1995~2004 年的财政农业支出资金绩效进行评估，发现财政支农效率呈现逐渐下降的趋势。郑英宁等（2009）同样使用 DEA 模型对我国 28 个省区市的农村公共服务供给效率进行测算，发现财政支农效率存在显著的省际差异。朱玉春等（2010b）使用 DEA 模型对 2005~2007 年我国 28 个省区市的农村公共服务供给效率进行分析，发现农村公共服务供给效率均呈现出地域梯度变化特征，东部地区的供给效率最高，中部和西部地区次之。崔治文等（2013）使用非参数的 DEA 模型和 Malmquist 指数方法对 2006~2010 年我国农村公共服务的生产效率进行实证研究，发现农村公共服务供给技术效率和规模效率水平较低，公共服务供给全要素生产率长期呈现负增长特征。周亮和朱建文（2014）运用 DEA 模型对安徽省农村公共服务供给效率进行测度，发现安徽大部分地区农村公共服务供给效率良好。也有部分学者采用其他方法对农村公共服务供给效率进行测算，如郑洲（2007）使用公共服务供给的局部均衡分析方法测算西藏的农村公共服务供给效率。邓友兴和刘青海（2010）通过建立农村公共服务供需均衡模型对西部农村公共服务供给效率进行测算，发现西部农村公共服务供给效率水平较低。

第二，农村公共服务供给效率的影响因素研究。张莉琴等（2003）研究发现，政府对于农村基础设施建设的投入经费不足、经费管理水平较低是农村公共服务供给效率不高的原因。张红宇（2004）研究认为，政府对于农村公共服务资源缺乏统一的管理是农村公共服务供给效率低下的原因，并因此会增加农村公共服务供给成本，加重农村居民负担。崔元锋和严立冬（2006）研究认为，政府财政支农资金结构的不合理是财政支农资金效率水平不高的主要原因。林万龙和刘仙娟（2006）研究表明，农村公共服务供给缺乏明确和规范的决策程序、监督和约束机制不完善、政府运行管理无效率、乡村治理结构不合理是农村公共服务供给效率低下的主要原因。李清娥（2006）研究发现，城乡公共服务供给差异的扩大、供给主体的“错位”是农村公共服务供给结构失衡和效率低下的主要原因。陈诗一和张军（2008）研究发现，地区初始条件如地理环境、人口禀赋等非可控因素是政府支出效率存在地区差异的主要原因。李燕凌（2008）的实证结果表明乡村距县城距离、机械平均动力、农村居民人均收入水平和农村居民平均年龄等因素对农村公共服务供给效率产生显著影响。唐娟莉等（2011）研究认为，财政分权、人口规模、农村居民收入水平、地理区位等政府不可控因素是农村公共服务供给效率的主要影响因素。邓宗兵等（2013）研究发现，第一产业比重、农村居民收入对农村公共服务供给效率具有正向促进作用。

第三，农村公共服务供给效率改进途径研究。吴士健等（2002）研究认为，应从优化公共服务的供给结构，加强农村的税制改革方面优化农村公共服务供给效率。叶文辉（2004）提出通过建立村民自治和农村公共服务的需求偏好表达机制来提高农村公共服务供给效率。杨震林和吴毅（2004）研究认为，应建立代表农村居民现实利益的村庄非正式组织来提高农村公共服务供给效率。徐强和王耘（2006）研究认为，应合理确定农村公共服务供给的优先顺序，将有限的政府财力首先运用到农村急需的公共服务之中。岳书铭（2007）提出应从统筹城乡公共服务制度安排、农村社区公共服务供给决策与监管制度创新、农村公共服务投融资制度创新、农村公共服务产权制度创新等方面促进农村公共服务供给效率的改善。唐娟莉等（2011）研究认为，应通过优化农村公共服务投资结构、转变政府职能、建立农村公共服务投资后评价制度等优化农村公共服务投资效率。杨辉和李翠霞（2013）研究认为，应在按照农村居民的需求调整公共服务的供给规划、坚持农业支出资金节约化、优化政府行政管理结构、提高公共服务的利用效率四个方面优化农村公共服务供给效率。邓立新（2014）研究认为，应以“村民自建”为突破来深化改革，为政府的农村公共服务供给均等化提供制度支持。

总体来说，国内外学者对于农村公共服务供给效率的研究较多，其中，国内学者对农村公共服务供给效率的测算大多以 DEA 模型为主，在供给效率的影响因素分析方面以定性分析或是应用 Tobit 回归方法为主。通过对现有文献回顾可以发现，现有研究农村公共服务供给效率的文献仍有以下几个方面亟待改善。一是公共服务供给效率的评估方法较为老旧。现有研究大多采用传统 DEA 模型，效率评估过程中无法消除估计偏差，且无法完成由“相对效率”向“绝对效率”的转化并给出效率值的置信区间。二是使用 DEA 模型对多个年份的农村公共服务供给效率进行比较会忽略效率在考察期内的技术进步现象，并且不同年份各决策单元的随机前沿面不尽相同，不同前沿面的效率不具有可比性。三是在进行农村公共服务供给效率影响因素分析时，现有文献大多以截面数据或时间序列数据模型为主，而面板数据模型的应用较不广泛。

5.2　农村公共服务供给效率计量模型的构建

5.2.1　农村公共服务供给效率评估模型的构建

1. 农村公共服务供给效率评估模型的选择

前沿分析法是评估效率时最为广泛使用的方法，其以 Farrell 效率概念为基础，根据是否需要设定前沿生产函数，将前沿分析法划分为参数方法和非参数方法。但是，由于参数方法对于生产函数的最佳表现形式有较多的假设条件，其理论发展也是源于假设条件的调整，需要设定前沿生产函数的具体形式，对技术进步及要素替代率的限制较多，而非参数方法无须提前设定生产函数形式，在效率测算时能有效地避免受到主观因素的影响。基于此，选择非参数方法中的 DEA 方法（DEA 模型与 Malmquist 指数方法）对西部地区农村公共服务供给效率进行测度。

2. 传统 DEA 模型与 Malmquist 指数方法

传统 DEA 方法是由 Charnes 等（1978）提出的一种以相对效率概念为基础发展起来的绩效评价方法。这种方法的测算原理是以决策单元（decision making unit，DMU）的投入、产出指标的权重系数为变量，借助数学线性规划模型将不同的

DMU 投影到 DEA 生产前沿面上，通过比较 DMU 偏离 DEA 生产前沿面的距离作为评价该 DMU 相对有效性的标准，得出每个 DMU 综合相对效率的数量值，最终确定各 DMU 是否为 DEA 有效。但是 DEA 模型的用途主要是测度不同 DMU 在某一时间点的相对效率，不同时间点的生产前沿面并不相同，因此不能使用 DEA 模型对不同时间点的效率进行比较。对于多 DMU 和多时间点的面板数据来说，Malmquist 指数方法能较好地弥补 DEA 模型的这一缺陷，实现对不同 DMU 在不同时间点的效率情况进行计算，展现各 DMU 效率的变化趋势。

（1）传统 DEA 模型。DEA 模型的计算原理是基于数学线性规划的方法，通过构建一个非参数逐段线性的前沿面计算出效率值。一般来说，在进行 DEA 模型的计算前，要对模型的投入或产出导向进行选择，并在规模报酬不变的 DEA 模型和规模报酬可变的 DEA 模型中进行选择。结合研究目的，将使用投入导向型的规模报酬可变的 DEA 模型对农村公共服务供给效率进行测算，由于传统 DEA 模型的理论已十分成熟，在此不再赘述，仅列出投入导向型规模报酬可变的 DEA 模型的计算原理。假设现有 n 个 DMU$\left(i=1,2,\cdots,n\right)$，每个 DMU 有 p 种投入和 r 种产出，对于第 i 个 DMU 来说，投入为 $X_i=\left(x_{1i},x_{2i},\cdots,x_{ni}\right)$，产出为 $Y_i=\left(y_{1i},y_{2i},\cdots,y_{ni}\right)$，规模报酬可变的 DEA 模型的计算公式为

$$\min\theta$$

$$\text{s.t.}\begin{cases}\sum_{i=1}^{n}X_i\lambda_i\leqslant\theta X_0\\ \sum_{i=1}^{n}Y_i\lambda_i\geqslant Y_0\\ \sum_{i=1}^{n}\lambda_i=1\\ \lambda_i\geqslant 0,\quad i=1,2,\cdots,n\end{cases}\tag{5-1}$$

其中，θ 表示可变规模报酬假设的效率值；λ_i 表示生产过程中密集度的密度变量。由式（5-1）可以计算出各个 DMU 的纯技术效率（pure technical efficiency，PTE）和规模效率（scale efficiency，SE），并得到相应的技术效率（technical efficiency，TE，TE=PTE×SE）。

（2）传统 Malmquist 指数。Malmquist 指数计算原理是通过距离函数测算出的面板数据可以做垂直比较分析的效率指数。其优势在于不仅可以对比不同时期不同 DMU 的效率程度，还可以通过其分解指数详细展现出综合效率变化的根源。Färe 等（1992）定义的 Malmquist 指数计算公式为

$$m_0\left(y_{t+1},x_{t+1},y_t,x_t\right)=\left[\frac{d_0^t\left(x_{t+1},y_{t+1}\right)}{d_0^t\left(x_t,y_t\right)}\times\frac{d_0^{t+1}\left(x_{t+1},y_{t+1}\right)}{d_0^{t+1}\left(x_t,y_t\right)}\right]^{\frac{1}{2}}$$
$$=\frac{d_0^t\left(x_{t+1},y_{t+1}\right)}{d_0^t\left(x_t,y_t\right)}\times\left[\frac{d_0^t\left(x_{t+1},y_{t+1}\right)}{d_0^{t+1}\left(x_{t+1},y_{t+1}\right)}\times\frac{d_0^t\left(x_t,y_t\right)}{d_0^{t+1}\left(x_t,y_t\right)}\right]^{\frac{1}{2}} \quad (5\text{-}2)$$

其中，t 和 $t+1$ 为时期；x 为 DMU 的投入；y 为 DMU 的产出；$\frac{d_0^t\left(x_{t+1},y_{t+1}\right)}{d_0^t\left(x_t,y_t\right)}$ 为技术效率（efficiency change，EFFCH）指数；$\left[\frac{d_0^t\left(x_{t+1},y_{t+1}\right)}{d_0^{t+1}\left(x_{t+1},y_{t+1}\right)}\times\frac{d_0^t\left(x_t,y_t\right)}{d_0^{t+1}\left(x_t,y_t\right)}\right]^{\frac{1}{2}}$ 为技术进步（technical change，TECHCH）指数。根据 Färe 等（1994）的研究成果，在规模报酬可变（variable return scale，VRS）的情况下，EFFCH 可以进一步分解为规模效率（scale efficiency change，SECH）指数、纯技术效率（pure efficiency change，PECH）指数。

3. Bootstrap 改进 DEA 模型与 Malmquist 指数方法

传统 DEA 方法通常把位于生产前沿面上的 DMU 看做处于“完全效率”状态，而事实上它们并不具有绝对意义上的“完美效率”。同时，传统 DEA 方法测度的效率值为各个 DMU 之间的“相对效率”，而并非绝对意义上的“效率”概念，并且其估计的结果仍具有样本敏感性，易受极端值的影响。鉴于此，Simar 和 Wilson（2000）提出了 Bootstrap 改进 DEA 方法。同样的，根据对截面数据和面板数据的处理需要，Bootstrap 改进 DEA 方法包含了 Bootstrap-DEA 模型和 Bootstrap-Malmquist 指数两方面（尹伟华和袁卫，2013）。

（1）Bootstrap-DEA 模型。在截面数据处理方面，Bootstrap-DEA 模型的基本思想是对原始样本数据进行数值模拟，从原始估计量的近似样本分布中进一步对总体的特征进行统计推断。Bootstrap-DEA 模型的具体测算方法为：第一步，以原始投入产出数据为基础，利用传统 DEA 模型测算出 n 个 DMU 的效率值 $\hat{\theta}_i\ (i=1,2,\cdots,n)$；第二步，利用 Bootstrap 方法，基于 n 个 DMU 的效率值 $\hat{\theta}_i\ (i=1,2,\cdots,n)$，利用重复抽样的方法抽取规模为 m 的样本 $\theta_{1b}^*,\theta_{2b}^*,\cdots,\theta_{mb}^*$，其中，$b$ 为使用 Bootstrap 方法重复抽样的次数；第三步，通过对以上样本进行平滑处理得到 $\theta_{1b}^{0*},\theta_{2b}^{0*},\cdots,\theta_{mb}^{0*}$，并应用平滑后的样本代入公式 $x_{ib}^*=\left(\hat{\theta}_i/\theta_{ib}^{0*}\right)\times x_i$ 中对原始投入进行调整；第四步，根据 b 次调整后的投入及原产出数据逐次分别重新计算效率值，使每个 DMU 都得到 B 个效率值估计量；第五步，基于以上的平滑

Bootstrap 分布可以计算每个 DMU 效率值的偏差$\left(\hat{\text{Bias}}=\frac{1}{B}\sum_{b=1}^{B}\hat{\theta}_{ib}^{0*}-\hat{\theta}_i\right)$并得到偏差修正后的效率值$\left(\theta_{i修正后}=\hat{\theta}_i-\hat{\text{Bias}}\right)$及效率值相应的置信区间。

（2）Bootstrap-Malmquist 指数方法。在面板数据处理方面，由 Simar 和 Wilson（1999）开发的 Bootstrap-Malmquist 指数同样能够较好地修正传统 Malmquist 指数测算中产生的偏差，并能提供各个指数的估计区间。该方法的基本原理是：第一步，利用统计学中有放回的重复抽样原理，从样本 M 中抽取 n 个规模相同的朴素样本 $M_b\left(M_b=\{(x_i,y_i)|i=1,2,\cdots,n;b=1,2,\cdots,B\}\right)$；第二步，由于从朴素样本得到的是总体的非一致估计，需要利用平滑 Bootstrap 样本对初始样本的数据进行调整；第三步，利用调整之后的数据推测出生产可能集、凸锥和相应的产出距离函数；第四步，计算出 DMU 的 Malmquist 指数的偏差、指数修正值和估计区间。计算公式如下所示（尹伟华和袁卫，2013）。

$$\hat{\text{Bias}}_B\left[M_i(t_1,t_2)\right]=B^{-1}\sum_{b=1}^{B}\hat{M}_{ib}^*(t_1,t_2)-\hat{M}_i(t_1,t_2) \tag{5-3}$$

$$\hat{\hat{M}}_i(t_1,t_2)=\hat{M}_i(t_1,t_2)-\hat{\text{Bias}}_B\left[\hat{M}_i(t_1,t_2)\right] \tag{5-4}$$

$$\text{Prob}\left[-b_{\alpha/2}\leqslant M_i(t_1,t_2)-M_i(t_1,t_2)\leqslant -a_{\alpha/2}\right]=1-\alpha \tag{5-5}$$

$$\text{Prob}\left[-b_{\alpha/2}^*\leqslant \hat{M}_\alpha^*(t_1,t_2)-M_i(t_1,t_2)\leqslant -a_{\alpha/2}^*\right]=1-\alpha \tag{5-6}$$

式（5-3）~式（5-6）给出了 Malmquist 指数偏误、偏误修正值和置信区间。

式（5-3）中 $\hat{M}_i(t_1,t_2)$ 为第 i 个 DMU 的初始效率值；$\hat{M}_i^*(t_1,t_2)$ 为利用 Bootstrap 调整后的投入数据和相应的原始样本的产出数据作为样本计算出的 DEA 效率值；B 表示重复抽样的次数，使每个 DMU 都产生 B 个效率估计值；b 表示使用 Bootstrap 方法的第 b 次重复抽样。

式（5-4）中 $\hat{\hat{M}}_i(t_1,t_2)$ 为偏差修正后的效率值。

式（5-5）和式（5-6）中，α 为显著性水平；$b_{\alpha/2}$、$a_{\alpha/2}$、$b_{\alpha/2}^*$、$a_{\alpha/2}^*$ 分别为朴素样本参数和样本参数偏差的 $\left[(\alpha/2)\times100\%\right]$ 分位数和 $\left[1-(\alpha/2)\times100\%\right]$ 分位数，一般而言，α 取值为 0.1、0.05 和 0.01。

通过对比传统效率测算方法与 Bootstrap 改进后的效率测算方法可知，使用 Bootstrap-DEA 模型不仅在一定程度上能够使各个 DMU 的“相对效率”尽可能向“绝对效率”进行转化，还能提高测算结果的稳健性并给出效率值的置信区间。而使用 Bootstrap-Malmquist 指数同样也能对传统测算方法的计算偏差进行修正，提高测算结果的可靠性。因此，本章选择使用 Bootstrap-DEA 模型对 2012 年重庆市农村公共服务供给效率现状进行测算，并且运用 Bootstrap-Malmquist 指数对农村公共服务供给效率的变化趋势进行描述。

5.2.2　农村公共服务供给效率影响因素模型的构建

（1）面板数据模型。在构建经典线性计量经济模型时，利用的样本数据大多是基于时间序列数据或截面数据。但是在实证分析中若只用时间序列数据模型会漏掉不同截面间的联系与区别，若仅使用截面数据模型，又会漏掉随时间变化的特点。面板数据模型通常可以给研究者提供大量的观测数据，有效减少解释变量之间的共线性，提高模型估计的准确性与有效性，有助于正确地分析经济变量之间的关系。为了更全面地分析农村公共服务供给效率影响因素的作用机理，我们选用面板数据构建计量模型对影响因素进行分析。面板数据模型的公式如下所示：

$$y_{it} = a_{it} + b_{1i}x_{1it} + b_{2i}x_{2it} + \cdots + b_{ki}x_{kit} + u_i + \varepsilon_{it} \tag{5-7}$$

其中，y_{it} 为被解释变量在横截面 i 和时间 t 上的数值 $\left(i=1,2,\cdots,N;t=1,2,\cdots,T\right)$；$x_{kit}$ 为第 k 个解释变量在横截面 i 和时间 t 上的数值；b_{ki} 为第 i 个截面上的第 k 个解释变量的模型参数；a_{it} 为常数项或截距项；ε_{it} 为随机误差项；u_i 为第 i 个单位的个体效应。假设 u_i 是常量，则模型为固定效应；假设 u_i 是随机变量，则模型为随机效应。

（2）面板模型设定检验。在使用面板数据模型时，应对模型的混合效应（pooled-effect）、固定效应（fixed-effect）及随机效应（random-effect）进行选择，根据检验结果构建相应效应的面板模型。在判断模型应使用混合效应还是固定效应时，应首先对模型进行似然比（likelihood ratio）检验，该检验的原假设（H_0）为：模型应使用混合效应模型进行估计，备择假设（H_1）为：模型应使用固定效应模型进行检验。若似然比检验结果接受了原假设，则面板模型应选择混合效应进行估计；若检验结果拒绝了原假设，则应该继续使用豪斯曼（Hausman）检验对固定效应和随机效应的选择进行进一步检验。豪斯曼检验是由 Hausman 在 1978 年提出的，该检验的原假设（H_0）为：模型应使用随机效应模型进行估计，备择假设（H_1）为：模型应使用固定效应模型进行检验。豪斯曼检验的原理是，设固定效应回归模型参数和随机效应模型参数估计量分别为 $\hat{b}_{\mathrm{FE}}$ 和 $\hat{b}_{\mathrm{RE}}$，如果真实模型是随机效应回归模型，那么 $\hat{b}_{\mathrm{FE}}$ 和 $\hat{b}_{\mathrm{RE}}$ 都是一致估计量，两者的差异应该较小，并且 RE 比 FE 更有效；如果真实模型是固定效应回归模型，那么 $\hat{b}_{\mathrm{FE}}$ 是一致估计量，而 $\hat{b}_{\mathrm{RE}}$ 为非一致估计量，两者的差异应该较大。根据两种估计结果差异的大小，可以判断面板数据模型应选择固定效应模型还是随机效应模型。豪斯曼检验的统计量为

$$W=\left(\hat{b}_{\mathrm{FE}}-\hat{b}_{\mathrm{RE}}\right)'\left[\operatorname{var}\left(\hat{b}_{\mathrm{FE}}\right)-\operatorname{var}\left(\hat{b}_{\mathrm{RE}}\right)\right]^{-1}\left(\hat{b}_{\mathrm{FE}}-\hat{b}_{\mathrm{RE}}\right) \tag{5-8}$$

其中，$W\xrightarrow{d}\chi^2(k)$，$k$ 为模型中解释变量（不包括截距项）的个数。在原假设成立的情况下，W 服从自由度为 k 的 χ^2 分布，这样可以利用 χ^2 分布的临界值与上述统计量进行对比来判断原假设是否成立。

5.3 变量选择与数据说明

5.3.1 投入产出变量的选择

在使用 Bootstrap-DEA 模型和 Bootstrap-Malmquist 指数对重庆市农村公共服务供给效率进行评价时，合理的评估指标体系是准确衡量公共服务供给效率的关键。结合以上文献的研究成果，并考虑数据的可得性，本书对农村公共服务投入、产出指标的设计如下。

（1）投入变量的选择。结合现有文献对农村公共服务投入变量的选择，本书分别从财政用于农业方面的支出、财政用于农村卫生方面的支出、财政用于农村教育方面的支出三个方面衡量宏观层面对农村公共服务的投入。

（2）产出变量的选择。为了与农村公共服务的投入变量相对应，本书选择农业总产值作为衡量财政用于农业方面投入的产出，选择农村卫生机构床位数作为衡量财政用于农村卫生方面投入的产出，选择农村在校中小学生数作为衡量财政用于农村教育方面投入的产出。

5.3.2 面板数据模型的变量选择

结合现有文献对公共服务供给效率影响因素的选择及数据的可得性，下文对面板数据模型中的变量选择如下。

（1）被解释变量的选择。本书使用 Bootstrap-Malmquist 指数方法中测算的农村公共服务供给全要素生产率增长（total factor productivity change，TFPCH）指数作为衡量公共服务供给效率的被解释变量，由于 Bootstrap-Malmquist 指数测算出的 TFPCH 指数是以上年为 100 的环比变动指数，为了将 TFPCH 指数引入公共服务供给效率影响因素模型中，需要将其转换成基期为 100 的累积增长指数，以反映公共服务供给效率的总体变动情况。

（2）解释变量的选择。结合现有研究中对农村公共服务供给效率影响因素的选择情况，本书选择城镇化水平、产业结构、农村公共服务投入力度、地区经济发展水平、农村居民收入水平、基础设施水平、医疗卫生水平和教育水平八个指标作为影响农村公共服务供给效率的影响因素，它们的衡量方式及预期作用方向如表 5-1 所示。

表 5-1　农村公共服务供给效率影响因素的衡量方式及预期作用方向

变量符号	影响因素	衡量方式	预期作用方向
X_1	城镇化水平	城镇化率	−
X_2	产业结构	第一产业产值占地区总产值的比重	−
X_3	农村公共服务投入力度	财政农村公共服务支出占地区财政总支出的比重	+
X_4	地区经济发展水平	人均 GDP	+
X_5	农村居民收入水平	农村居民人均收入	+
X_6	基础设施水平	公路密度（公路里程/面积）	+
X_7	医疗卫生水平	农村卫生技术人员数量	+
X_8	教育水平	农村教师数量	+

注：+为促进作用，−为抑制作用

本书假设城镇化水平和产业结构对农村公共服务供给效率为负向作用。原因是我国现阶段城镇化过程中更多注重城镇化的数量，城镇化的质量不高，农村居民在城镇化后面临的社会保险、教育、医疗方面的问题严峻，现阶段的城镇化可能并没有很好地促进农村公共服务供给效率的提升。产业结构代表地区经济对农业的依赖程度，对农业依赖程度越高的地区可能经济发展水平越低，公共服务的质量和数量不足易导致对供给效率产生负向作用。同时我们认为农村公共服务投入力度、地区经济发展水平、农村居民收入水平、基础设施水平、医疗卫生水平和教育水平的提升会促进农村公共服务供给效率的改善。

5.3.3　数据说明

本章中农村公共服务投入、产出和影响因素等相关数据均来源于《重庆统计年鉴》（2007~2013 年），研究时间为 2006~2012 年，选择的空间单元为除渝中区以外的重庆市 37 个区县。2011 年 10 月 27 日重庆市做出了撤销万盛区和綦江县、撤销双桥区和大足县，设立綦江区和大足区的行政区划调整。为了保持数据的一致性，我们将 2011 年之前的万盛区和綦江县数据合并为綦江区数据，将双桥区和大足县数据合并为大足区数据。结合本章对农村公共服务供给效率的研究目的，对重庆市区域的划分仍以“一圈两翼”的划分方法为依据。

5.4 农村公共服务供给效率的实证分析

通过将 2006~2012 年重庆市 37 个区县的农村公共服务相关数据导入 R 3.0.2 软件中，并利用 Wilson（2008）开发的 FEAR 软件包对各区县农村公共服务供给效率的现状及变化趋势进行测算。Bootstrap-DEA 模型和 Bootstrap-Malmquist 指数的测算结果如表 5-2~表 5-4 所示。表 5-5~表 5-7 及表 5-9~表 5-13 为使用 Arcgis 9.0 软件中的自然裂点法对效率进行的五等级分类（效率由低至高分别对应第一级至第五级的效率水平）所制成的空间分布情况表。表 5-8 为按照刘伟和李星星（2013）的划分方法，以 0.900 0 的效率值为临界点，将 37 个区县的纯技术效率和规模效率进行“高（high，H）”“低（low，L）”划分，并组合为高高型（HH 类型）、高低型（HL 类型），低低型（LL 类型）和低高型（LH 类型）四种类型。

表 5-2　农村公共服务供给效率 Bootstrap 修正值（2012 年）

地区	技术效率				纯技术效率				规模效率	
	修正值	原始值	置信区间		修正值	原始值	置信区间		修正值	原始值
大渡口区	0.719 5	0.847 6	0.554 3	0.843 5	0.869 9	1.000 0	0.679 1	0.995 1	0.827 1	0.847 6
江北区	0.857 5	1.000 0	0.688 9	0.995 7	0.863 4	1.000 0	0.693 4	0.996 0	0.993 2	1.000 0
沙坪坝区	0.899 8	0.995 6	0.773 0	0.990 3	0.908 8	1.000 0	0.777 8	0.996 4	0.990 1	0.995 6
九龙坡区	0.854 2	1.000 0	0.684 5	0.995 2	0.869 4	1.000 0	0.685 1	0.995 9	0.982 5	1.000 0
南岸区	0.592 2	0.654 9	0.528 2	0.651 8	0.704 3	0.745 9	0.645 2	0.742 8	0.840 8	0.878 0
北碚区	0.885 1	0.944 8	0.814 1	0.940 2	0.895 8	0.953 5	0.810 5	0.950 1	0.988 1	0.990 9
渝北区	0.856 5	1.000 0	0.690 0	0.994 5	0.871 8	1.000 0	0.691 6	0.994 4	0.982 5	1.000 0
巴南区	0.881 4	1.000 0	0.752 8	0.996 4	0.882 7	1.000 0	0.744 4	0.995 7	0.998 5	1.000 0
涪陵区	0.747 9	0.854 5	0.624 1	0.849 8	0.910 0	1.000 0	0.789 4	0.995 5	0.821 9	0.854 5
长寿区	0.737 4	0.809 3	0.669 9	0.805 7	0.825 0	0.881 0	0.764 6	0.876 3	0.893 8	0.918 6
江津区	0.856 6	1.000 0	0.653 7	0.995 3	0.866 6	1.000 0	0.671 0	0.994 7	0.988 5	1.000 0
合川区	0.845 2	0.916 9	0.688 9	0.912 5	0.851 1	0.917 3	0.702 4	0.913 2	0.993 1	0.999 6
永川区	0.887 6	0.968 3	0.806 8	0.962 9	0.927 2	1.000 0	0.842 8	0.995 8	0.957 3	0.968 3
南川区	0.799 9	0.858 4	0.738 5	0.854 2	0.821 3	0.873 3	0.754 2	0.869 0	0.973 9	0.982 9
綦江区	0.892 4	1.000 0	0.751 7	0.994 3	0.897 3	1.000 0	0.752 7	0.995 7	0.994 5	1.000 0

续表

地区	技术效率				纯技术效率				规模效率	
	修正值	原始值	置信区间		修正值	原始值	置信区间		修正值	原始值
大足区	0.751 0	0.805 6	0.705 7	0.800 5	0.779 0	0.829 4	0.731 2	0.826 3	0.964 1	0.971 3
潼南县	0.916 7	1.000 0	0.849 3	0.995 7	0.920 7	1.000 0	0.846 5	0.995 0	0.995 7	1.000 0
铜梁县	0.912 2	1.000 0	0.842 8	0.995 1	0.912 9	1.000 0	0.830 9	0.995 5	0.999 2	1.000 0
荣昌县	0.896 2	0.956 2	0.840 9	0.951 1	0.919 8	0.971 8	0.857 1	0.968 1	0.974 3	0.983 9
璧山县	0.546 4	0.597 6	0.490 9	0.594 5	0.598 5	0.639 5	0.541 0	0.637 2	0.912 9	0.934 5
万州区	0.816 2	0.956 2	0.657 0	0.951 6	0.871 0	1.000 0	0.701 2	0.995 2	0.937 1	0.956 2
梁平县	0.777 2	0.826 7	0.727 5	0.822 8	0.786 2	0.832 2	0.731 7	0.828 2	0.988 6	0.993 4
城口县	0.434 0	0.461 2	0.395 7	0.458 8	0.445 9	0.472 6	0.404 4	0.470 3	0.973 3	0.975 9
丰都县	0.845 0	0.908 1	0.786 0	0.904 3	0.888 3	0.941 0	0.832 2	0.936 2	0.951 3	0.965 0
垫江县	0.885 7	1.000 0	0.752 6	0.994 8	0.894 8	1.000 0	0.768 0	0.995 3	0.989 8	1.000 0
忠县	0.818 1	0.866 0	0.766 2	0.862 1	0.819 3	0.866 0	0.761 4	0.862 4	0.998 5	1.000 0
开县	0.850 6	0.997 9	0.653 3	0.993 3	0.870 9	1.000 0	0.668 0	0.996 4	0.976 7	0.997 9
云阳县	0.808 8	0.949 7	0.620 4	0.943 9	0.871 2	1.000 0	0.678 3	0.994 7	0.928 4	0.949 7
奉节县	0.814 9	0.888 5	0.713 4	0.883 0	0.868 1	0.927 2	0.777 4	0.922 6	0.938 7	0.958 3
巫山县	0.594 0	0.643 1	0.546 3	0.640 4	0.629 4	0.669 3	0.578 5	0.665 6	0.943 8	0.960 9
巫溪县	0.554 3	0.588 7	0.522 5	0.585 5	0.554 3	0.588 9	0.516 8	0.586 0	1.000 0	0.999 7
黔江区	0.606 2	0.682 9	0.537 2	0.680 1	0.769 5	0.822 4	0.707 4	0.818 2	0.787 8	0.830 3
武隆县	0.504 1	0.541 2	0.467 6	0.538 6	0.544 5	0.576 4	0.508 6	0.573 4	0.925 8	0.938 9
石柱县	0.797 1	0.862 0	0.731 6	0.857 4	0.896 1	0.945 6	0.832 3	0.941 4	0.889 5	0.911 6
秀山土家族苗族自治县	0.437 4	0.483 7	0.394 9	0.482 0	0.534 0	0.565 2	0.499 7	0.562 3	0.819 1	0.855 8
酉阳县	0.558 0	0.608 6	0.512 0	0.606 0	0.636 6	0.672 4	0.593 8	0.669 7	0.876 5	0.905 1
彭水苗族土家族自治县	0.591 6	0.639 3	0.538 9	0.636 2	0.638 9	0.680 3	0.583 9	0.677 3	0.926 0	0.939 7
一小时经济圈	0.809 5	0.901 9	—	—	0.850 6	0.934 6	—	—	0.951 7	0.965 0
渝东北翼	0.729 4	0.804 5	—	—	0.755 4	0.822 9	—	—	0.965 6	0.977 6
渝东南翼	0.572 4	0.625 6	—	—	0.658 5	0.698 2	—	—	0.869 2	0.896 0
重庆市总体	0.741 9	0.821 6	—	—	0.787 7	0.858 4	—	—	0.941 9	0.957 1

注：Bootstrap 修正的技术效率和纯技术效率由 FEAR 软件包直接计算得出，规模效率修正值由规模效率=技术效率÷纯技术效率计算得出

表 5-3　农村公共服务供给 Bootstrap-Malmqusit 指数及其分解（2006~2012 年）

地区	TFPCH	EFFCH	PECH	SECH	TECHCH
大渡口区	1.200 7	0.971 9	1.000 0	0.971 9	1.235 5
江北区	1.208 4	0.953 5	0.976 1	0.976 9	1.267 4
沙坪坝区	1.410 4	0.992 6	0.996 1	0.996 5	1.420 9
九龙坡区	1.217 1	1.000 0	1.000 0	1.000 0	1.217 1
南岸区	1.344 3	0.983 7	0.989 1	0.994 5	1.366 6
北碚区	1.502 1	1.009 5	1.008 0	1.001 5	1.488 0
渝北区	1.179 1	0.978 6	1.000 0	0.978 6	1.204 9
巴南区	1.305 1	0.977 1	1.000 0	0.977 1	1.335 7
涪陵区	1.279 1	0.988 3	1.000 0	0.988 3	1.294 2
长寿区	1.192 6	0.958 8	0.970 2	0.988 2	1.243 8
江津区	1.228 8	0.949 6	1.000 0	0.949 6	1.294 1
合川区	1.472 8	1.014 6	1.014 5	1.000 1	1.451 7
永川区	1.353 4	0.942 6	0.993 8	0.948 5	1.435 8
南川区	1.400 9	1.025 8	1.022 8	1.002 9	1.365 7
綦江区	1.312 9	0.965 7	1.000 0	0.965 7	1.359 5
大足区	1.460 9	1.036 7	1.031 7	1.004 9	1.409 2
潼南县	1.341 7	0.994 3	0.995 2	0.999 1	1.349 4
铜梁县	1.212 4	0.935 9	0.961 0	0.973 9	1.295 4
荣昌县	1.324 4	1.001 2	1.004 8	0.996 4	1.322 9
璧山县	1.345 9	1.045 5	1.041 7	1.003 7	1.287 3
万州区	1.345 7	0.959 3	1.000 0	0.959 3	1.402 9
梁平县	1.328 4	0.971 5	0.982 2	0.989 0	1.367 4
城口县	1.422 9	0.972 6	1.126 8	0.863 2	1.463 0
丰都县	1.355 1	0.955 6	0.956 4	0.999 2	1.418 0
垫江县	1.438 4	0.962 5	0.971 0	0.991 3	1.494 4
忠县	1.442 8	0.992 9	1.024 3	0.969 3	1.453 2
开县	1.462 6	0.986 0	1.000 0	0.986 0	1.483 3
云阳县	1.466 5	0.971 3	1.000 0	0.971 3	1.509 8
奉节县	1.500 8	1.013 8	1.012 7	1.001 1	1.480 4

续表

地区	TFPCH	EFFCH	PECH	SECH	TECHCH
巫山县	1.470 9	1.001 4	0.995 7	1.005 6	1.468 9
巫溪县	1.441 3	0.993 6	1.013 6	0.980 3	1.450 7
黔江区	1.273 7	0.893 0	0.893 8	0.999 1	1.426 4
武隆县	1.304 9	1.009 6	1.047 8	0.963 6	1.292 5
石柱县	1.336 1	0.939 7	0.937 6	1.002 3	1.421 8
秀山土家族苗族自治县	1.443 6	1.028 9	1.003 5	1.025 2	1.403 1
酉阳县	1.418 1	0.948 9	0.943 9	1.005 3	1.494 4
彭水苗族土家族自治县	1.458 4	1.015 1	1.006 2	1.008 9	1.436 7
一小时经济圈	1.311 1	0.985 8	1.000 1	0.985 8	1.329 9
渝东北翼	1.424 0	0.979 9	1.006 7	0.973 4	1.453 2
渝东南翼	1.370 6	0.971 3	0.970 7	1.000 6	1.411 2
重庆市总体	1.353 4	0.981 7	0.997 2	0.984 4	1.378 6

表 5-4　2006~2012 年重庆市及“一圈两翼”地区农村公共服务供给效率变化情况

指数	时间	一小时经济圈	渝东北翼	渝东南翼	重庆市总体
TFPCH	2006~2007 年	1.524 3	1.758 1	1.756 0	1.627 3
	2007~2008 年	1.310 4	1.477 9	1.431 0	1.377 6
	2008~2009 年	1.315 8	1.248 1	1.135 8	1.264 8
	2009~2010 年	1.128 7	1.476 5	1.458 1	1.274 3
	2010~2011 年	1.216 9	1.263 1	1.160 1	1.221 0
	2011~2012 年	1.407 1	1.378 5	1.373 2	1.393 1
EFFCH	2006~2007 年	0.959 1	0.841 6	0.912 8	0.915 2
	2007~2008 年	0.977 6	1.028 0	1.011 2	0.997 8
	2008~2009 年	0.978 8	0.863 2	0.837 8	0.919 4
	2009~2010 年	0.954 9	1.117 0	1.075 2	1.019 9
	2010~2011 年	1.097 6	1.015 4	0.952 7	1.048 2
	2011~2012 年	0.954 4	1.045 0	1.059 9	0.997 3
PECH	2006~2007 年	1.032 5	0.954 1	0.995 0	1.002 5
	2007~2008 年	0.991 2	1.028 5	1.008 1	1.004 9
	2008~2009 年	0.966 3	0.902 4	0.829 0	0.923 6
	2009~2010 年	0.996 8	1.103 3	1.077 3	1.040 4

续表

指数	时间	一小时经济圈	渝东北翼	渝东南翼	重庆市总体
PECH	2010~2011 年	1.035 7	1.022 4	0.953 9	1.018 1
	2011~2012 年	0.979 9	1.042 0	0.979 3	0.997 9
SECH	2006~2007 年	0.928 9	0.882 1	0.917 4	0.912 9
	2007~2008 年	0.986 3	0.999 5	1.003 0	0.992 9
	2008~2009 年	1.012 9	0.956 6	1.010 7	0.995 5
	2009~2010 年	0.957 9	1.012 4	0.998 0	0.980 3
	2010~2011 年	1.059 8	0.993 2	0.998 8	1.029 6
	2011~2012 年	0.974 0	1.002 9	1.082 3	0.999 4
TECHCH	2006~2007 年	1.589 3	2.088 9	1.923 7	1.778 1
	2007~2008 年	1.340 4	1.437 7	1.415 3	1.380 7
	2008~2009 年	1.344 3	1.445 9	1.355 7	1.375 6
	2009~2010 年	1.182 0	1.321 9	1.356 1	1.249 5
	2010~2011 年	1.108 7	1.243 9	1.217 7	1.164 9
	2011~2012 年	1.474 4	1.319 2	1.295 6	1.396 9

表 5-5　2012 年重庆市农村公共服务供给技术效率五级分布情况

等级类型	等级区间	等级分布
一级	0.434 0~0.606 2	黔江区、巫山县、南岸区、彭水苗族土家族自治县、酉阳县、巫溪县、璧山县、武隆县、秀山土家族苗族自治县、城口县
二级	0.606 3~0.751 0	大足区、涪陵区、长寿区、大渡口区
三级	0.751 1~0.818 1	忠县、万州、奉节县、云阳县、南川区、石柱县
四级	0.818 2~0.857 5	梁平县、垫江县、北碚区、巴南区、江北区、江津区、渝北区、九龙坡区、开县、合川区、丰都县
五级	0.857 6~0.916 7	潼南县、铜梁县、沙坪坝区、荣昌县、綦江区、永川区

表 5-6　2012 年重庆市农村公共服务供给纯技术效率五级分布情况

等级类型	等级区间	等级分布
一级	0.445 9~0.638 9	城口县、秀山土家族苗族自治县、武隆县、巫溪县、璧山县、巫山县、酉阳县、彭水苗族土家族自治县
二级	0.639 0~0.786 2	南岸区、黔江区、大足区、梁平县
三级	0.786 3~0.871 8	忠县、南川区、长寿区、合川区、江北区、江津区、奉节县、九龙坡区、大渡口区、开县、万州区、云阳县、渝北区
四级	0.871 9~0.897 3	巴南区、丰都县、垫江县、北碚区、石柱县、綦江区
五级	0.897 4~0.927 2	沙坪坝区、涪陵区、铜梁县、荣昌县、潼南县、永川区

表 5-7 2012 年重庆市农村公共服务供给规模效率五级分布情况

等级类型	等级区间	等级分布
一级	0.787 8~0.840 9	南岸区、大渡口区、涪陵区、秀山土家族苗族自治县、黔江区
二级	0.841 0~0.893 8	长寿区、石柱县、酉阳县
三级	0.893 9~0.943 7	巫山县、奉节县、万州区、云阳县、彭水苗族土家族自治县、武隆县、璧山县
四级	0.943 8~0.976 6	开县、荣昌县、南川区、城口县、大足区、永川区、丰都县
五级	0.976 7~1.000 0	渝北区、九龙坡区、北碚区、江津区、梁平县、垫江县、沙坪坝区、江北区、合川区、綦江区、潼南县、忠县、巴南区、铜梁县、巫溪县

表 5-8 2012 年重庆市农村公共服务供给效率 HH、HL、LL、LH 类型分布

类型	等级分布
HH	铜梁县、潼南县、荣昌县、永川区、沙坪坝区
HL	涪陵区
LL	长寿区、石柱县、酉阳县、南岸区、大渡口区、秀山土家族苗族自治县、黔江区
LH	城口县、江津区、万州区、武隆县、綦江区、忠县、云阳县、巴南区、九龙坡区、渝北区、巫溪县、开县、梁平县、垫江县、江北区、合川区、奉节县、北碚区、南川区、璧山县、大足区、巫山县、彭水苗族土家族自治县、丰都县

表 5-9 2006~2012 年农村公共服务供给年均 TFPCH 五级分布

等级类型	等级区间	等级分布
一级	1.017 9~1.228 8	渝北区、长寿区、大渡口区、江北区、铜梁县、九龙坡区、江津区
二级	1.228 9~1.312 9	黔江区、涪陵区、武隆县、巴南区、綦江区
三级	1.313 0~1.355 1	荣昌县、梁平县、石柱县、潼南县、南岸区、万州区、璧山县、永川区、丰都县
四级	1.355 2~1.443 6	南川区、沙坪坝区、酉阳县、城口县、垫江县、巫溪县、忠县、秀山土家族苗族自治县
五级	1.443 7~1.502 1	彭水苗族土家族自治县、大足区、开县、云阳县、巫山县、合川区、奉节县、北碚区

表 5-10 2006~2012 年农村公共服务供给年均 EFFCH 五级分布

等级类型	等级区间	等级分布
一级	0.893 0	黔江区
二级	0.893 1~0.959 3	铜梁县、石柱县、永川区、酉阳县、江津区、江北区、丰都县、长寿区、万州区
三级	0.959 4~0.983 7	垫江县、綦江区、云阳县、梁平县、大渡口区、城口县、巴南区、渝北区、南岸区

续表

等级类型	等级区间	等级分布
四级	0.983 8~1.009 6	开县、涪陵区、沙坪坝区、忠县、巫溪县、潼南县、九龙坡区、荣昌县、巫山县、北碚区、武隆县
五级	1.009 7~1.045 5	奉节县、合川区、彭水苗族土家族自治县、南川区、秀山土家族苗族自治县、大足区、璧山县

表 5-11　2006~2012 年农村公共服务供给年均 PECH 五级分布

等级类型	等级区间	等级分布
一级	0.893 8~0.943 9	酉阳县、石柱县、黔江区
二级	0.944 0~0.982 2	梁平县、江北区、垫江县、长寿区、铜梁县、丰都县
三级	0.982 3~1.014 5	永川区、秀山土家族苗族自治县、大渡口区、九龙坡区、渝北区、巴南区、涪陵区、江津区、綦江区、万州区、开县、云阳县、沙坪坝区、巫山县、潼南县、南岸区
四级	1.014 6~1.047 8	武隆县、璧山县、大足区、忠县、南川区、合川区、巫溪县、奉节县、北碚区、彭水苗族土家族自治县、荣昌县
五级	1.047 9~1.126 8	城口县

表 5-12　2006~2012 年农村公共服务供给年均 SECH 五级分布

等级类型	等级区间	等级分布
一级	0.863 2	城口县
二级	0.863 3~0.971 9	永川区、江津区、万州区、武隆县、綦江区、忠县、云阳县、大渡口区
三级	0.972 0~0.991 3	铜梁县、江北区、巴南区、渝北区、巫溪县、开县、长寿区、涪陵区、梁平县、垫江县
四级	0.991 4~1.008 9	南岸区、荣昌县、沙坪坝区、潼南县、黔江区、丰都县、九龙坡区、合川区、奉节县、北碚区、石柱县、南川区、璧山县、大足区、酉阳县、巫山县、彭水苗族土家族自治县
五级	1.009 0~1.025 2	秀山土家族苗族自治县

表 5-13　2006~2012 年农村公共服务供给年均 TECHCH 五级分布

等级类型	等级区间	等级分布
一级	1.204 9~1.243 8	渝北区、九龙坡区、大渡口区、长寿区
二级	1.243 9~1.322 9	江北区、璧山县、武隆县、江津区、涪陵区、铜梁县、荣昌县
三级	1.323 0~1.367 4	巴南区、潼南县、綦江区、南川区、南岸区、梁平县
四级	1.367 5~1.453 2	万州区、秀山土家族苗族自治县、大足区、丰都县、沙坪坝区、石柱县、黔江区、永川区、彭水苗族土家族自治县、巫溪县、合川区、忠县
五级	1.453 3~1.509 8	城口县、巫山县、奉节县、开县、北碚区、垫江县、酉阳县、云阳县

5.4.1　农村公共服务供给效率的现状分析

2012 年的农村公共服务供给技术效率、纯技术效率和规模效率如表 5-2 所示。各区县的效率值在修正后均有不同程度的下降，且 Bootstrap 修正值均位于相应的置信区间内，说明使用传统 DEA 模型对公共服务供给效率进行测算可能会导致效率值被高估，而使用 Bootstrap-DEA 模型的计算结果更加接近各决策单元的“绝对效率”水平，结果更加准确可靠。表 5-5~表 5-7 为 2012 年重庆市农村公共服务供给技术效率、纯技术效率和规模效率的五级分布图。通过分析表 5-2 及表 5-5~表 5-8 可知，现阶段农村公共服务供给效率主要呈现出以下几个方面的特征。

（1）农村公共服务供给效率较低，地区差异明显。由表 5-2 和表 5-5 可知，从农村公共服务供给效率来看，2012 年重庆市总体供给技术效率仅为 0.741 9，仍有 25.81%的改进空间；从“一圈两翼”的供给技术效率来看，一小时经济圈地区的供给技术效率为 0.809 5，高于渝东北翼地区和渝东南翼地区的 0.729 4 和 0.572 4，渝东南翼地区的供给技术效率最低。从各区县的供给技术效率来看，第四级和第五级效率水平区县主要分布于一小时经济圈地区，其中潼南县、铜梁县的供给技术效率较高，分别为 0.916 7 和 0.912 2。但一小时经济圈地区内仍有部分区县的供给技术效率水平低下，如南岸区和璧山县的供给技术效率仅分别为 0.592 2 和 0.546 4，一小时经济圈地区的高效率水平地区与低效率水平地区仍有较大差距。垫江县、开县和丰都县的农村公共服务供给技术效率分别为 0.885 7、0.850 6 和 0.845 0，效率水平位于第四级以上且均属于渝东北翼地区，但渝东北翼地区的其他区县的供给技术效率主要位于第一级至第三级效率水平，其中巫山县、巫溪县和城口县 3 个区县效率水平较低，分别为 0.594 0、0.554 3 和 0.434 0。渝东南翼地区所属 6 个区县中，黔江区、彭水苗族土家族自治县、酉阳县、武隆县和秀山土家族苗族自治县 5 个区县的农村公共服务供给技术效率仅处于第一级效率水平。

（2）纯技术效率是供给效率低下、区域差异明显的主要原因。由表 5-2 和表 5-6 可知，重庆市总体农村公共服务纯技术效率仅为 0.787 7，仍有 21.23%的改进空间；从“一圈两翼”的供给纯技术效率来看，与技术效率相似，一小时经济圈地区的纯技术效率水平最高，为 0.850 6，渝东北翼地区和渝东南翼地区的纯技术效率水平次之，分别为 0.755 4 和 0.658 5，从地区排名和效率值来看，技术效率与纯技术效率的差异都较小。从各区县的纯技术效率来看，同样高纯技术效率区县主要分布于一小时经济圈地区内，其中永川区、潼南县、荣昌县、铜梁县、涪陵区和沙坪坝区的纯技术效率分别为 0.927 2、0.920 7、0.919 8、0.912 9、0.910 0 和 0.908 8，均高于 0.900 0，但同样属于一小时经济圈地区的大足区、南岸区和璧山县的纯技术效率水平较低，仅为 0.779 0、0.704 3 和 0.598 5。垫江县、丰都县、云阳县、万州区、开县、奉节县和忠县 7 个位于渝东北翼地区的区县的纯技术效率水平高于或位于第三级水平。渝东南翼地区的 6 个区县中，仅有石柱县的纯技术效率水平较高，其余 5 个区县的纯技术效率水平均处于第二级效率水平及以下。通过对比纯技术效率与规模效率的情况可知，对农村公共服务投入的管理水平和利用效率低下是农村公共服务供给效率不高的主要原因，并且地区间、区县间的纯技术效率差异是供给效率区域差异产生的主要原因。

（3）规模效率水平较高，区域差异较小。由表 5-2 和表 5-7 可知，重庆市总体农村公共服务供给规模效率为 0.941 9，效率水平较高。从“一圈两翼”的供给规模效率来看，渝东北翼地区的规模效率最高，为 0.965 6，一小时经济圈地区和渝东南翼地区的规模效率次之，分别为 0.951 7 和 0.869 2，规模效率均大于 0.850 0，且区域差异较小。从各区县的规模效率来看，第三级至第五级规模效率水平主要分布于一小时经济圈地区与渝东北翼地区，37 个区县中，巫溪县、铜梁县、巴南区等 29 个区县的规模效率大于 0.900 0，占总区县数量的 78.38%，仅有黔江区的规模效率低于 0.800 0，为 0.787 8，大部分区县的农村公共服务供给规模效率较高，且地区间、区县间规模效率的差异较小。

（4）农村公共服务供给效率的 LH 类型特征显著。由表 5-8 可知，分别以纯技术效率值和规模效率值等于 0.900 0 为界，仅有铜梁县、潼南县、沙坪坝区、荣昌县、永川区 5 个区县的纯技术效率和规模效率均大于 0.900 0，呈现出 HH 类型特征；仅有涪陵区 1 个区县属于高纯技术效率、低规模效率的 HL 类型地区；长寿区、石柱县、酉阳县、南岸区、大渡口区、秀山土家族苗族自治县和黔江区 7 个区县属于低纯技术效率、低规模效率的 LL 类型地区，其余的 24 个区县均属于低纯技术效率、高规模效率的 LH 类型地区。可见，重庆市大部分区县农村公共服务供给的纯技术效率水平发展落后于规模效率水平，提高公共服务的管理水平和提高使用效率是未来改善农村公共服务供给效率的主要方向。

5.4.2 农村公共服务供给效率的变化趋势分析

2006~2012 年重庆市及“一圈两翼”地区农村公共服务供给 TFPCH、EFFCH、TECHCH、PECH 和 SECH 的计算结果如表 5-3、表 5-4 及表 5-9~表 5-13 所示。进一步分析区县层面农村公共服务供给效率增长趋势的收敛性，也测算 37 个区县 2006~2012 年累积 TFPCH 增长指数的变异系数（因为 Malmquist 指数测度的是各个决策单元效率值的增长率情况，并不能得到效率的水平值，所以不适用于使用传统的绝对 β 收敛或是条件 β 收敛方法判断收敛性），以分析各区县在各个时间段内公共服务供给效率增长率方面的差异程度。累积 TFPCH 的标准差和变异系数的计算结果如图 5-1 所示。通过分析可以发现，农村公共服务供给效率的变化趋势主要呈现出以下特征。

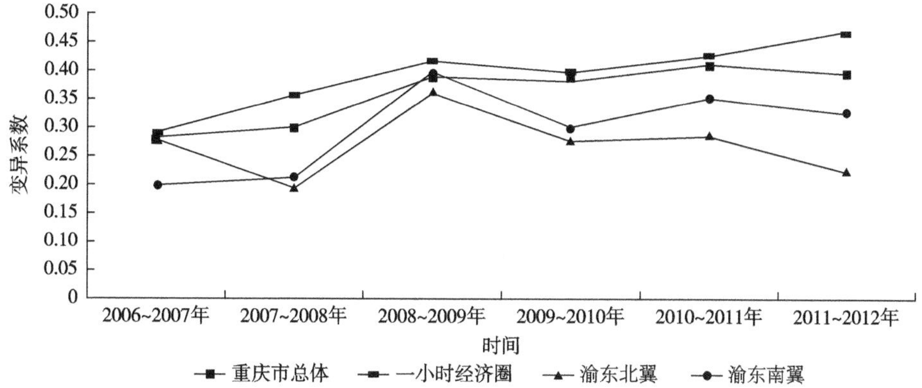

图 5-1　农村公共服务累积 TFPCH 趋势图

（1）农村公共服务供给效率提升显著，但上升速度逐渐放缓。由表 5-3~表 5-4 及表 5-9 可知，从农村公共服务供给的年均 TFPCH 来看，2006~2012 年重庆市总体及一小时经济圈地区、渝东北翼地区和渝东南翼地区的年均 TFPCH 分别为 1.353 4、1.311 1、1.424 0 和 1.370 6，说明它们的农村公共服务供给效率分别年均增长 35.34%、31.11%、42.40%和 37.06%，“两翼”地区的供给效率提升优于一小时经济圈地区，37 个区县的年均 TFPCH 均显著高于 1，其中北碚区和奉节县的全要素生产率年均增长率分别为 50.21%和 50.08%，效率增长最为突出，长寿区和渝北区的全要素生产率年均增长率分别为 19.26%和 17.91%，排名虽然靠后但年均增长率也高于 10%，说明农村公共服务供给效率的提升显著。从分年度的变化趋势来看，重庆市总体及一小时经济圈地区、渝东北翼地区和渝东南翼地区的 TFPCH 均在 2006~2007 年达到最高，分别为 1.627 3、1.524 3、1.758 1 和 1.756 0，最后增长幅度逐步降低至 2011~2012 年的 1.393 1、1.407 1、1.378 5 和 1.373 2，增长速度逐渐放缓。

（2）农村公共服务供给技术效率小幅下降。由表 5-3~表 5-4 及表 5-10 可知，从农村公共服务供给的年均 EFFCH 来看，2006~2012 年重庆市总体及一小时经济圈地区、渝东北翼地区和渝东南翼地区的年均 EFFCH 分别为 0.981 7、0.985 8、0.979 9 和 0.971 3，技术效率年均下降 1.83%、1.42%、2.01%和 2.87%，“两翼”地区的降幅略高于一小时经济圈地区，但降幅均较小，37 个区县中，25 个区县的年均 EFFCH 小于 1，黔江区的年均降幅最大，达到 10.70%，说明大部分区县的农村公共服务供给技术效率呈现小幅下降的趋势。从分年度的变化趋势来看，在

2006~2012 年的考察期内，重庆市总体的 EFFCH 仅在 2009~2011 年略高于 1；一小时经济圈地区的 EFFCH 仅在 2010~2011 年略高于 1；渝东北翼地区的 EFFCH 虽然在 2007~2008 年和 2009~2012 年高于 1，但是其在 2006~2007 年和 2008~2009 年两个时间段内的降幅较大，导致其年均增长率为负值；渝东南翼地区的 EFFCH 分别有一半的时间大于或小于 1，但同样下降幅度较大，导致年均增长率为负值。

（3）纯技术效率和规模效率的变化幅度较小。由表 5-3~表 5-4 及表 5-11~表 5-12 可知，从农村公共服务供给的年均 PECH 和年均 SECH 来看，2006~2012 年重庆市总体及一小时经济圈地区、渝东北翼地区和渝东南翼地区的年均 PECH 和年均 SECH 均徘徊在 1 左右。其中，重庆市总体的年均 PECH 和年均 SECH 分别为 0.997 2 和 0.984 4，略小于 1；一小时经济圈地区和渝东北翼地区的年均 PECH 略高于 1，分别为 1.000 1 和 1.006 7，年均 SECH 略低于 1，分别为 0.985 8 和 0.973 4；渝东南翼地区的年均 PECH 略低于 1，为 0.970 7，年均 SECH 略高于 1，为 1.000 6。从分年度的变化趋势来看，重庆市总体及一小时经济圈地区、渝东北翼地区和渝东南翼地区在不同年份的增长趋势不尽相同，但同样呈现出徘徊在 1 左右的特征。纯技术效率和规模效率作为技术效率的构成部分，虽然它们的变化幅度较小，但是没有呈现出明显的上升趋势，导致技术效率总体的小幅下降。

（4）技术进步是农村公共服务供给效率增长的驱动因素。由表 5-3~表 5-4 及表 5-9 和表 5-13 可知，TFPCH 和 TECHCH 的变化趋势较为一致，从农村公共服务供给的年均 TECHCH 来看，2006~2012 年重庆市总体及一小时经济圈地区、渝东北翼地区和渝东南翼地区的年均 TECHCH 分别为 1.378 6、1.329 9、1.453 2 和 1.411 2，它们的农村公共服务供给技术进步年均增长 37.86%、32.99%、45.32% 和 41.12%。“两翼”地区的技术进步改善同样优于一小时经济圈地区，37 个区县的年均 TECHCH 均显著高于 1，其中云阳县技术进步年均增长 50.98%，技术进步最为突出。九龙坡区和渝北区的技术进步年均增长率分别为 21.71%和 20.49%，排名虽然靠后但年均增长率也高于 20%，说明西部地区农村公共服务供给技术进步的改善明显。从分年度的变化趋势来看，与全要素生产率相同，重庆市总体及一小时经济圈地区、渝东北翼地区和渝东南翼地区的 TECHCH 均在 2006~2007 年达到最高，分别为 1.778 1、1.589 3、2.088 9 和 1.923 7，最后增长幅度逐步降低至 2011~2012 年的 1.396 9、1.474 4、1.319 2 和 1.295 6，增长速度逐渐放缓。无论是从年均增长情况或是从各时期的增长情况来看，技术进步与全要素生产率的变动趋势保持着较高的一致性，因此，技术进步是农村公共服务供给效率增长的驱动因素。

（5）农村公共服务供给效率的区域差异逐渐扩大。由图 5-1 中重庆市总体及

"一圈两翼"地区累积 TFPCH 的变异系数变化趋势可知，重庆市总体和一小时经济圈地区农村公共服务供给效率的区域差异逐步扩大，变异系数分别由 2006 年的 0.278 6 和 0.292 2 上升至 2012 年的 0.396 6 和 0.466 0，分别上升了 42.35% 和 59.48%，经济较发达的一小时经济圈地区的供给效率区域差异扩大最为明显。渝东北翼地区和渝东南翼地区累积 TFPCH 的变异系数均呈现出先扩大再减小的趋势，其中渝东北翼地区的变异系数由 2006 年的 0.287 0 上升至 2009 年的 0.361 6，然后下降至 2012 年的 0.223 5，供给效率区域差异先扩大再减小，并且区域差异程度较起始年份来说有所下降；渝东南翼地区的变异系数由 2006 年的 0.199 9 上升至 2009 年的 0.395 6，然后下降至 2012 年的 0.326 6，但渝东南翼地区内部供给效率区域差异程度较起始年份来说有所增强。总体来看，重庆市内各区县农村公共服务供给效率的区域差异程度有所增强。

5.5　农村公共服务供给效率影响因素的实证分析

将 5.3 节中选择的被解释变量和解释变量带入式（5-7）可以得到农村公共服务供给效率影响因素的面板数据模型，为了能够反映各影响因素对农村公共服务供给效率作用的回归系数，我们对地区经济发展水平、农村居民收入水平、基础设施水平、医疗卫生水平和教育水平等非百分比数据进行对数处理。构建的模型如下所示：

$$\begin{aligned}\ln\mathrm{TFPCH}_{it} = a_{it} &+ x_1\mathrm{Urbanization}_{it} + x_2\mathrm{Agriculture} + x_3\mathrm{Public}_{it} \\ &+ x_4\ln\mathrm{Agdp}_{it} + x_5\ln\mathrm{Income}_{it} + x_6\mathrm{Infrastructure}_{it} \\ &+ x_7\ln\mathrm{Medicine}_{it} + x_8\ln\mathrm{Education}_{it} + \mu_i + \varepsilon_{it}\end{aligned} \tag{5-9}$$

其中，TFPCH_{it} 为各地区农村公共服务供给全要素生产率的累积增长指数（以 2006 年为基期）；$\mathrm{Urbanization}_{it}$ 代表城镇化水平；Agriculture 代表产业结构；Public_{it} 代表农村公共服务投入力度；Agdp_{it} 代表地区经济发展水平；Income_{it} 代表农村居民收入水平；$\mathrm{Infrastructure}_{it}$ 代表基础设施水平；$\mathrm{Medicine}_{it}$ 代表医疗卫生水平；$\mathrm{Education}_{it}$ 代表教育水平；x_1~x_8 为对应项的回归系数。

5.5.1　农村公共服务总体供给效率的影响因素分析

将 2006~2012 年重庆市 37 个区县的农村公共服务供给效率及影响因素的面板数据代入式（5-9）后，可以得到农村公共服务总体供给效率的影响因素面板数据模型。通过对模型进行似然比检验和豪斯曼检验可知模型应选择固定效应进行回归。模型回归结果如表 5-14 所示。

表 5-14　重庆市农村公共服务总体供给效率的影响因素的回归结果（固定效应）

影响因素	回归系数	标准误差	t 检验值	P 值
城镇化水平	−0.011 7**	0.005 1	−2.302 3	0.022 5
产业结构	−0.029 7**	0.011 6	−2.559 9	0.011 3
ln 农村公共服务投入力度	0.011 6**	0.004 6	2.515 7	0.012 8
ln 地区经济发展水平	0.499 3***	0.140 5	3.552 7	0.000 5
ln 农村居民收入水平	0.918 3***	0.153 2	5.994 2	0.000 0
ln 基础设施水平	0.430 3*	0.238 4	1.805 1	0.072 8
ln 医疗卫生水平	−0.220 3***	0.059 7	−3.693 1	0.000 3
ln 教育水平	0.225 8**	0.090 5	2.494 5	0.013 5
常数项	−11.330 3***	1.229 9	−9.212 2	0.000 0
离差平方和	0.908 3			
调整后的离差平方和	0.885 5			
最大似然估计	68.456 0			
F 值	39.853 8			
P 值	0			

*、**、***分别表示系数值在 10%、5%、1%的显著水平下通过检验；ln 表示对相关数值取对数

由表 5-14 可知，挑选的八个影响因素均通过了 10%及以上水平的显著性检验，其中城镇化水平、产业结构和医疗卫生水平三个影响因素对农村公共服务供给效率具有显著的负向作用，农村公共服务投入力度、地区经济发展水平、农村居民收入水平、基础设施水平、教育水平五个影响因素对农村公共服务供给效率具有显著的正向作用，具体从各个影响因素的作用方式来看。

（1）农村居民收入水平。农村居民收入水平的回归系数为 0.918 3，表明农村居民人均收入每上升 1%，农村公共服务供给效率会随之上升 0.918 3%，这与预期相同，说明收入水平的改善对农村公共服务供给效率的促进作用最为突出。其原因可能是农村居民收入水平的改善会促进农村居民降低对初级公共服务的依赖，并且有能力和意愿优化自身对农业生产、医疗卫生、教育等公共服务的需求结构，提高宏观层面对公共服务的利用效率。

（2）地区经济发展水平。地区经济发展水平的回归系数为 0.499 3，表明人均 GDP 每上升 1%，农村公共服务供给效率会随之上升 0.499 3%，这也与预期相同。地区经济发展水平的正向作用仅次于农村居民收入水平，同时也印证了 5.4 节中一小时经济圈地区内各区县农村公共服务供给效率均较高的实际情

况。地区经济发展水平的正向作用可以从两个方面来理解，一是经济发展水平的提升能够改善农村居民生活条件与收入水平，带动农村居民对农村公共服务需求结构的改变，提高公共服务利用率；二是经济发展水平较高的地区有能力加大对农村公共服务的投入力度，由于各区县的规模效率水平较为理想，增加投入规模可以有效促进供给效率的改善。

（3）基础设施水平。基础设施水平的回归系数为 0.430 3，表明公路密度每提高 1%，农村公共服务供给效率会随之上升 0.430 3%，这与之前的预期相同。基础设施水平的影响力度在五个正向因素中排名第三，虽然仅用公路密度代表基础设施水平，但也从侧面说明地区基础设施水平的提高有助于改善农村居民对公共服务的利用环境，促进农村公共服务供给效率的提升。

（4）教育水平。教育水平的回归系数为 0.225 8，表明教师数量每提高 1%，农村公共服务供给效率会随之上升 0.225 8%，这与之前的假设一致。由于农村居民在教育方面大多选择让子女就近入学，但农村教师缺乏、教育基础设施落后等问题始终突出。因此，吸引中小学教师到农村教学，能够从“量”的角度改进教育公共服务供给效率。从回归系数可知，目前以提高数量促进农村公共服务供给效率增长的方式作用有限，应主要从改善乡村教师质量、增强乡村教师培训等方面促进农村公共服务供给效率的提升。

（5）农村公共服务投入力度。农村公共服务投入力度的回归系数为 0.011 6，正向作用为五个正向影响因素中最弱的，作用方式与之前的假设一致。农村公共服务的弱正向作用说明依赖加强农村公共服务投入力度促使农村公共服务供给效率提升的方式已不再足够有效。优化农村公共服务供给结构，提高农村公共服务投入的利用质量，增强管理水平才能带动农村公共服务供给效率的持续增长。

（6）医疗卫生水平。医疗卫生水平的回归系数为−0.220 3，表明卫生技术人员数量每提高 1%，农村公共服务供给效率会随之下降 0.220 3%，这与之前的假设不一致。医疗卫生水平的负向作用最为明显，可能是农村卫生技术人员增长的现状仍然改变不了农村医疗条件薄弱、缺乏治疗疑难杂症能力的现状，农村居民在治疗重大疾病时难以享受到农村合作医疗带来的优惠，导致其对农村公共服务供给效率呈现出负向作用。

（7）产业结构。产业结构的回归系数为−0.029 7，负向作用的力度较小，但这与假设一致。产业结构是用第一产业产值占地区总产值的比重来衡量的，一定程度上反映了一个地区的经济增长中农业的贡献度。产业结构的负向作用说明经济增长中对农业的依赖程度越强，越不利于农村公共服务供给效率的改进。可能是依赖农业经济发展较强的地区在提高农村居民收入及改善农村居民生活质量方面的作用有限，对农村公共服务供给效率产生了弱负向作用。

（8）城镇化水平。城镇化水平的回归系数为−0.011 7，负向作用的力度同样较小，但这与假设一致。我国目前的城镇化更多的是实现“数量”上的城镇化，在实现农村居民向城镇居民转化的同时，并未有效解决“新晋市民”的医疗、教育、就业与社会保障等问题，“新晋市民”没有享受到高质量的公共服务，而选择留在农村的居民没有因为其他居民的城镇化而享受到优惠，因此，其并未对农村公共服务供给效率的改善产生促进作用。

5.5.2 分地区农村公共服务供给效率的影响因素分析

将 2006~2012 年一小时经济圈地区所属的 21 个区县、渝东北翼地区所属的 11 个区县、渝东南翼地区所属的 6 个区县的农村公共服务供给效率及影响因素的面板数据代入式（5-9）后，可以得到分地区农村公共服务供给效率的影响因素面板数据模型。通过对模型进行似然比检验和豪斯曼检验可知 3 个模型均应选择固定效应进行回归，并与总体的回归结果做出比较，模型回归结果如表 5-15 所示。

表 5-15 分地区农村公共服务供给效率影响因素的回归结果（固定效应）

影响因素	一小时经济圈		渝东北翼		渝东南翼		重庆市总体	
	回归系数	*P* 值	回归系数	*P* 值	回归系数	*P* 值	回归系数	*P* 值
城镇化水平	−0.015 3**	0.014 4	0.021 6	0.656 4	0.001 1	0.959 9	−0.011 7**	0.022 5
产业结构	−0.036 3	0.190 6	−0.016 7	0.398 8	−0.040 8	0.175 2	−0.029 7**	0.011 3
ln 农村公共服务投入力度	0.018 8**	0.011 7	0.002 5	0.727 7	0.019 3*	0.063 9	0.011 6**	0.012 8
ln 地区经济发展水平	0.531 9***	0.007 4	−0.111 2	0.808 5	−0.160 7	0.860 0	0.499 3***	0.000 5
ln 农村居民收入水平	0.767 6***	0	1.778 5**	0.019 7	1.289 8	0.129 6	0.918 3***	0
ln 基础设施水平	0.321 3	0.444 3	−0.017 7	0.968 3	0.583 5	0.134 8	0.430 3*	0.072 8
ln 医疗卫生水平	−0.054 9	0.562 8	−0.343 2***	0.000 1	−0.548 1***	0.002 1	−0.220 3***	0.000 3
ln 教育水平	0.191 9	0.144 2	0.278 8**	0.041 3	0.266 0	0.381 1	0.225 8**	0.013 5
常数项	−11.213 7***	0	−12.858 1***	0.000 1	−6.261 0	0.183 8	−11.330 3***	0
离差平方和	0.888 7		0.942 7		0.956 5		0.908 3	
调整后的离差平方和	0.856 1		0.920 8		0.930 7		0.885 5	
最大似然估计	32.005 0		34.161 0		28.450 4		68.456 0	
F 值	27.210 3		42.986 7		37.175 4		39.853 8	
P 值	0		0		0		0	

*、**、***分别表示系数值在 10%、5%、1%的显著水平下通过检验；ln 表示对相关数值取对数

（1）一小时经济圈。由表 5-15 可知，一小时经济圈地区的面板数据回归结果与重庆市总体较为相似，影响因素的作用方向较为一致，但是影响因素的显著性程度存在差异。对于一小时经济圈地区来说，农村居民收入水平、地区经济发展水平、农村公共服务投入力度三个因素对当地农村公共服务供给效率具有显著的正向作用，并且作用力度同样是农村居民收入水平>地区经济发展水平>农村公共服务投入力度；城镇化水平对当地农村公共服务供给效率具有显著的负向作用，产业结构、基础设施水平、医疗卫生水平、教育水平对当地农村公共服务供给效率的作用未通过显著性检验。可能的原因是一小时经济圈地区经济增长对农业的依赖性较弱，农村居民对公共服务的需求由初级基础性公共服务向高质量公共服务转变，当地的农村教育和医疗卫生水平已得到明显改善，这导致产业结构、基础设施水平、医疗卫生水平、教育水平并未对农村公共服务供给效率产生显著影响，而一小时经济圈地区的经济发展带动农村居民收入增长和公共服务投入力度加大，对提升当地农村公共供给效率产生显著的促进作用，但“数量”上的城镇化并不利于供给效率的改善。

（2）渝东北翼。由表 5-15 可知，渝东北翼地区的面板数据回归结果与重庆市总体、一小时经济圈地区的结果差异较大。对于渝东北翼地区来说，农村居民收入水平和教育水平对当地农村公共服务供给效率具有显著的正向作用，医疗卫生水平对当地农村公共服务供给效率具有显著的负向作用，城镇化水平、产业结构、农村公共服务投入力度、地区经济发展水平、基础设施水平的当地农村公共服务供给效率的作用未通过显著性检验。可能的原因是渝东北翼地区的经济增长对农业依赖程度高于一小时经济圈地区，渝东北翼地区的农村居民收入增长较慢，地区经济发展水平较低导致对农村公共服务的投入力度不强，这导致产业结构、农村公共服务投入力度、地区经济发展水平和基础设施水平对当地农村公共服务供给效率影响不显著。城镇化水平的回归系数为 0.021 6，系数虽然为正值，但作用力度微弱，同时也证明渝东北翼地区对高质量城镇化的需求，城镇化水平和质量的改善将能提高对农村公共服务供给效率的正向作用。农村居民收入水平和教育水平的回归系数分别为 1.778 5 和 0.278 8，表明农村居民人均收入和教师数量每提高 1%，农村公共服务供给效率会相应提高 1.778 5%和 0.278 8%，说明渝东北翼地区对提高农村收入水平和教师数量仍有较强的需求。医疗卫生水平的回归系数为−0.343 2，同样是由于农村卫生技术人员增长改变不了农村医疗条件薄弱、缺乏治疗疑难杂症的能力的现状，农村居民在治疗重大疾病时难以享受到农村合作医疗带来的优惠，对公共服务供给效率呈现出负向作用。

（3）渝东南翼。由表 5-15 可知，渝东南翼地区的面板数据回归结果与重庆市总体、一小时经济圈地区和渝东北翼地区的结果差异明显，本书挑选的八个影响因素中，仅有农村公共服务投入力度和医疗卫生水平两个影响因素对农村公共服务供给效率的影响通过显著性检验，但各影响因素的作用方向与渝东北翼地区的结果相似，说明对于经济欠发达的“两翼”地区来说，各影响因素的作用方式较为一致。农村公共服务投入力度的回归系数为 0.019 3，正向作用力度较弱，说明渝东南翼地区对财政公共投入的依赖程度强于渝东北翼地区，但是由于渝东南翼地区的经济发展水平弱于渝东北翼地区，其他影响因素对农村公共服务供给效率的影响未通过显著性检验。

5.6 本章小结

本章在构建农村公共服务供给宏观效率评估指标体系的基础上，利用 Bootstrap-DEA 模型与 Bootstrap-Malmquist 指数对 2006~2012 年重庆市 37 个区县的农村公共服务供给效率进行测算，并由测算结果对农村公共服务供给效率的现状、变化趋势进行分析，同时建立面板数据模型对重庆市总体及“一圈两翼”地区农村公共服务供给效率的影响因素进行分析。研究结果表明：①从农村公共服务供给效率的现状来看，农村公共服务供给效率较低，地区差异明显；纯技术效率是供给效率低下、区域差异明显的主要原因；重庆市大部分区县都呈现出低纯技术效率、高规模效率的 LH 类型特征。②从农村公共服务供给效率的变化趋势来看，农村公共服务供给效率提升显著，但上升速度逐渐放缓；技术进步是农村公共服务供给效率增长的驱动因素，同时也是公共服务供给效率产生区域差异的原因；农村公共服务供给效率的区域差异程度有所增强。③从农村公共服务供给效率的影响因素来看，一是重庆市总体农村公共服务供给效率的影响因素中，农村居民收入水平、地区经济发展水平、基础设施水平、教育水平、农村公共服务投入力度五个影响因素对农村公共服务供给效率具有显著的正向作用，且影响程度依次降低。城镇化水平、产业结构和医疗卫生水平三个影响因素对农村公共服务供给效率具有显著的负向作用。二是在分地区农村公共服务供给效率的影响因素中，一小时经济圈地区的农村居民收入水平、地区经济发展水平、农村公共服务投入力度三个因素对当地农村公共服务供给效率具有显著的正向作用，且影响程度依次降低，城镇化水平对当地供给效率具有显著的负向作用；渝东北翼地区的农村居民收入水平和教育水平对当地农村公共服务供给效率具有显著的正向作用，医疗卫生水平对当地农村公共服务供给效率具有显著的负向作用；渝东南翼地区的农村公共服务投入力度对当地农村公共服务供给效率具有显著的正向作用，医疗卫生水平对当地农村公共服务供给效率具有显著的负向作用。

第 6 章　西部农村公共服务供给“双层效率”系统协调性分析

第 4 章和第 5 章的实证结果表明，2012 年重庆市总体宏观层面农村公共服务供给效率仅为 0.741 9，微观层面农村公共服务供给满意度接近基本满意。那么在本书构造的“双层效率”系统中，宏观层面及微观层面的效率系统是否协调及是否存在地区差异？如果存在差异，差异程度如何？哪些因素对系统协调性产生影响？回答以上问题本书方能达到测算效率→认识效率→改进效率的目的，并明确农村公共服务供给效率存在的问题及未来改进的方向。

6.1　农村公共服务供给效率系统协调性的测度原理

6.1.1　农村公共服务供给效率系统协调性的系统原理

系统论的思想最早由冯·贝塔朗菲在 1932 年发表的《抗体系统论》中提出，冯·贝塔朗菲在 1937 年建立了一般系统论的初步理论框架，由此奠定了这门科学的理论基础。此后很多学者基于冯·贝塔朗菲的研究基础进行拓展并形成了以维纳（控制论）、申农（信息论）、普利高津（耗散结构理论）和哈肯（协同理论）为代表的新的系统论思想和方法，近年来系统分析技术在经济学、管理学等科学领域受到广泛的应用。

古希腊语中的“系统”一词的最早含义是指一个由若干部分或要素构成的整体。现阶段学者们从不同的角度对“系统”概念进行重新界定，有的学者认为“系统是诸元素及顺常行为的给定集合”，部分学者则从组织或者构成要素的视角解读系统，认为“系统是有组织的和被组织化的全体”，还有学者认为“系统是有联系的物质和过程的集合”（彭海文，2005）等。根据冯·贝塔朗菲 1968 年出版的《一般系统论：基础、发展和应用》中对“系统”的定义是“系统是指由若干要素以一定结构形式联结构成的具有某种功能的有机整体”，这一定义综合考虑了系统中要素与要素、要素与系统及系统与环境三个方面的关系，尤其突出系统、要素、结构和功能四个概念（彭海文，2005）。

整体性是系统论的核心思想。系统的整体性原理是指，系统是一个由若干要素构成的具有一定新功能的有机整体，各个要素一旦作为系统子单元构成系统整体，就形成了单独要素所不具备的性质和功能，同时整体系统的性质和功能大于各组成要素性质和功能的简单加总。从要素间相互作用的角度来看，系统是由各要素之间的大量线性和非线性作用所联系起来的，因此系统具有整体性。对于线性相互作用来说，各种要素可以在不影响系统整体性质和功能的情况下分离出来，系统整体性质和功能可看做是各要素相互作用的简单加总。对于非线性相互作用来说，各种要素不能在不影响系统整体性质和功能的情况下分离出来，系统整体性质和功能不再是各要素相互作用的简单加总，各要素之间处于有机的相互联系之中。正是由于存在要素之间的线性及非线性作用，系统的每个要素都影响着系统整体，同时系统整体又制约着各个要素。

基于系统论的观点，我们研究农村公共服务供给效率的整体性或系统协调性要着重分析效率系统与构成要素之间，效率系统与外部环境之间的相互联系、相互作用和相互制约的关系。根据李燕凌（2007）的研究成果，本书认为农村公共服务供给效率系统包括投入与产出两个方面，是一个以效率为系统目标的功能型结构体系，农村公共服务供给效率由投入和产出两个系统决定，而投入和产出系统既受到内部结构因素影响，也受制于投入与产出的相互配合协调。在此基础上进一步将产出系统细分为政府层面产出系统和农村居民层面产出系统，同时政府层面和农村居民层面产出系统均可再细分为农村生活型公共服务产出系统和农村生产型公共服务产出系统（图 6-1）。本书认为，农村公共服务供给效率协调性不仅受投入系统和产出系统协调性的影响，还与产出系统各个构成要素的协调性，即政府层面、农村居民层面产出系统的匹配程度息息相关。并且政府层面或农村居民层面产出系统的协调性又为它们的农村生活型公共服务产出系统和农村生产型公共服务产出系统协调性所决定，具体如图 6-1 所示。

6.1.2 农村公共服务供给效率系统协调性的测度方法

在农村公共服务供给效率系统协调性的测度方面，本书选用 Z 分数差法对农村公共服务供给效率总体、生活型公共服务供给效率和生产型公共服务供给效率的协调性进行测算。Z 分数差法的计算原理为：首先，计算出样本区县宏观层面和微观层面农村公共服务供给效率的 Z 分数，即 $Z_{宏}$和 $Z_{微}$，Z 分数的计算公式为

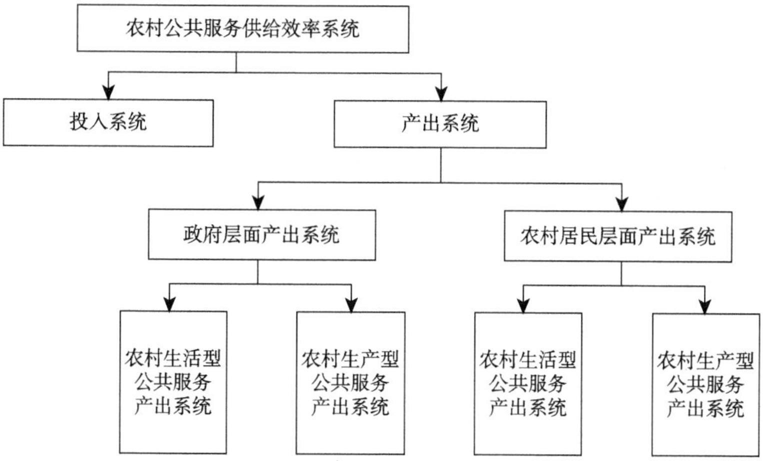

图 6-1　农村公共服务供给效率系统协调性构成图

$$Z_i = \frac{x_i - \overline{x}}{\sigma} \qquad (6\text{-}1)$$

其中，Z_i 为第 i 个区县的 Z 分数值；x_i 为第 i 个区县宏观层面农村公共服务供给效率值或微观层面农村公共服务供给满意度值；$\overline{x}$ 为考察区县的宏观层面农村公共服务供给效率或微观层面农村公共服务供给满意度的水平值；σ 为宏观层面农村公共服务供给效率或微观层面农村公共服务供给满意度的标准差。其次，计算出 $Z_{宏}$和 $Z_{微}$之间的差值的绝对值，即可计算出宏观层面和微观层面农村公共服务供给效率的 Z 分数差值，计算公式为

$$Z\text{ 分数差值} = \left| Z_{宏} - Z_{微} \right| \qquad (6\text{-}2)$$

6.2　农村公共服务供给效率系统协调性的评测分析

具体来讲，在对农村公共服务供给效率系统协调性进行判断时，同时使用直观分析法和 Z 分数差法对“双层效率”系统协调性进行分析。直观分析法的判断标准是将宏观层面农村公共服务供给效率及农村生活型、农村生产型公共服务供给效率[①]分别利用 Arcgis 9.0 软件中的自然裂点法进行五等级划分[②]（效率从第一

① 宏观层面农村公共服务供给效率无法衡量公共服务供给制度的效率水平，因此，仅分析农村公共服务总体、农村生活型公共服务和农村生产型公共服务“双层效率”的协调性。

② 宏观层面自然裂点法的五等级分类依据是将宏观层面 37 个区县的农村公共服务供给效率进行等级划分，然后提出与微观层面调查对象相符的 17 个区县的效率值及其满意度等级。

级至第五级由低到高排序），同时将微观层面农村公共服务供给满意度值按照“（0，1]”、“（1，2]”、“（2，3]”、“（3，4]”和“（4，5]”由低至高进行五等级分类，通过直观对比宏观、微观层面效率等级的差异，对系统协调性进行判断。*Z* 分数差法的判别标准是当两列数据 *Z* 分数差值越小时，说明宏观层面与微观层面的效率协调性越高，相反则越低。根据李燕凌（2007）的分类方法，当 *Z* 分数差值小于和等于 1 时，宏观效率与微观效率差距较小，将这种情况下的宏观效率与微观效率匹配称为平衡型（协调性强）；当 *Z* 分数差值大于 1 但小于 2 时，称为近平衡型（协调性一般）；当 *Z* 分数差值等于和大于 2 时，称为非平衡型（协调性弱）。

6.2.1 农村公共服务总体供给效率系统协调性的评测

为了统一“双层效率”系统的考察对象，本书从 2012 年的宏观层面农村公共服务供给效率计算结果中提取与微观层面相符的 17 个区县，并根据自然裂点法对各区县的宏观效率进行分级，表 6-1 反映农村公共服务总体供给效率系统协调性计算结果。

表 6-1 农村公共服务总体供给效率系统协调性表

地区	区县	宏观层面	效率等级	$Z_{宏}$	微观层面	满意度等级	$Z_{微}$	等级差异	Z 分数差值	协调性
一小时经济圈	涪陵区	0.747 9	二级	0.102 6	4.000 0	四级	2.223 0	二级	2.120 4	非平衡型
	璧山县	0.546 4	一级	−1.261 4	3.266 7	四级	0.759 1	三级	2.020 5	非平衡型
	江津区	0.856 6	四级	0.838 7	3.088 9	四级	0.404 2	零级	0.434 5	平衡型
	长寿区	0.737 4	二级	0.031 7	3.083 3	四级	0.393 1	二级	0.361 4	平衡型
	铜梁县	0.912 2	五级	1.214 8	2.940 0	三级	0.107 0	二级	1.107 8	近平衡型
	大足区	0.751 0	二级	0.123 9	2.720 0	三级	−0.332 2	一级	0.456 1	平衡型
	巴南区	0.881 4	五级	1.006 3	2.120 0	三级	−1.529 9	二级	2.536 2	非平衡型
渝东北翼	垫江县	0.885 7	五级	1.035 4	3.285 7	四级	0.797 1	一级	0.238 3	平衡型
	巫山县	0.594 0	一级	−0.939 5	3.080 0	四级	0.386 5	三级	1.326 0	近平衡型
	梁平县	0.777 2	三级	0.301 4	2.894 7	三级	0.016 6	零级	0.284 8	平衡型
	万州区	0.816 2	三级	0.565 1	2.680 0	三级	−0.412 0	零级	0.977 1	平衡型
	云阳县	0.808 8	三级	0.515 0	2.680 0	三级	−0.412 0	零级	0.927 0	平衡型
	丰都县	0.845 0	四级	0.760 3	2.130 4	三级	−1.509 0	一级	2.269 3	非平衡型

续表

地区	区县	宏观层面	效率等级	$Z_{宏}$	微观层面	满意度等级	$Z_{微}$	等级差异	Z 分数差值	协调性
渝东南翼	武隆县	0.504 1	一级	−1.548 2	3.473 7	四级	1.172 3	三级	2.720 5	非平衡型
	酉阳县	0.558 0	一级	−1.182 7	3.000 0	三级	0.226 8	两级	1.409 5	近平衡型
	石柱县	0.797 1	三级	0.435 6	2.490 2	三级	−0.790 9	零级	1.226 5	近平衡型
	秀山土家族苗族自治县	0.437 4	一级	−1.999 2	2.135 1	三级	−1.499 7	两级	0.499 5	平衡型

（1）直观分析法与 Z 分数差法的计算结果大体一致。根据宏观层面和微观层面效率差异的直观分析法计算结果可知，宏观层面农村公共服务供给效率在各个效率等级间均有分布，而微观层面的受访者大多对农村公共服务供给满意度处于“基本满意”的中等效率水平，这导致直观分析法的计算结果与 Z 分数差值大体相似，但也有少数几个区县的计算结果有明显差异，如长寿区和秀山土家族苗族自治县的宏观效率等级差异情况与 Z 分数差值的结果相反。但是，从直观分析法的等级差异情况来看，“双层效率”系统不协调现象突出，仅有江津、梁平、万州、云阳和石柱 5 个区县的“双层效率”等级处于相同等级，其余 12 个区县的“双层效率”等级均有不同程度的差异。基于此，本节需要进一步根据 Z 分数差法的计算结果对农村公共服务供给“双层效率”系统协调性进行分析。

（2）农村公共服务供给“双层效率”系统不协调性现象突出。由供给“双层效率”系统的 Z 分数差值结果可知（表 6-1），江津、长寿、大足、垫江、梁平、万州、云阳、秀山土家族苗族自治县等 8 个区县的 Z 分数差值小于 1，农村公共服务供给“双层效率”系统协调性较高。其余 9 个区县的 Z 分数差值均大于 1，其中涪陵、璧山、巴南、丰都和武隆 5 个区县的 Z 分数差值大于 2，供给“双层效率”系统不协调性最为突出，铜梁、巫山、酉阳和石柱 4 个区县的 Z 分数差值介于 1 和 2 之间，呈现出弱不协调特征。从数量上来看，超过一半区县的农村公共服务供给“双层效率”系统处于不协调状态，说明宏观层面农村公共服务供给效率与微观层面农村公共服务供给满意度感知之间存在“断层”的现象，其中铜梁、巴南、丰都和石柱属于宏观层面农村公共服务供给效率优于微观层面农村公共服务供给满意度水平，璧山、巫山、涪陵、武隆和酉阳属于微观层面农村公共服务供给满意度优于宏观层面农村公共服务供给效率水平。

（3）农村公共服务供给“双层效率”系统协调性的地区差异明显。从“一圈两翼”地区“双层效率”系统协调性来看，渝东北翼地区的 6 个区县中，垫江、梁平、万州和云阳 4 个区县的农村公共服务供给“双层效率”系统均处于平衡状态，平衡型区县数量占比最高，达到66.67%，同时以上4个区县的宏观层面农村公共服务供给效率均高于0.75，微观层面农村公共服务供给满意度均接近或高于3，处于中等效率水平的协调状态。一小时经济圈地区的7个区县中，仅有江津、长寿和大足3个区县的供给“双层效率”系统处于平衡状态，同样处于中等效率水平的协调状态。渝东南翼地区的4个区县中，仅有秀山土家族苗族自治县的供给“双层效率”系统处于平衡状态，且该协调状态是处于宏观层面农村公共服务供给效率与微观层面农村公共服务供给满意度“双低”的平衡困境中。从本次调查的17个区县来看，渝东北翼地区的宏观层面农村公共服务供给效率与微观层面农村公共服务供给满意度的差异较小，一小时经济圈和渝东南翼地区次之。

6.2.2 农村生活型公共服务供给效率系统协调性的评测

为了进一步分析不同类型农村公共服务供给“双层效率”系统协调性，本书将财政用于农村教育支出及财政用于农村卫生支出作为宏观生活型公共服务投入变量，以农村卫生机构床位数和农村在校学生人数作为宏观生活型公共服务产出变量，对2012年的宏观层面农村生活型公共服务供给效率进行重新计算，并在使用自然裂点法对37个区县效率进行五等级划分后，提取与微观层面对应的17个区县的宏观效率，结合微观层面农村生活型公共服务供给满意度的水平得出农村生活型公共服务供给效率系统协调性表（表6-2）。

表6-2 农村生活型公共服务供给效率系统协调性表

地区	区县	宏观层面	效率等级	$Z_{宏}$	微观层面	满意度等级	$Z_{微}$	等级差异	Z分数差值	协调性
一小时经济圈	涪陵区	0.594 5	三级	0.002 6	4.564 8	五级	2.507 9	二级	2.505 3	非平衡型
	璧山县	0.466 0	二级	−0.686 4	3.606 0	四级	0.242 0	二级	0.928 4	平衡型
	江津区	0.834 9	五级	1.292 3	3.834 9	四级	0.783 0	一级	0.509 3	平衡型
	长寿区	0.718 3	四级	0.667 0	3.818 2	四级	0.743 5	零级	0.076 5	平衡型
	铜梁县	0.942 5	五级	1.869 2	3.460 5	四级	−0.101 9	一级	1.971 1	近平衡型
	大足区	0.346 0	一级	−1.329 7	3.520 2	四级	0.039 3	三级	1.369 0	近平衡型
	巴南区	0.770 8	四级	0.948 5	3.502 0	四级	−0.003 8	零级	0.952 3	平衡型
渝东北翼	垫江县	0.634 6	三级	0.218 1	3.640 8	四级	0.324 2	一级	0.106 1	平衡型
	巫山县	0.388 9	一级	−1.099 9	3.551 3	四级	0.112 9	三级	1.212 8	近平衡型
	梁平县	0.625 9	三级	0.171 3	3.532 5	四级	0.068 4	一级	0.102 9	平衡型
	万州区	0.821 1	五级	1.218 0	3.192 7	四级	−0.734 7	一级	1.952 7	近平衡型
	云阳县	0.514 7	二级	−0.424 8	2.994 4	三级	−1.203 5	一级	0.778 7	平衡型
	丰都县	0.730 0	四级	0.729 7	2.468 1	三级	−2.447 1	一级	3.176 8	非平衡型

续表

地区	区县	宏观层面	效率等级	$Z_{宏}$	微观层面	满意度等级	$Z_{微}$	等级差异	Z 分数差值	协调性
渝东南翼	武隆县	0.507 0	二级	−0.466 6	3.647 2	四级	0.339 4	二级	0.806 0	平衡型
	酉阳县	0.375 4	一级	−1.171 9	3.425 5	四级	−0.184 5	三级	0.987 4	平衡型
	石柱县	0.485 6	二级	−0.581 3	3.499 3	四级	−0.010 0	二级	0.571 3	平衡型
	秀山土家族苗族自治县	0.341 1	一级	−1.356 3	3.302 5	四级	−0.475 3	三级	0.881 0	平衡型

（1）直观分析法与 Z 分数差法的计算结果差异明显。根据农村生活型公共服务宏观层面和微观层面效率差异的直观分析法计算结果可知，宏观层面各区县农村生活型公共服务供给效率值跨度较大，而微观层面农村生活型公共服务供给满意度主要处于“满意”的第四级效率水平左右，直观分析法的计算结果与 Z 分数差法的计算结果差异明显，如璧山、大足、巫山、云阳、武隆、酉阳、石柱和秀山土家族苗族自治县等 8 个区县的宏观效率等级差异情况与 Z 分数差值的结果相反，同时直观分析法的宏观和微观层面等级差异在一级至三级均有分布，而 Z 分数差法的协调性分析结果显示大部分区县的农村生活型公共服务供给“双层效率”系统处于平衡状态。由于 Z 分数差法的计算方法对“双层效率”系统协调性分析更加准确和合理，本小节主要根据 Z 分数差值对农村生活型公共服务供给“双层效率”系统协调性进行分析。

（2）农村生活型公共服务供给“双层效率”系统协调性优于农村公共服务供给总体“双层效率”系统协调性。由农村生活型公共服务供给“双层效率”系统的 Z 分数差值结果可知，璧山、江津、长寿、巴南、垫江、梁平、云阳、武隆、酉阳、石柱和秀山土家族苗族自治县等 11 个区县的 Z 分数差值小于 1，供给“双层效率”系统协调性较高，占总考察区县数量的 64.71%。其余 6 个区县的 Z 分数差值均大于 1，其中仅有涪陵和丰都 2 个区县的 Z 分数差值大于 2，供给“双层效率”系统不协调性最为突出，铜梁、大足、巫山和万州 4 个区县的 Z 分数差值介于 1 和 2 之间，呈现出弱不协调性特征。大部分区县的农村生活型公共服务“双层效率”系统协调性较好，说明政府在农村生活型公共服务的供给效果与农村居民的农村公共服务供给满意度之间匹配程度较好，农村居民对农村生活型公共服务的感知敏感度也较高。

（3）农村生活型公共服务供给“双层效率”系统协调性的地区差异明显。从“一圈两翼”地区农村生活型公共服务供给“双层效率”系统协调性来看，渝东南翼地区的 4 个区县的“双层效率”系统均处于平衡状态，但武隆、酉阳、石柱和秀山土家族苗族自治县的宏观层面农村生活型公共服务供给效率较低（介于 0.30 至 0.51 之间），这导致它们仅处于较低效率水平的协调状态。一小时经济圈地区的 7 个区县中，璧山、江津、长寿和巴南 4 个区县的供给“双层效率”系统均处于平衡状态，其中江津、长寿和巴南处于中等效率水平的协调状态，璧山处于较低效率水平的协调状态。渝东北翼地区的6个区县中，垫江、梁平和云阳3个区县的供给“双层效率”系统处于平衡状态，均处于中等效率水平的协调状态。从本次调查的17个区县来看，渝东南翼地区的宏观层面农村生活型公共服务供给效率与微观层面农村公共服务供给满意度的差异较小，一小时经济圈地区和渝东南翼地区次之。

6.2.3 农村生产型公共服务供给效率系统协调性的评测

在农村生产型公共服务供给效率系统协调性分析方面，本书将财政用于农业支出作为宏观生产型公共服务投入变量，以农林牧渔业总产值作为宏观生产型公共服务产出变量，对2012年的宏观层面农村生产型公共服务供给效率进行重新计算，并在使用自然裂点法对37个区县效率进行五等级划分后，提取与微观层面对应的17个区县的宏观效率，结合微观层面农村生产型公共服务供给满意度的水平得出农村生产型公共服务供给效率系统协调性表（表6-3）。

表6-3 农村生产型公共服务供给效率系统协调性表

地区	区县	宏观层面	效率等级	$Z_{宏}$	微观层面	满意度等级	$Z_{微}$	等级差异	Z分数差值	协调性
一小时经济圈	涪陵区	0.694 6	四级	0.590 6	2.074 4	三级	−2.656 4	一级	3.247 0	非平衡型
	璧山县	0.406 6	二级	−0.949 9	2.920 9	三级	−0.423 7	一级	0.526 2	平衡型
	江津区	0.715 9	四级	0.704 7	2.987 6	三级	−0.247 7	一级	0.952 4	平衡型
	长寿区	0.709 2	四级	0.668 9	3.053 0	四级	−0.075 4	零级	0.744 3	平衡型
	铜梁县	0.827 1	五级	1.299 2	3.110 8	四级	0.077 0	一级	1.222 2	近平衡型
	大足区	0.712 6	四级	0.687 0	3.038 6	四级	−0.113 3	零级	0.800 3	平衡型
	巴南区	0.905 4	五级	1.718 1	3.695 5	四级	1.619 3	一级	0.098 8	平衡型
渝东北翼	垫江县	0.821 6	五级	1.269 7	3.060 9	四级	−0.054 4	一级	1.324 1	近平衡型
	巫山县	0.462 5	二级	−0.650 6	2.783 3	三级	−0.786 5	一级	0.135 9	平衡型
	梁平县	0.705 8	四级	0.650 7	3.255 5	四级	0.458 8	零级	0.191 9	平衡型
	万州区	0.471 0	二级	−0.605 2	3.014 6	四级	−0.176 5	二级	0.428 7	平衡型
	云阳县	0.530 6	三级	−0.286 5	3.403 8	四级	0.850 1	一级	1.136 6	近平衡型
	丰都县	0.486 1	二级	−0.524 7	3.581 4	四级	1.318 5	二级	1.843 2	近平衡型
渝东南翼	武隆县	0.332 8	二级	−1.344 4	2.600 3	三级	−1.269 2	一级	0.075 2	平衡型
	酉阳县	0.351 4	二级	−1.244 7	3.084 6	四级	0.008 0	二级	1.252 7	近平衡型
	石柱县	0.456 1	二级	−0.685 0	3.307 9	四级	0.597 0	二级	1.282 0	近平衡型
	秀山土家族苗族自治县	0.341 5	二级	−1.297 8	3.413 0	四级	0.874 3	二级	2.172 1	非平衡型

（1）直观分析法与 Z 分数差法的计算结果较为一致。根据农村生产型公共服务宏观层面和微观层面等级差异的直观分析法计算结果可知，尽管宏观层面农村生产型公共服务供给效率在各个效率等级跨度较大，而微观层面的受访者大多对农村公共服务的满意度处于“基本满意”或“满意”的中等及以上水平，但直观分析法的计算结果显示宏观和微观层面等级差异较小（大部分区县等级差异为一级，仅有少部分区县等级差异为二级），Z 分数差法的计算结果显示 9 个区县的“双层效率”处于平衡状态，直观分析法的计算结果与 Z 分数差法的计算结果大体相似，但也有少数几个区县的计算结果有明显差异，如涪陵和万州的宏观效率等级情况与 Z 分数差值的结果相反。基于此，本小节需要进一步根据 Z 分数差法的计算结果对农村生产型公共服务供给“双层效率”系统协调性进行分析。

（2）农村生产型公共服务供给“双层效率”系统协调性介于农村公共服务总体和农村生活型公共服务之间。由农村生产型公共服务供给“双层效率”系统的 Z 分数差值计算结果可知，璧山、江津、长寿、大足、巴南、巫山、梁平、万州和武隆 9 个区县的 Z 分数差值小于 1，农村生产型公共服务供给“双层效率”系统协调性较高，占总考察区县数量的 52.94%。其余 8 个区县的 Z 分数差值均大于 1，其中仅有涪陵和秀山土家族苗族自治县 2 个区县的 Z 分数差值大于 2，供给“双层效率”系统不协调性最为突出，铜梁、垫江、云阳、丰都、酉阳和石柱 6 个区县的 Z 分数差值介于 1 和 2 之间，呈现出弱不协调性特征。总体来看，农村生产型公共服务供给“双层效率”系统协调性优于农村公共服务总体，但次于农村生活型公共服务。超过一半数量区县的农村生产型公共服务“双层效率”系统协调性较好，说明政府在农村生产型公共服务的供给效果与农村居民的农村公共服务供给满意度之间匹配程度较好，农村居民对农村生产型公共服务的感知敏感度也较高。

（3）农村生产型公共服务供给“双层效率”系统协调性的地区差异明显。从“一圈两翼”地区农村生产型公共服务供给“双层效率”系统协调性来看，一小时经济圈的 7 个区县中，璧山、江津、长寿、大足和巴南 5 个区县的供给“双层效率”系统均处于平衡状态，其中巴南处于高效率水平的协调状态，江津、长寿和大足处于中等效率水平的协调状态，璧山处于较低效率水平的协调状态。渝东北翼地区的 6 个区县中，巫山、梁平和万州 3 个区县的供给“双层效率”系统均处于平衡状态，巫山和万州处于较低效率水平的协调状态，梁平处于中等效率水平的协调状态。渝东南翼地区的 4 个区县中，仅有武隆的供给“双层效率”系统处于平衡状态，并且处于较低效率水平的协调状态。从本次调查的 17 个区县来看，一小时经济圈地区的宏观层面农村生产型公共服务供给效率与微观层面农村公共服务供给满意度的差异较小，渝东北翼地区和渝东南翼地区次之。

6.3 农村公共服务供给效率系统非协调性的成因探析

由分析的农村公共服务总体及农村生活型、农村生产型公共服务供给“双层效率”系统协调性可知，宏观层面农村公共服务供给效率与微观层面农村公共服务供给满意度感知存在差异，农村公共服务供给效率系统非协调性特征明显。基于此，本节分别根据第 4 章微观层面农村公共服务供给满意度及其影响因素和第 5 章宏观层面农村公共服务供给效率及其影响因素的分析结果，对农村公共服务供给效率系统非协调性的成因进行分析。

6.3.1 供给宏观效率与微观满意度非协调性的成因分析

从供给宏观效率与微观满意度来看，农村公共服务供给效率系统非协调性的成因主要有以下几点。

（1）农村公共服务财政支出力度逐渐加大与农村居民认为供给投入规模不足的矛盾。从宏观层面政府对重庆市农村公共服务的财政投入来看（图 6-2），2012 年重庆市农村公共服务财政支出（财政农业支出、财政农村教育支出和财政农村卫生支出之和）达到 313.40 亿元（可比价），较 2006 年的 55.52 亿元增长了 4.64 倍，增长幅度显著。从微观层面农村公共服务供给满意度的调查结果来看（表 6-4 和图 6-3），46.09%的受访者认为农村公共服务供给存在总量不足的问题，58.20%的受访者认为农村公共服务供给与需求不相称，56.05%的受访者认为农村公共服务质量较差。同时，农村居民对供电、饮水、道路、通信等 14 个方面的生活型公共服务供给满意度及农业生产基础设施、财政支农、农田水利、农林科学技术服务站服务四个方面的生产型公共服务供给满意度的调查结果也显示，农村居民普遍认为生活型和生产型公共服务的投入力度没有达到令他们满意的水平。宏观层面农村公共服务支出规模的显著提升与微观层面农村居民对规模扩大的感知不明显的矛盾加剧了供给宏观效率与微观满意度的不协调性。不协调的原因可以由 2012 年农村公共服务供给宏观效率的实证结果解释，纯技术效率水平的低下加之近年来的无显著增长反映出重庆市各区县对于财政支出在农村公共服务投入方面的管理水平和制度安排较不合理，农村公共服务投入利用效率不高使得农村居民产生农村公共服务投入力度不足的感觉。

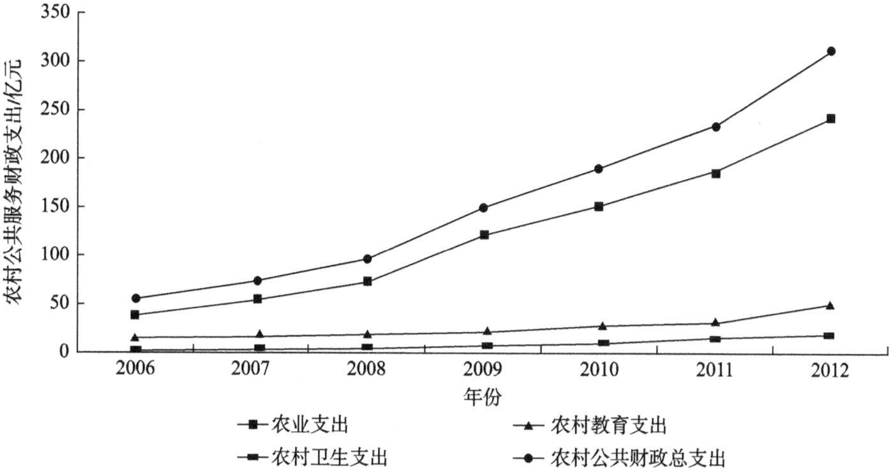

图 6-2　重庆市农村公共财政支出变化趋势

表 6-4　农村公共服务微观满意度调查结果汇总

满意度类型	重庆市总体	一小时经济圈	渝东北翼	渝东南翼
供电	3.36	2.48	2.91	2.65
饮水	3.34	2.36	3.12	2.70
道路	3.11	2.74	3.06	2.95
通信	3.27	2.54	2.93	2.82
文娱设施或场所	2.38	3.60	3.52	3.73
村文娱活动	2.20	3.73	3.88	3.85
社会保障	2.97	2.90	3.32	2.96
医疗设备	2.72	3.18	3.41	3.32
医务人员水平	2.82	3.19	3.30	3.07
小学教室和宿舍	2.95	3.02	3.22	2.96
小学教师素质	3.06	3.06	2.93	2.80
居住环境	3.29	2.45	3.03	2.81
公共卫生	2.94	2.90	3.33	3.05
社会治安	3.26	2.69	3.22	2.41
生活型公共服务	3.70	3.22	3.50	3.51
农业生产基础设施	2.00	2.97	3.27	3.18
财政支农	2.00	2.81	2.39	2.13
农田水利	2.34	2.41	2.38	2.22

续表

满意度类型	重庆市总体	一小时经济圈	渝东北翼	渝东南翼
农林科学技术服务站服务	3.00	3.38	3.58	3.45
生产型公共服务	3.01	3.18	3.06	3.07
村民自治程度和村规民约	3.23	3.08	3.44	3.26
村委会办事效率	3.13	3.12	3.46	2.88
村干部工作态度	3.07	3.12	3.39	2.74
信息表达渠道	3.08	3.07	3.33	2.90
“一事一议”机制	3.03	2.97	3.08	3.05
公共服务供给制度	3.70	3.36	3.85	3.66

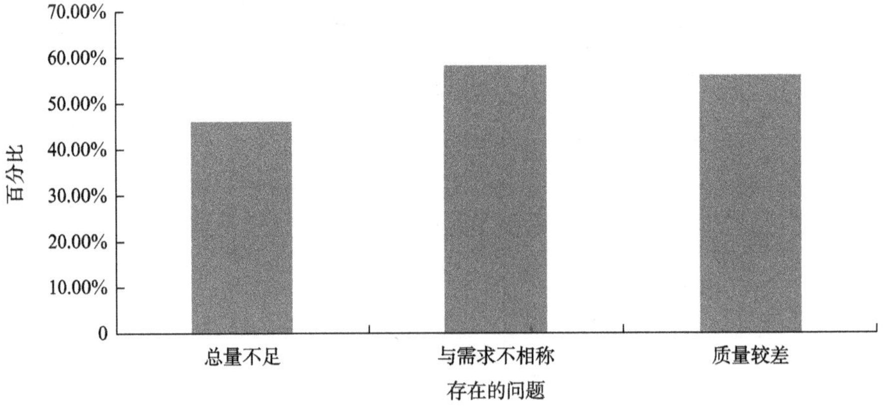

图 6-3　农村公共服务供给中存在的主要问题的调查结果

（2）农村公共服务供给技术进步显著增长与农村居民认为改善速度低下的矛盾。从宏观层面农村公共服务供给效率的变化趋势来看（表 6-5 和图 6-4），2006~2012 年重庆市总体及一小时经济圈地区、渝东北翼地区和渝东南翼地区的农村公共服务供给技术进步年均增长 37.86%、32.99%、45.32%和 41.12%，技术进步改善明显。但从微观层面农村公共服务供给满意度的调查结果来看（图 6-5、图 6-6），71.88%的农村居民对农村公共服务的改善认同度较高（含 62.57%的稍有进步和 9.31%的显著进步），但有 38% 的农村居民对农村公共服务改善速度不满意，4%的农村居民对农村公共服务改善速度非常不满意，特别是在生活型公共服务的供给方面，农村居民对改善速度的愿望最为明显。造成宏观层面技术进步与微观层面农村居民对改善速度观感不一致的原因有两点，一是虽然近年来农村公共服务供给效率的改善是由技术进步驱动,但技术效率和规模效率无明显改善，公共财政投入利用率不高且没有产生规模效应，这导致微观层面农村居民认为改善速度没有达到预期程度；二是相对于城市公共服务的改善速度来说，农村公共服务投入规模和质量尽管有所优化，但是与城市公共服务的供给规模、质量、类别相比还有较大差异，农村居民通过对比农村和城市公共服务的供给情况，容易产生农村公共服务改善速度不明显的主观判断。

表 6-5　农村公共服务供给 TECHCH 变化趋势

区县	2006~2007 年	2007~2008 年	2008~2009 年	2009~2010 年	2010~2011 年	2011~2012 年
大渡口区	1.218 7	1.213 3	1.241 8	1.068 1	1.106 0	1.639 6
江北区	1.576 6	1.524 0	1.105 6	1.300 9	1.115 7	1.074 7
沙坪坝区	1.396 9	1.332 8	1.155 5	1.078 7	1.091 6	3.247 7
九龙坡区	1.069 3	1.243 1	1.182 2	1.346 7	0.899 5	1.707 7
南岸区	1.394 4	1.360 5	1.133 7	1.286 4	1.099 2	2.141 5
北碚区	2.214 8	1.446 0	1.259 8	1.430 8	1.089 3	1.725 9
渝北区	0.824 3	1.351 0	1.253 3	1.150 5	1.117 3	1.705 5
巴南区	1.921 1	1.403 2	1.369 3	1.260 8	1.004 9	1.214 3
涪陵区	1.293 7	1.314 5	1.418 1	1.118 8	1.087 0	1.602 1
长寿区	1.348 2	1.366 4	1.341 6	1.044 5	1.090 0	1.315 9
江津区	1.571 3	1.206 5	1.689 6	1.076 9	1.129 4	1.205 7
合川区	1.693 3	1.198 9	2.200 4	1.126 5	1.250 8	1.487 0
永川区	1.749 1	1.442 0	1.552 3	1.147 4	1.262 2	1.545 0
南川区	2.013 6	1.294 9	1.517 0	1.079 0	1.332 2	1.141 2
綦江区	2.088 9	1.514 5	1.054 2	1.372 6	1.358 2	1.015 7
大足区	2.092 7	1.363 9	1.490 4	1.080 3	1.198 5	1.421 7
潼南县	2.200 2	1.295 3	1.367 5	1.231 8	0.968 2	1.298 8
铜梁县	1.641 2	1.304 2	1.165 0	1.326 3	1.115 7	1.280 6
荣昌县	2.065 8	1.325 8	1.452 4	1.070 9	1.031 9	1.219 2
璧山县	1.414 0	1.367 2	1.333 8	1.155 2	0.946 3	1.614 2
万州区	1.916 3	1.386 0	1.515 1	1.074 5	1.158 6	1.521 7
梁平县	1.466 0	1.445 3	1.540 9	1.173 4	1.240 4	1.375 5
城口县	2.447 7	1.572 5	0.761 7	2.194 7	1.133 6	1.344 2
丰都县	2.174 4	1.461 3	1.273 2	1.352 3	1.229 6	1.208 5

续表

区县	2006~2007 年	2007~2008 年	2008~2009 年	2009~2010 年	2010~2011 年	2011~2012 年
垫江县	2.152 1	1.386 1	1.788 0	1.171 4	1.286 9	1.385 0
忠县	2.079 5	1.414 9	1.626 1	1.286 9	1.213 6	1.260 2
开县	1.934 0	1.380 9	1.908 3	1.209 9	1.298 4	1.330 4
云阳县	2.335 9	1.397 3	1.757 7	1.246 7	1.337 1	1.238 8
奉节县	2.105 7	1.451 0	1.722 2	1.266 9	1.291 0	1.223 0
巫山县	2.275 9	1.439 3	1.365 1	1.321 1	1.204 4	1.412 1
巫溪县	2.281 1	1.490 5	1.112 5	1.512 2	1.306 5	1.247 0
黔江区	1.980 5	1.381 8	1.396 7	1.521 3	1.157 3	1.251 8
武隆县	1.512 3	1.352 2	0.983 7	1.587 3	1.104 3	1.322 2
石柱县	2.192 1	1.413 6	1.222 1	1.387 8	1.438 3	1.092 8
秀山土家族苗族自治县	1.954 1	1.411 6	1.288 3	1.318 6	1.098 5	1.482 2
酉阳县	2.040 3	1.519 2	1.779 3	1.199 8	1.373 0	1.226 2
彭水苗族土家族自治县	1.935 8	1.418 7	1.612 6	1.173 3	1.176 0	1.438 9
一小时经济圈	1.589 3	1.340 4	1.344 3	1.182 0	1.108 7	1.474 4
渝东北翼	2.088 9	1.437 7	1.445 9	1.321 9	1.243 9	1.319 2
渝东南翼	1.923 7	1.415 3	1.355 7	1.356 1	1.217 7	1.295 6
重庆市总体	1.778 1	1.380 7	1.375 6	1.249 5	1.164 9	1.396 9

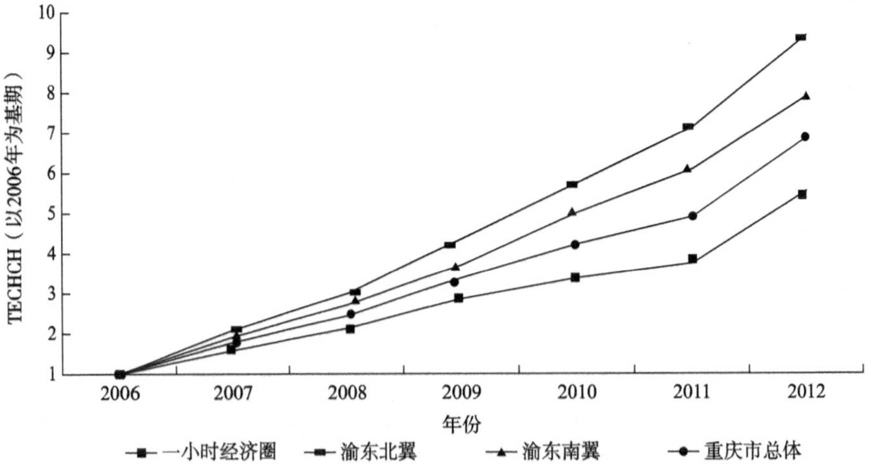

图 6-4　农村公共服务供给 TECHCH 变化趋势

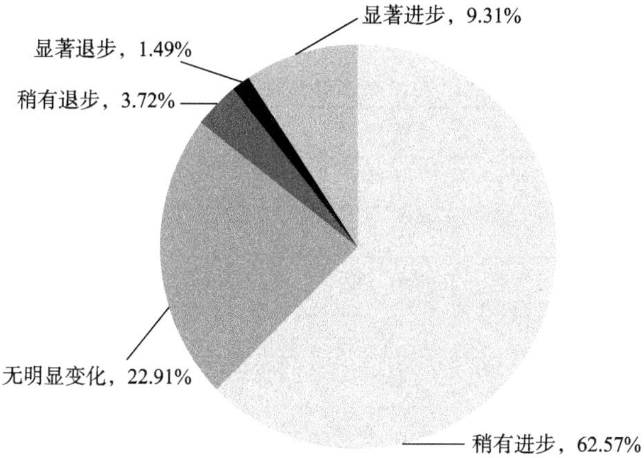

图 6-5　农村公共服务供给改善情况的调查结果

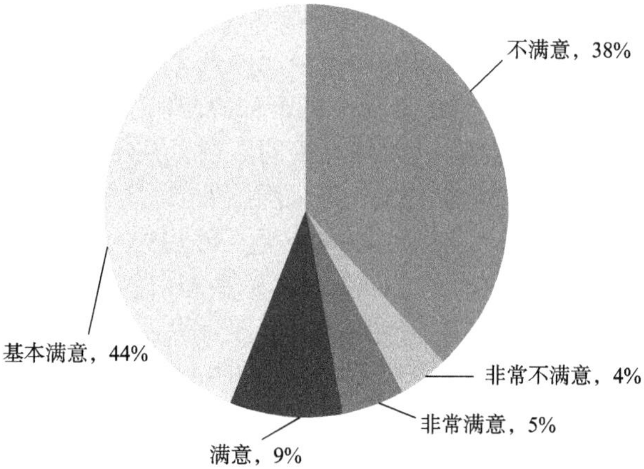

图 6-6　农村公共服务供给改善速度的满意度调查结果

（3）农村公共服务供给质量和类型与农村居民实际需求不匹配的矛盾。在对农村公共服务供给中存在的主要问题进行调查时（图 6-3），56.05%的受访者认为目前公共服务供给的质量较差，58.2%的受访者认为公共服务供给与农村居民需求并不相称。由表 6-6 可知，通信、饮水、居住环境、供电和道路满意度是农村生活型公共服务供给满意度的重要组成部分，农业生产基础设施和农林科学技术服务站服务满意度是农村生产型公共服务供给满意度的重要组成部分，通信、饮水、居住环境、供电、道路、农业生产基础设施和农林科学技术服务站服务的供给质量和供给类型与农村居民的满意度相关性强，虽然农村生活型公共服务和农村生产型公共服务的投入规模有所增大，但是供给质量和供给类型与农村居民实际需求之间的不匹配将会影响农村居民的满意度，并会导致公共服务的使用率和使用效果不理想。

表 6-6　农村生活型与生产型公共服务供给满意度主要构成要素调查结果

类型	要素	影响系数	排名
农村生活型公共服务	通信	0.162 4	1
	饮水	0.153 6	3
	居住环境	0.135 4	3
	供电	0.130 5	4
	道路	0.122 8	5
农村生产型公共服务	农林科学技术服务站服务	0.450 0	1
	农业生产基础设施	0.404 5	2

（4）农村公共服务政策扶持力度增加与农村公共服务管理制度不健全、农村居民参与公共服务管理和决策制度程度不高之间的矛盾。从表 6-7 可以发现，宏观层面重庆市总体农村公共服务财政支出占地方财政支出的比重由 2006 年的 12.82%上升至 2012 年的 16.36%，说明政府对农村公共服务扶持力度显著增大，对农村公共服务的重视程度逐渐增加。从微观层面农村居民对农村公共服务供给制度满意度的调查情况来看（图 6-7~图 6-9），36.13%的受访者认为当地的农村公共服务管理制度不健全（含 23.65%的较不健全和 12.48%的很不健全），41%的受访者认为村民代表大会是公共服务供给政策制定主体，40%的受访者认为村干部是公共服务供给政策制定主体，这说明农村居民对当地农村公共服务供给政策存在不满意的现象,公共服务供给政策的决策主体多为村民代表大会和村干部。通过对农村居民参与公共服务管理和决策的调查结果，30%的受访者明确表示想参与农村公共服务的管理和决策，同时 36%的受访者希望自己对农村公共服务的意见能够顺畅地被反映到村干部和管理人员处，34%的受访者希望政府能注重农村居民对公共服务的需求意向，这说明农村居民对农村公共服务供给的管理和决策制定参与不足，并且有强烈参与公共服务管理和决策活动的愿望，因此，宏观层面政府对农村公共服务供给关注度的增加与微观层面农村公共服务供给制度的不合理促进了农村公共服务供给效率系统非协调性。

表 6-7　农村公共服务财政支出占地方财政支出的比重的变化趋势

区县	2006 年	2007 年	2008 年	2009 年	2010 年	2011 年	2012 年
大渡口区	8.67%	2.17%	3.37%	2.97%	2.26%	2.23%	5.08%
江北区	12.64%	2.11%	2.18%	2.37%	2.59%	2.21%	1.91%
沙坪坝区	12.25%	3.53%	2.78%	3.33%	2.69%	2.62%	2.81%

续表

区县	2006 年	2007 年	2008 年	2009 年	2010 年	2011 年	2012 年
九龙坡区	9.17%	2.23%	3.43%	2.68%	2.41%	1.35%	2.12%
南岸区	10.69%	2.58%	2.65%	2.95%	2.22%	2.12%	3.04%
北碚区	5.39%	10.87%	6.89%	10.74%	6.56%	13.30%	6.80%
渝北区	9.49%	6.07%	6.01%	6.90%	4.93%	3.23%	3.72%
巴南区	6.86%	10.90%	10.43%	20.19%	14.97%	10.32%	13.37%
涪陵区	9.39%	11.19%	7.19%	11.42%	8.16%	7.33%	13.27%
长寿区	13.42%	12.86%	10.67%	10.35%	7.45%	9.18%	16.01%
江津区	16.72%	13.05%	11.08%	13.58%	11.35%	9.42%	19.92%
合川区	11.26%	12.80%	10.04%	15.55%	13.80%	8.27%	19.95%
永川区	13.57%	13.96%	15.68%	17.96%	12.26%	7.33%	17.01%
南川区	9.06%	17.63%	17.47%	22.71%	12.04%	12.29%	22.22%
綦江区	11.49%	13.93%	13.00%	14.06%	11.36%	8.44%	16.08%
大足区	9.11%	14.62%	13.18%	13.34%	10.14%	9.93%	18.87%
潼南县	16.47%	22.16%	24.68%	23.45%	18.03%	19.73%	28.55%
铜梁县	19.07%	13.11%	15.57%	18.59%	14.90%	10.77%	20.47%
荣昌县	10.99%	16.38%	14.66%	15.09%	10.71%	11.68%	20.87%
璧山县	9.43%	8.92%	8.74%	10.78%	8.20%	5.34%	15.90%
万州区	8.57%	10.84%	10.45%	11.28%	8.20%	8.19%	14.43%
梁平县	17.60%	14.16%	19.31%	23.20%	18.20%	19.85%	24.98%
城口县	16.64%	51.47%	19.60%	23.57%	19.93%	22.35%	35.25%
丰都县	13.93%	20.79%	18.49%	24.55%	19.42%	19.02%	27.38%
垫江县	17.75%	28.93%	20.05%	20.21%	17.34%	17.50%	24.59%
忠县	14.48%	20.90%	19.32%	17.54%	20.65%	17.62%	23.59%
开县	18.47%	23.14%	17.89%	25.84%	21.14%	19.28%	24.85%
云阳县	13.51%	28.07%	22.86%	24.03%	25.22%	26.30%	32.03%
奉节县	14.34%	19.45%	19.65%	21.04%	20.74%	20.86%	27.19%
巫山县	14.84%	23.33%	22.87%	25.23%	23.40%	21.92%	27.58%
巫溪县	22.25%	31.46%	28.80%	27.03%	24.17%	22.73%	31.63%
黔江区	22.22%	16.71%	17.11%	17.64%	18.19%	15.71%	23.05%
武隆县	10.28%	26.45%	21.58%	21.86%	20.17%	20.79%	27.59%
石柱县	16.06%	20.88%	24.60%	24.54%	18.09%	19.62%	27.66%

续表

区县	2006年	2007年	2008年	2009年	2010年	2011年	2012年
秀山土家族苗族自治县	19.64%	25.34%	23.32%	24.67%	21.37%	20.98%	25.48%
酉阳县	26.60%	28.54%	29.63%	26.06%	23.74%	22.36%	31.57%
彭水苗族土家族自治县	19.98%	29.43%	24.83%	28.37%	24.42%	23.04%	30.71%
一小时经济圈	11.26%	10.55%	9.98%	11.95%	8.85%	7.86%	13.40%
渝东北翼	15.67%	24.78%	19.94%	22.14%	19.85%	19.60%	26.68%
渝东南翼	19.13%	24.56%	23.51%	23.86%	21.00%	20.42%	27.68%
重庆市总体	12.82%	13.42%	12.60%	14.44%	11.84%	10.48%	16.36%

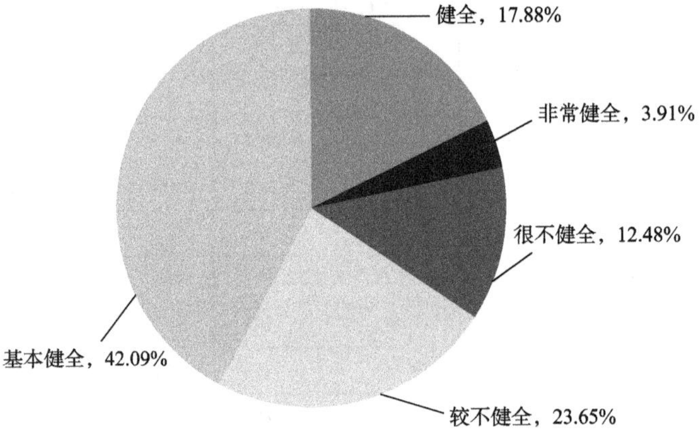

图 6-7 农村公共服务供给制度情况的调查结果

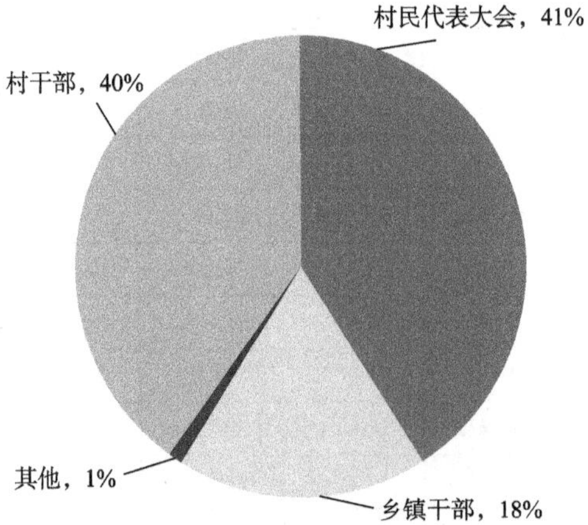

图 6-8 农村公共服务供给政策制定主体的调查结果

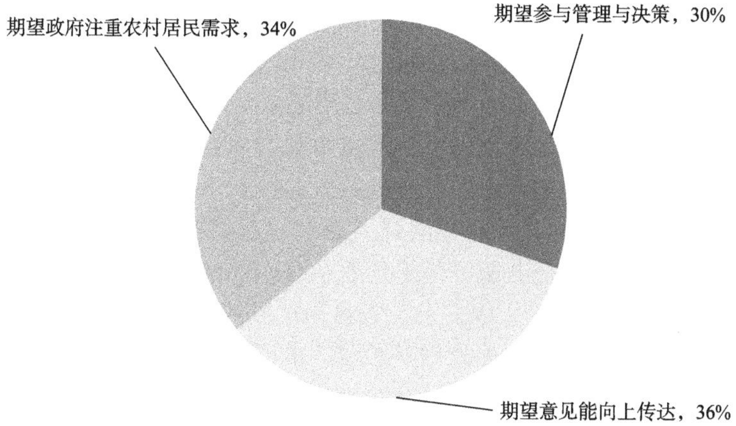

图 6-9　农村居民对公共服务供给政策制定意愿的调查结果

6.3.2　“双层效率”影响因素作用方式非协调性的成因

从农村公共服务供给宏观效率与微观满意度的影响因素回归结果来看(表 6-8)，农村公共服务供给效率系统非协调性的成因主要有三点。

表 6-8　农村公共服务供给宏观效率与微观满意度的影响因素回归结果的对比

宏观层面供给回归结果			微观层面供给回归结果		
影响因素	回归系数	P 值	影响因素	回归系数	P 值
城镇化率	−0.011 7	0.022 5	性别	−0.071 0	0.764 0
第一产业产值占地区总产值比重	−0.029 7	0.011 3	年龄	−0.064 0	0.618 0
农村公共服务财政支出占地区财政总支出比重	0.011 6	0.012 8	家庭人口	0.037 0	0.781 0
人均 GDP	0.499 3	0.000 5	受教育程度	0.204 0	0.085 0
农村居民人均收入	0.918 3	0	家庭年总收入	−0.118 0	0.283 0
公路密度	0.430 3	0.072 8	家庭务农收入	0.546 0	0.001 0
农村卫生技术人员数量	−0.220 3	0.000 3	家庭承包土地面积	−0.209 0	0.223 0
农村教师数量	0.225 8	0.013 5	农村生活型公共服务供给满意度	0.983 0	0
常数项	−11.330 3	0	农村生产型公共服务供给满意度	−0.819 0	0
			农村公共服务供给制度满意度	0.306 0	0.043 0
			常数项	−4.050 0	0.003 0

(1)农村居民收入提升有助于改善农村公共服务供给宏观效率，但却无法提高农村居民的微观满意度。由宏观层面农村居民人均收入和微观层面家庭年总收

入的回归结果可知（表 6-8），宏观层面农村居民人均收入对农村公共服务供给效率为显著的正向作用。而微观层面家庭年总收入对微观满意度为显著的负向作用，该负向作用主要由工资性收入引起。虽然宏观层面农村居民收入水平的改善有助于提高农村公共服务的利用效率，但是微观层面农村居民依然希望提高家庭务农收入占家庭年总收入的比重，工资性收入的增长不能促进农村居民满意度的改善。农村居民收入水平对宏观和微观层面农村公共服务供给效率及满意度的“一正一负”作用是农村公共服务供给效率系统非协调性的重要原因。

（2）地区经济发展水平大幅提升与农村居民收入增长缓慢的矛盾。由宏观层面地区经济发展水平和微观层面家庭年总收入的回归结果可知（表 6-8），经济发展水平对宏观层面农村公共服务供给效率的作用为显著的正向作用，而家庭年总收入对微观层面农村公共服务供给满意度的作用为显著的负向作用。由图 6-10 可知，重庆市地区生产总值（以 2006 年为基期）在 2006~2012 年上升了 146.07%，而农村居民人均收入在此期间仅上升了 73.02%，增长幅度明显低于地区经济发展水平。农村居民收入增长缓慢导致农村居民对农村生产型和生活型公共服务的依赖性增强，而农村公共服务的供给质量和结构的不合理不利于农村居民满意度的提高，同时城市公共服务供给规模、质量、类型的提升加大城乡之间公共服务的供给差距，加剧农村居民对农村公共服务的不满意程度，加剧农村公共服务供给效率系统非协调性。

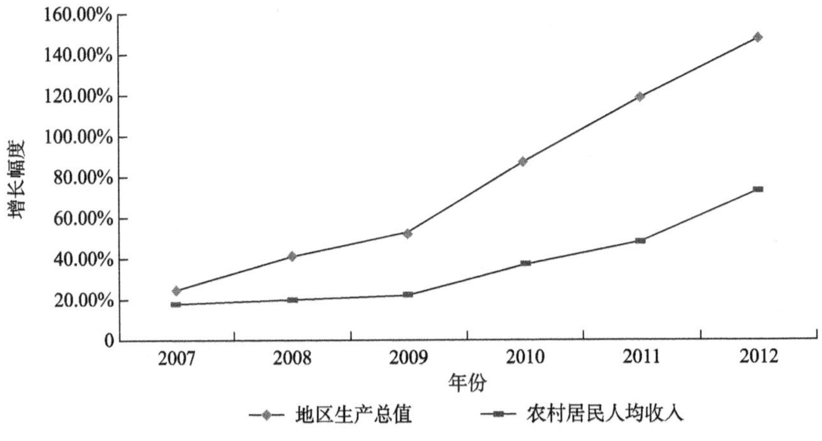

图 6-10　重庆市地区生产总值与农村居民人均收入的增长幅度变化趋势

（3）政府注重提高农村公共服务供给数量与农村居民更加重视供给质量之间的矛盾。由宏观层面农村卫生技术人员、农村教师数量和微观层面农村生活型公共服务供给满意度的回归结果可知（表 6-8），农村卫生技术人员数量对宏观层面农村公共服务供给效率为显著的负向作用，农村教师数量对供给宏观效率为显著的正向作用，农村生活型公共服务供给满意度对微观满意度为显著的正向作用。由此可知，在农村生活型公共服务中，农村居民对教育公共服务的需求仍以增加教师数量为主，但农村卫生技术人员数量的增长仍然改变不了农村医疗条件薄弱及缺乏治疗疑难杂症能力的现状，依靠提高农村生活型公共服务供给数量的方式并不能保证每种公共服务的供给都能带来效率的增长。由微观层面农村生活型公共服务供给满意度的回归结果可知，农村生活型公共服务供给满意度对总体满意度为正向作用，农村居民较为重视农村生活型公共服务在实质上的改进情况。因此，政府注重提高农村生活型公共服务供给数量与农村居民更加重视供给质量之间的矛盾也是农村公共服务供给效率系统非协调性的原因。

6.4　本章小结

本章基于系统论原理，采用直观分析法和 Z 分数差法对农村公共服务供给“双层效率”系统协调程度进行判断，并对“双层效率”系统非协调性的成因及“双层效率”系统的影响因素造成非协调性的成因进行了分析。结果表明：①在“双层效率”系统协调性方面，一是农村公共服务供给“双层效率”系统不协调性现象突出，渝东北翼地区的“双层效率”系统协调性优于一小时经济圈地区和渝东南翼地区；二是农村生活型公共服务供给“双层效率”系统协调性优于农村公共服务总体协调性，渝东南翼地区的农村生活型公共服务供给“双层效率”系统协调性优于一小时经济圈地区和渝东北翼地区；三是农村生产型公共服务供给“双层效率”系统协调性介于农村公共服务总体和农村生活型公共服务之间，一小时经济圈地区的农村生产型公共服务供给“双层效率”系统协调性优于“两翼”地区。②导致供给宏观效率与微观满意度非协调性的主要成因，一是农村公共服务财政支出力度的逐渐加大与农村居民认为供给投入规模不足的矛盾；二是农村公共服务供给技术进步的显著增长与农村居民认为改善速度低下的矛盾；三是农村公共服务供给质量和类型与农村居民实际需求不匹配的矛盾；四是农村公共服务政策扶持力度的增加与农村公共服务管理制度不健全、农村居民参与公共服务管理和决策制度程度不高之间的矛盾。③导致供给宏观效率与微观满意度影响因素非协调性的成因，一是农村居民收入的提升有助于改善供给宏观效率，但却无法提高农村居民的微观满意度；二是地区经济发展水平大幅提升与农村居民收入增长缓慢的矛盾；三是政府注重提高农村公共服务供给数量与农村居民更加重视供给质量的矛盾。

第 7 章　西部农村公共服务供给效率改进的思路与政策

第 4~6 章的实证结果表明，西部农村公共服务供给“双层效率”值均较低，且“双层效率”系统不协调性问题突出，因此，提升效率已成为实现西部农村公共服务有效供给的当务之急。根据前文的理论分析和实证结果，本章拟对改进和提升西部农村公共服务供给效率的基本思路、实现机制和对策建议进行分析。

7.1　西部农村公共服务供给效率改进的基本思路

基于前文理论分析和实证研究，本书认为，改进和提升西部农村公共服务供给效率的基本思路是坚持科学发展观，通过制度创新、改革和完善农村公共服务供给机制，积极推进“实现供求关系平衡、明确供给优先序、构建多元供给主体、加强供给效率监管”的农村公共服务供给“双层效率”协同增长模式，在促进社会主义新农村建设和农业现代化发展的同时，确保西部农村公共服务有效供给目标的实现。具体来讲，实现西部农村公共服务供给“双层效率”协调增长模式的内涵包括以下几方面。

（1）实现供求关系平衡。农村居民是农村公共服务的消费者和直接受益者，农村居民是否需要及是否满意是农村公共服务供给是否有效的最终评判标准（李燕凌和曾福生，2006；周志祥，2010；唐娟莉，2012）。因此，农村公共服务的根本目标是满足农村居民的公共需求。然而，目前西部农村公共服务供给与需求失衡问题突出。一是总量不足。第 3 章的实证结果表明，尽管近年来重庆市农村公共服务供给力度逐年加大，但是重庆市财政支农占公共财政预算支出的比例依然偏低。2012 年重庆市农林水事务支出占公共财政预算支出的比重仅为 8.41%，在我国 31 个省区市中仅排在第 27 位。二是结构失衡。第 4 章的 537 份调查问卷的统计结果表明，46.09%的受访者认为农村公共服务供给总量不足；56.05%的受访者认为农村公共服务供给质量较差；58.20%的受访者认为供给与农村居民需求并不相称。三是效率系统不协调。第 6 章的实证结果表明，农村公共服务总体供给“双层效率”系统不协调性现象突出，微观调查的 17 个区县中有 9 个区县的 Z 分数差值大于 1，供给效率系统协调性低。可见，西部农村公共服务供给效率的首要提升思路是，在明确以农村居民公共需求为导向的农村公共服务供给效率的改进方向和价值取向的基础上，根据不同地域、不同发展阶段的农村居民公共需求的差异性，确定农村公共服务的供给优先序和供给规模，优先解决农村居民共同关注的民生问题，实现改善农村公共服务供给效率的目标。

（2）明确供给优先序。由于农村公共服务种类多，农村居民需求异质性日渐趋强，很难将全部类别的农村公共服务逐一排序。考虑到与现代农业发展、新农村建设任务和农村居民福祉提高的紧密相关性，结合实证结果，本书将农村公共服务分类归纳后，选取有代表性的农村公共服务尝试进行优先序排列。归纳后选择的农村公共服务有农村基础设施、农村基础教育、农业科技事业、农村医疗卫生、农村文化娱乐、农村社会保障。基于实证结果，本书认为将农村基础教育、农村医疗卫生、农村社会保障列为第一档次，作为最应优先供给的农村公共服务。主要依据是，在城乡一体化发展和新型城镇化建设中应坚持以人（农村居民）为本的基本理念，即给予农村居民和城市居民同等的国民待遇，只有这一点被认真执行，才能算是真正的城乡一体化发展和建设新型城镇化。而对于农村居民而言，随着收入水平的不断提高，最困扰他们的已不再是“饭碗”问题，而是“生活保障”问题，即不能享受良好的基础教育、医疗保险、失业保险、养老金等问题。也正是缘于此，许多农村居民有病治不起、因病致贫、因病返贫；相比医疗而言，目前有更多的农村居民没有社会保障，他们惧怕没有劳动能力时会失去收入来源，以致老无所依、老无所养。因此，在经济实力不断增强、农村居民生产生活条件逐渐改善的前提下，从同等国民待遇的角度出发，中央政府和省级政府应在农村生产生活领域为农村居民设计良好的制度保障，将农村基础教育、农村医疗卫生、农村社会保障作为改善民生的重要公共服务优先供应。

对于不同的农村地区而言，农村基础教育、农村医疗卫生、农村社会保障的供给优先序应有所不同。一方面，发达地区（如重庆市的一小时经济圈）的农村，由于城乡一体化进程较快，城乡生产生活条件差距相对较小，在吸引优质教育资源上具有一定优势，整体教育水平较高；另一方面，由于区位优势，农村居民进城务工机会较多，其子女可以在城镇接受基础教育，在财力约束限制下可以将基础教育列为末位。对于社会保障来说，由于农村居民即使失去劳动能力也会享有土地租赁收益，以及国家对低收入人群的保护政策、城乡养老保险一体化政策等政策的落实，可将社会保障排位于医疗卫生之后。相对于教育、社会保障而言，在医疗卫生方面，相比城市居民，农村居民的需求更多，但目前农村居民获得的医疗保障和医疗服务却很少。鉴于此，对于发达地区农村而言，农村公共服务供给优先序应为农村医疗卫生、农村社会保障、农村基础教育。对于不发达地区（如“两翼”地区）的农村而言，其城乡差距较大，基础教育在城乡间、区域间差距大，根据樊胜根等（2002）的研究表明，教育对农村 GDP 及对农村扶贫的回报率都是很高的。因此，本书认为不发达地区供给优先序应为农村基础教育、农村医疗卫生、农村社会保障。

作为第二档次的农村基础设施、农业科技事业、农村文化娱乐供给也应根据不同农村区域进行排序。发达地区的农村由于在区域城市化、工业化进程的带动和辐射下，农村基础设施相对较为齐备，农业科技相对较好，农村文化娱乐较为丰富。相比较而言，发达地区的农村现代农业发展较快，对于农业科技、农业基础设施的依赖性较强，因此，供给次序应为农业科技事业、农村基础设施、农村文化娱乐。对于不发达地区的农村而言，用于保障农业生产、农村居民生活的基础设施相对薄弱，因此，应将农村基础设施、农业科技事业、农村文化娱乐作为农村公共服务供给的次序。

（3）构建多元供给主体。农村公共服务消费的非竞争性和非排他性，以及较强的外部性，决定了市场机制无法满足农村居民对农村公共服务的总体需求，因而提供农村公共服务是各级政府的重要基本职能。科斯在《经济学中的灯塔》中已经证明了公共服务的提供者可以是政府、私人或其他组织；斯密在《国民财富的性质和原因的研究》中谈及政府基本职能时提出，政府并不是公共服务的唯一提供者。可见，我国政府也不应是农村公共服务的唯一供给者，更不应是农村公共服务的唯一生产者，如果政府承担了全部农村公共服务的供给和生产，那么农村公共服务供给效率将是低下的，农村公共服务供给有效性也是值得商榷的，而多元主体的协同供给将有利于促进农村公共服务供给效率的改善和提高。第 3 章的研究结果也表明，从 1949 年至今，我国农村公共服务供给的主体结构发生了反复，人民公社前农村合作组织在农村公共服务供给中承担着主要的供给责任，且供给效率较高；人民公社时期政府成为农村公共服务供给的主要甚至唯一供给主体；家庭联产承包责任制后，供给主体又转向私人、第三方为主供给模式；农村税费改革后，政府通过加大公共财政、转移支付等手段承担起更多的供给职责，同时采取税收优惠等政策鼓励非政府供给，形成政府和非政府合作的供给模式。基于政府、私人、第三方、农村居民自身等主体的协同供给是实现农村公共服务有效供给的必然选择，当前西部地区已经出现了农村公共服务供给主体多元化，本书认为，政府、私人、第三方、农村居民自身等主体的协同供给是未来西部农村公共服务供给效率改进和提升的理想化选择。但问题是，在现有的多元供给主体模式中，政府对于非政府主体的主动、积极、细致、可操作的引导并不完善，尚未形成系统的、良性的互动局面，且更多的非政府主体是自发的、源自经济理性、政治理性或道德理性的行为。因此，政府应当创造条件诱导、鼓励和促进非政府供给主体的发展和壮大，进一步加大政府、市场和非营利组织的协同供给效应，才能不断提高农村公共服务供给效率和农村公共服务供给水平。

（4）加强供给效率监督。第 5 章的实证结果表明，2012 年，重庆市总体、一小时经济圈地区、渝东北翼地区和渝东南翼地区的农村公共服务供给宏观效率分别仅为 0.741 9、0.809 5、0.729 4 和 0.572 4，低水平的供给效率主要是纯技术效率低下导致的。第 4 章的实证结果显示，72.40%的受访者明确表示想参与农村公共服务供给的管理和决策，58.72%的受访者希望对农村公共服务的意见能被顺畅地反映到村干部和管理人员处。实证结果充分表明，完善农村公共服务供给决策机制，加强农村公共服务供给效率监督管理，尤其是避免农村公共服务供给纯技术效率损失，是改进和提升西部农村公共服务供给效率的内在要求。加强农村公共服务供给效率的监督管理，就要通过深化农村公共服务供给体制改革，把公共财政支出“好钢用在刀刃上”，改善农村公共服务供给纯技术效率低下的困境，实现农村公共服务资源的合理配置。

7.2　西部农村公共服务供给效率改进的实现机制

7.2.1　建立衔接供求的供给决策机制

前文分析表明，农村税费改革后，农村公共服务供给决策机制依然是“自上而下”的。“自上而下”的决策机制严重地忽视了农村居民的公共需求，已经成为西部农村公共服务供给结构失衡、供给效率低下的重要影响因素。第 4 章的实证结果显示，72.40%的受访者明确表示想参与农村公共服务的管理和决策，58.72%的受访者希望自己对农村公共服务的意见能够顺畅地被反映到村干部和管理人员处。一方面，说明农村居民参与农村公共服务供给决策的机会很少；另一方面，表明农村居民具有强烈的参与意愿。由于供给决策机制是衔接政府公共服务供给与农村居民实际需求的中介，其匹配程度直接决定着农村公共服务供给效率的高低，有必要将现有“自上而下”的供给决策机制转变为“自下而上”的供给决策机制。

在如何建立“自下而上”的供给决策机制问题方面，借鉴周志祥（2010）、唐娟莉等（2011）等研究成果并结合西部地区的实际情况，本书认为要做好以下工作：①把农村公共服务供给纳入法律范畴。供给农村公共服务是各级政府最为重要的基本职能，应该将其纳入法律范畴。只有把农村公共服务供给决策纳入法律范畴，才能规范农村公共服务的决策流程和决策方式，保证农村公共服务高效率和高质量的供给；也只有把农村公共服务供给决策建立在农村居民的真实意愿之上，才能实现农村公共服务资源高效率配置。②建立健全农村居民需求的表达渠道，防止以“自上而下”“恩赐”的形式取代农村居民的需求偏好。第 4 章的实证结果表明，63.87%的受访者认为村民自治制度和村规民约的完善有助于提高其对农村公共服务的满意度，36.13%的受访者认为农村公共服务管理制度不健全，亟待完善。为此，要加强村民会议和村民代表会议的作用，进一步完善“一事一议”制度并组织农村居民利用好“一事一议”制度。③支持农村专业合作组织和中介组织，搭建起农村居民与相关供给主体之间沟通的桥梁，并使组织起来的农村居民在与政府（包括其他主体）对话中增强对话和谈判能力，有效地表达自己的利益诉求。④激发农村居民参与意愿。参与意愿是农村居民表达需求偏好和利益诉求的前提条件，如果没有参与意愿，农村居民对农村公共服务的真实需求则无从表达，对农村公共服务的有效监管也难以到位。因此，要通过多种途径激发农村居民的参与意愿，克服参与农村公共服务供给的“搭便车”现象。⑤引导基层干部树立正确的政绩观和价值观。第 4 章的实证结果显示，村委会和村干部对农村公共服务的管理水平及工作态度和工作效率是影响农村居民对公共服务供给制度满意度的重要因素。因此引导基层干部树立正确的政绩观和价值观对实现农村公共服务有效供给具有重要的价值。

7.2.2 健全农村公共服务的资金筹集机制

第 4 章的实证结果表明，农村公共服务的投入不足是供给效率低下的重要因素，且不同的受教育程度、家庭年总收入和家庭务农收入的受访者对农村公共服务供给满意度存在明显差异，不同地区农村居民对不同类型的农村公共服务供给满意度也存在差异；不同地区、不同类型农村居民对农村公共服务的需求各异，对农村公共服务的需求次序也不尽相同。为了满足农村居民对农村公共服务的多样化和多层次需求，在充分发挥政府作为重要供给主体作用的同时，还需调动和引导社会各方参与农村公共服务供给，尽快构建政府、私人部门、农村社区、非营利性组织（也称第三部门）“四位一体”的农村公共服务供给主体结构。在实现农村公共服务供给主体多元化后，还应健全农村公共服务的资金筹集机制，具体包括：①财政资金。农村公共服务消费的非竞争性和非排他性及较强的外部性，决定了政府在农村公共服务投资中理应发挥主导作用。首先，要加大中央财政投入并建立投入长效机制，主要用于提供覆盖全域的农村公共服务；其次，激励地方财政投入，主要用于提供与本地区农村居民生产、生活密切相关的公共服务。②私人资金。按照“谁受益，谁投资”的原则引导私人供给农村公共服务，如农村道路。③社区资金。农村社区也可以作为供给主体来提供社区所需要的公共服务，如乡村道路、农田灌溉、村内路灯建设等使用范围仅限于本社区农村居民的准公共服务，可以在自愿的基础上，按照“谁受益，谁投资”的原则，由农村居民按照受益的大小进行分摊或者集资。④第三部门资金。积极引入农村经济合作社、农民专业合作社协会等第三方的资金，提供政府没有能力顾及且村集体和私人又难以提供的准公共服务。

7.2.3 构建农村公共服务的需求表达和收集机制

农村居民是否需要及是否满意是农村公共服务供给是否有效的最终评判标准，由于农村公共服务消费的非竞争性和非排他性，农村居民个体无法通过价格（税收）将其他消费者排除在外，便出现了严重的“搭便车”现象。这样的个体理性行为导致的是集体的非理性结果，影响了农村公共服务供给效率。第 6 章的实证结果表明，农村居民需求无法有效表达是西部农村公共服务供给效率系统不协调问题的重要影响因素。为此，要改进和提升西部农村公共服务供给效率就必须将农村居民真实需求融入农村公共服务供给体制中，具体来讲需要做好以下几个方面的工作（唐娟莉等，2011）：首先，在供给前需征求和收集农村居民的真实需求。现阶段西部农村公共服务供给存在的问题之一是农村居民需求的缺失，导致无效供给偏多，有效供给不足。因此，在供给前需要征求和收集农村居民的真实需求。其次，在供给中要健全和完善基层群众自治制度。基层群众自治制度是我国政治制度体系中的重要组成部分，但在现实中农村居民却“被代表”了，这样的现状无法实现农村公共服务供给的有效性。因此，要进一步健全和完善基层自治制度，创新基层参与制度，将农村居民需求引入供给决策和供给管理过程。最后，建立形式多样的需求收集机制。要通过进户访谈、问卷调查、座谈、投票等形式深入了解农村居民的真实想法，了解农村道路、农村教育、农田水利等信息，并帮助农村居民分析在资源约束条件下农村公共服务供给的重要性及轻重缓急。

7.2.4 加强农村公共服务供给的监督管理机制

第 5 章的实证结果表明，纯技术效率的低下是西部农村公共服务供给效率低下的重要原因，为此要强化农村公共服务资金的监督管理。结合刘建平等（2006）、李海涛（2010）等的研究成果，本书认为要做好以下几个方面的工作。首先，要建立完备的预算机制，确保预算编制科学、公平、有效，防止农村公共服务资金的流失和浪费，确保农村公共服务资金的配置效率最大化。其次，要强化监管机制。积极倡导第三方和受益方参与项目监督，改变以往监管体制“重形式、轻实质”的现象。最后，要加强并完善审计工作。着眼于农村公共服务资金的使用效益，从资金的源头、末端、主渠道和资金使用上，对财政部门资金预算、项目提供单位资金使用情况及主管部门资金使用情况分别进行审查，确保农村公共服务资金专款专用，提高资金使用效率。具体来讲，一是建立专人负责制，负责管理农村公共服务资金；二是明确各级政府供给农村公共服务的职责；三是全过程地监督和管理农村公共服务资金的使用情况，增强农村公共服务资金使用的透明度；四是发挥人民代表、政协委员、审计等成员或部门的检查和监督作用，确保资金使用合理化，如果出现违规违纪现象，要对相关人员给予严肃处理，并追究其相应的法律责任。

7.2.5 完善农村公共服务供给的绩效评价机制

第 3 章的分析结果表明，重庆市对农村公共服务投资逐年增加，第 4 章和第 5 章的实证结果显示，2006~2012 年重庆市财政支农资金效率值在 0.70~0.90，2012 年农村居民对农村公共服务供给总体满意度处于基本满意水平。总之，实证结果表明西部地区农村公共服务供给效率并不理想，造成这一结果的主要原因之一是农村公共服务资金使用效率低，政府部门更多关注的是资金的多少，而非投资的效果。因此，要提高西部农村公共服务供给效率就必须完善绩效评价机制。具体来讲，一是要开展农村公共服务供给绩效评价。本书认为应将农村公共服务供给绩效作为衡量各级政府工作绩效的重要标准之一。因为将其作为衡量各级政府工作绩效的重要标准，可起到加强各级政府对农村公共服务供给效果的关注程度，而不仅是关注农村公共服务投资规模的大小。要完善农村公共服务供给绩效评价机制，需要建立适合农村地区的农村公共服务供给绩效评价指标体系，并采取灵活多样的绩效评价方法和绩效评价工具对农村公共服务资金的使用效率进行客观公正的评价，同时需要对绩效评价结果及时公开，这样将有助于激励各级政府更加关注民生，并有针对性地采取措施加强农村公共服务供给中的薄弱环节和解决突出问题。二是制定有效政策激励各类非政府主体供给农村公共服务。对于公用事业，国家要给予相应的财政补贴，提高农村公共服务供给效率；对于公共事业，国家要给予相应的财政贴息，发挥财政资金的引导作用；对于公益事业，国家要通过税收优惠政策，或提高公益事业投资税前扣除比例，减少成本支出，增加收益，以期降低投资风险（唐娟莉等，2011）。

7.2.6　建立农村公共服务供给后“双层效率”评价机制

农村公共服务供给后“双层效率”评价机制，是指政府（包括其他供给主体）在完成财政投入或提供农村公共服务一段时间后，对农村公共服务产生的经济效益、社会效益和生态效益进行综合评估，本书建议在利用第 4 章和第 5 章构建的农村公共服务供给效率评价系统从宏观层面（财政支农支出效率）、微观层面（农村居民满意度）两个层面进行测算的基础上，利用第 6 章的“双层效率”评价工具的供给效率系统协调性做出判断，并对供给效率系统非协调性成因进行探析。重视农村公共服务供给后“双层效率”评价，是加强政府农村公共服务资金监管、提高政府农村公共服务投资决策水平的重要方式，更是激励和约束农村公共服务供给决策者与执行者的重要手段，它不仅可以防止政府对农村公共服务投资的随意性、主观性和盲目性，还可以提高农村公共服务财政资金的配置效益，也可以为有关部门制定改善农村公共服务投资策略和出台相关政策提供实证依据。建立农村公共服务供给后“双层效率”评价的优点在于，它不仅能够评价不同地区农村公共服务供给效率的有效性及供给效率增长速度的程度，得出不同地区在供给效率数量和质量两个层面的差距，有利于认清不同地区农村公共服务供给效率的现状、特征及问题所在，还能够明确不同地区农村公共服务供给效率改进的方向和未来农村公共服务的投资方向、投资比例及发展重点。例如，重庆市政府可以依据“双层效率”评价结果选择 DEA 有效和农村居民满意度高的区县作为标杆来促进重庆市农村公共服务供给效率整体的提升，也可以通过与其他区县农村公共服务供给效率的得分值、供给效率的结构状况、供给效率的变化趋势等进行横向比较和纵向对比，明确本区县农村公共服务供给效率所处的位次、农村公共服务供给效果及未来农村公共服务供给效率改进的方向和目标。

7.3　西部农村公共服务供给效率改进的政策建议

基于全文分析，提升西部农村公共服务供给效率具体建议如下。

（1）基于农村居民诉求，加大农村公共服务供给力度。前文的分析结果表明，尽管重庆市农村公共服务财政投入连年增长，但是，农村居民对农村公共服务的投入规模却没有明显感知，原因在于以下两个方面：一是农村公共服务财政投入总量不足，总量不足的财政投入细分到不同地区的各项农村公共服务后，难以发挥应有的作用；二是农村公共服务财政投入结构不合理，农村公共服务财政投向与农村居民所急需的农村公共服务不匹配。因此，既要从宏观层面继续加大对农村公共服务的财政投入力度，也要从微观层面农村居民的实际需求出发，加强农村居民迫切希望改善的公共服务。在继续提高农村公共财政的投入力度方面，一方面，应在公共财政框架下，改革财税政策，完善转移支付制度，使地方政府有较稳定的财源，提高地方政府农村公共服务的供给能力，特别是加大对农村地区和落后地区的转移支付力度；另一方面，应按照循序渐进、确保重点的原则，构建农村公共服务财政的长效投入机制。关于在加强农村居民所需的公共服务方面，结合研究结果可知，在农村生活型公共服务方面，应继续加强农村饮水、农村居住环境、农村供电和农村道路等方面的基础设施建设，切实改善农村居民的生活环境；在农村生产型公共服务方面，应大力改善农业生产基础设施建设，继续增加对农村居民技术和技能培训、农林科学技术服务等方面的投入，促进农业科学技术推广，改善农业生产条件，为农业增效和农村居民增收创造条件。总之，要加强农村居民急需的公共服务供给力度，消除财政支出力度的逐渐加大与农村居民感知投入规模不足的矛盾。

（2）加快产权制度改革，深化财政体制改革，完善农村公共服务监督管理机制，促进供给纯技术效率的改善。实证结果显示，西部农村公共服务供给效率的增长主要由技术进步拉动，而纯技术效率并没有出现明显的增长。农村公共服务产权不明确、财政转移支付路径过长、政府供给责任划分不清、农村公共服务缺乏相关法律保障及农村公共服务监督管理水平低是纯技术效率低下的主要原因。基于此，本书认为应从以下几个方面来提高农村公共服务供给纯技术效率，缓解农村公共服务供给技术进步的显著增长与农村居民认为改善速度低下的矛盾：①加快产权制度改革，在明晰农村公共服务的所有权、使用权、受益权的基础上，促进农村公共服务管护和运行长效机制的生成。②深化财政体制改革，缩短财政转移支付路径，提高公共财政资金使用效率。③推进行政体制改革，明确各级政府供给农村公共服务的范围。中央财政和省级财政应主要供给农村基础教育、农村医疗卫生、农林科学技术服务等促进农村可持续发展的公共服务。区县政府应提供配套财政资金，重点解决好与农业生产、农村发展、农村居民增收密切相关的地方性公共服务投资。④完善农村公共服务供给相关法律保障制度，以法律形式保障和规范农村公共服务资金的有效运用。⑤强化政府对财政性公共服务投资的监督管理，加强对财政支出使用情况的评估考核，降低公共支出的损失浪费，提高资金使用效率，强化预算约束，增加财政支出的透明度。

（3）建立“自下而上”的供给决策机制，增加农村居民参与供给决策的机会。农村公共服务供给决策机制长期以来一直实行的是“自上而下”的制度安排，这使得农村居民表达自身对公共服务需求的渠道被堵塞。目前西部农村公共服务的供给种类、供给规模和提供方式，主要是由来自农村社区外部与农村居民不具有同等切身利益的政府部门进行决策的，很大程度上反映的是政府的偏好而非农村社区内部农村居民的需求意愿。从微观层面农村公共服务供给制度满意度调查结果可知，村民自治程度和村规民约、村委会办事效率、村干部工作态度、信息表达渠道和“一事一议”机制满意度是农村公共服务供给制度满意度的重要组成部分。基于此，可以通过建立农村居民表达公共服务需求的渠道，建立“自下而上”的农村公共服务供给决策机制，增加农村居民参与供给决策的机会，缓解农村公共服务供给质量和类型与农村居民实际需求不匹配的矛盾，以及农村公共服务扶持力度的增加与农村公共服务管理制度不健全、农村居民参与公共服务管理和决策制度程度不高之间的矛盾。

（4）加强基层民主组织建设，保证“自下而上”的供给决策机制畅通运行。重视并加强基层民主组织建设，让基层民主组织成为农村居民表达公共服务需求的有效通道，确保农村公共服务“自下而上”的供给决策机制畅通运行。首先，要加强对村干部等基层干部的培训，提高其对农村公共服务有效供给的理解力和执行力。村委会是连接农村居民和政府的基层组织，应起到向上传达农村居民需求的心声，向下落实公共服务的建设，以及代表农村居民对公共服务项目的运行和管理进行监督和检查的作用。其次，要完善村民自治机制，提升农村居民自组织化程度，加强发挥村民代表大会的职能作用。再次，要建立健全“一事一议”制度，让农村居民享有知情权、参与权、管理权和监督权，同时要拓宽农村居民参与公共服务供给决策的渠道，提高农村居民参与农村公共服务的意识和能力。最后，要加强法律法规培训，增强农村居民的法制观念，提升其行使权利和履行义务的意识，以维护自身利益。

（5）促进经济发展、农村居民收入和教育水平的提升，带动农村公共服务供给效率的改善。由宏观层面农村公共服务供给效率的影响因素分析结果可知，经济发展水平、农村居民收入、基础设施、教育水平均对供给宏观效率具有显著的正向作用。同时，农村居民的受教育程度、家庭务农收入、农村生活型公共服务供给满意度也与微观层面农村公共服务供给满意度呈正相关关系。这进一步表明，要通过促进经济发展水平、基础设施水平、农村居民收入水平和教育水平的提升，提高农村公共服务的技术含量和科技水平，为农村公共服务事业建设提供可持续发展的源泉和动力，达到改善农村公共服务供给效率的目的。

（6）加快产业结构调整，提高城镇化过程中配套公共服务的供给质量，增强生产型公共服务供给，达到提升农村公共服务供给效率的目的。实证结果表明，农业生产产值占国民生产总值比率越高的地区越容易产生低效率的农村公共服务供给，而农村居民收入与农村居民对农村公共服务供给满意度呈正相关关系，这说明促进地区农业经济发展的同时，应加快地区产业结构调整，提升经济发展质量，创造更多就业机会，增加农村居民收入，达到农村公共服务供给宏观效率和微观满意度的双重改进。随着新型城镇化的不断推进，市民化后的农村居民面临着诸如居住、医疗、子女教育、社会保障等一系列亟待解决的问题。相比于城镇化水平来说，城镇化质量是影响农村公共服务供给效率的主要因素，解决农村居民进城后的生活、医疗、教育、工作等问题，是提升农村公共服务供给效率的重要途径。农村生产型公共服务的满意度低下与农村公共服务供给总体满意度呈负相关关系说明现阶段西部农村生产型公共服务供给仍亟待增强。

（7）考虑到农村公共服务供给效率的地区差异，因地制宜制定供给效率改善策略。由前文分析可知，宏观层面农村公共服务供给效率和微观层面农村公共服务供给满意度及影响因素均存在显著的地区差异特征。从农村公共服务供给效率来看，一小时经济圈地区的“双层效率”水平较高，“两翼”地区的效率次之，但均呈现出“低纯技术效率，高规模效率”的 LH 类型特征，因此，要更加注重加强“两翼”地区的公共服务监督管理机制建设，缩小“一圈两翼”地区的农村公共服务供给效率差异。从农村公共服务供给效率宏观层面的影响因素来看，一小时经济圈地区的农村居民收入水平、地区经济发展水平、农村公共服务投入力度与农村公共服务供给效率呈正相关关系，城镇化水平与农村公共服务供给效率呈负相关关系；渝东北翼地区的农村居民收入水平和教育水平与农村公共服务供给效率呈正相关关系，医疗卫生水平与农村公共服务供给效率呈负相关关系；渝东南翼地区的农村公共服务投入力度与农村公共服务供给效率呈正相关关系，医疗卫生水平与农村公共服务供给效率呈负相关关系。从农村公共服务供给效率微观层面的影响因素来看，一小时经济圈地区的农村公共服务供给满意度受农村生活型公共服务供给满意度的正向影响最为突出；渝东北翼地区的农村公共服务满意度受农村居民受教育程度和家庭务农收入的正向影响强；渝东南翼地区的农村生产型公共服务供给满意度与农村公共服务供给总体满意度之间的不匹配程度最高。应结合各地区农村公共服务供给效率的特点，有针对性地制定农村公共服务供给效率提升策略。

第8章 研究结论

在界定农村公共服务供给效率相关概念及梳理农村公共服务供给效率相关理论的基础上，本书从西部农村公共服务供给实践的现实需要出发，首先，提出一个兼顾农村公共服务供给方（政府）和需求方（农村居民）目标价值取向的综合效率概念，构建农村公共服务供给“双层效率”评价模型。在此基础上，以成渝试验区中的重庆市为例，从微观与宏观两个层面考察分析西部农村公共服务供给效率的现状及其变化规律，并分别对微观与宏观层面供给效率的影响因素进行实证分析，揭示相关因素对农村居民满意度（微观效率）及财政支农效率（宏观效率）的影响方向、影响程度及其变化规律。其次，通过使用系统论方法对“双层效率”系统存在的功能性进行评估，对“双层效率”系统非协调性的问题及成因进行剖析；最后，基于全文的理论分析和实证结果，提出改进和提升西部农村公共服务供给效率的政策建议。通过对西部农村公共服务供给效率的分析得出以下主要结论。

（1）从农村公共服务供给情况来看，农村公共服务供给范围、种类和质量均有显著改善，但仍存在一些问题亟待解决。农村公共服务供给现状分析表明，农田水利、农村道路、农村电力、农村通信及能源等方面的基础设施不断完善，农村医疗卫生体系逐步健全，农村文化教育水平不断提高，农村社会保障覆盖更加全面。在供给总体情况得以明显改善的同时也存在以下突出问题：①农村基础设施、医疗卫生、文化教育和社会保障等方面均存在供给数量不足和供给质量不高问题；②城乡与区域之间公共服务供给差异显著，缺失公平；③农村公共服务供给结构失衡，不能满足农村居民生产、生活需求；④农村公共服务存在明显的管理缺陷和效率低下问题。造成以上问题的原因较为复杂，主要包括：①农村与城市公共服务供给的二元性导致农村的公共服务供给显著劣于城市；②农村居民的需求表达机制不畅，影响了农村居民表达利益诉求的积极性；③农村公共服务供给决策机制缺乏“自下而上”的沟通路径，难以达到供给与需求的平衡；④农村公共服务筹资困难，农村公共服务供给责任不明确；⑤农村公共服务供给监督机制不健全，农村公共服务资源管理混乱。

（2）从农村公共服务供给微观效率（农村居民满意度）来看，农村公共服务供给总体满意度接近基本满意水平，但不同地区、不同类型的农村公共服务供给总体满意度存在明显差异。537 份调研问卷的统计结果显示，从农村公共服务供给总体满意度来看，该满意度的均值仅为 2. 90，接近基本满意水平，其中发达地区（一小时经济圈地区）的满意度为 3.03，略高于欠发达地区（“两翼”地区）的 2.81 和 2.78。从农村生活型公共服务供给满意度来看，该满意度的均值为 3.51，介于基本满意和满意水平之间，其中发达地区（一小时经济圈地区）的平均满意度为 3.70，略高于欠发达地区（“两翼”地区）的 3.50 和 3.22；通信、饮水、居住环境、供电、道路的满意度是决定农村生活型公共服务供给满意度的主要因素。从农村生产型公共服务供给满意度来看，该满意度的均值为 3.07，达到基本满意水平，但地区差异明显；农业生产基础设施、农林科学技术服务站服务的满意度是决定农村生产型公共服务供给满意度的主要因素。从农村公共服务供给制度满意度来看，该满意度的均值为 3.66，介于基本满意和满意水平之间，地区差异同样明显；村民自治程度和村规民约、村委会办事效率、村干部工作态度、信息表达渠道和“一事一议”机制的满意度是决定农村公共服务供给制度满意度的主要因素。

（3）从农村公共服务供给微观效率（农村居民满意度）的影响因素来看，农村公共服务供给总量和质量、农村公共服务供给与需求的匹配程度、农村居民受教育程度、家庭务农收入、农村生活型公共服务供给满意度、农村生产型公共服务供给满意度、农村公共服务供给制度满意度是农村公共服务供给总体满意度的主要影响因素。由 537 份调查问卷的统计结果可知，46.09%的受访者认为农村公共服务供给总量不足；56.05%的受访者认为农村公共服务供给质量较差；58.20%的受访者认为供给与需求并不相称。表明农村公共服务的供给总量和质量、农村公共服务供给与需求的匹配程度是影响农村公共服务供给总体满意度的重要因素。由农村公共服务供给总体满意度影响因素的 Logistic 回归结果可知，农村生活型公共服务供给满意度、家庭务农收入、农村公共服务供给制度满意度、农村居民受教育程度对农村公共服务供给总体满意度产生显著的正向作用，影响程度依次降低，回归系数分别为 0.983 0、0.546 0、0.306 0 和 0.204 0。农村生产型公共服务供给满意度对农村公共服务供给总体满意度的负向作用显著，回归系数为 −0.819 0。实证结果还发现，农村公共服务供给满意度的影响因素存在显著的地区差异，发达地区（一小时经济圈地区）的农村公共服务供给总体满意度受农村生活型公共服务供给满意度的正向影响最为突出，其回归系数为 1.493 6，明显大于欠发达地区（“两翼”地区）的 1.287 7 和 0.405 0。欠发达地区（“两翼”地区）中渝东北翼地区的农村公共服务供给总体满意度受农村居民受教育程度和家庭务农收入的正向影响最强，回归系数分别为 0.525 0 和 0.807 5；渝东南翼地区的农村公共服务供给总体满意度受农村生产型公共服务供给满意度的负向影响最为突出，回归系数为−1.006 7。

（4）从农村公共服务供给宏观效率（财政支农支出效率）来看，供给效率虽有显著提升但水平仍较低，技术进步是供给效率改进的主要影响因素，供给效率的地区差异主要受纯技术效率和技术进步的共同影响。根据重庆市 37 个区县 2006~2012 年农村公共服务供给宏观效率的实证结果可知，从农村公共服务供给宏观效率的现状来看，2012 年重庆市总体农村公共服务供给效率仅为 0.741 9，且地区差异明显，纯技术效率是农村公共服务供给效率低下、区域差异明显的主要原因，且大部分区县都呈现出低纯技术效率、高规模效率的 LH 类型特征。从公共服务供给效率的变化趋势来看，2006~2012 年重庆市农村公共服务供给全要素生产率年均增长 35.34%，TFPCH 在 2006~2007 年达到最高后开始下降，供给效率的变异系数由 0.278 6 上升至 0.396 6，区域差异程度有所增强，欠发达地区（“两翼”地区）农村公共服务供给效率年均分别增长 42.40%和 37.06%，高于发达地区的 31.11%。技术进步是农村公共服务供给效率增长的驱动因素，也是各地区供给效率变化趋势产生差异的主要原因。

（5）从农村公共服务供给宏观效率（财政支农支出效率）的影响因素来看，农村公共服务投入力度、地区经济发展水平、农村居民收入水平、基础设施水平、受教育水平、城镇化水平、产业结构、医疗卫生是农村公共服务供给宏观效率的主要影响因素。从总体来看，农村居民收入水平、地区经济发展水平、基础设施水平、受教育水平、农村公共服务投入力度五个因素对农村公共服务供给效率具有显著的正向作用，回归系数分别为 0.918 3、0.499 3、0.430 3、0.225 8 和 0.011 6。城镇化水平、产业结构和医疗卫生三个因素对供给效率具有显著的负向作用，回归系数分别为−0.011 7、−0.029 7 和−0.220 3。从分地区的情况来看，供给效率的影响因素存在显著差异。发达地区（一小时经济圈地区）的农村居民收入水平、地区经济发展水平、农村公共服务投入力度三个因素对供给效率具有显著的正向作用，回归系数分别为 0.767 6、0.531 9 和 0.018 8，而城镇化水平对供给效率具有显著的负向作用，回归系数为−0.015 3；欠发达地区（“两翼”地区）的渝东北翼地区的农村居民收入水平和教育水平对供给效率具有显著的正向作用，回归系数分别为 1.778 5 和 0.278 8，医疗卫生对供给效率则具有显著的负向作用，回归系数为−0.343 2；欠发达地区的渝东南翼地区的农村公共服务投入力度对供给效率具有显著的正向作用，回归系数为 0.019 3，医疗卫生对供给效率则具有显著的负向作用，回归系数为−0.548 1。

（6）从农村公共服务“双层效率”系统协调性来看，农村公共服务供给效率的非协调性现象突出，导致“双层效率”系统非协调性的原因众多。以 2012 年的供给宏观效率与供给微观效率的协调性分析结果为例，从“双层效率”系统协调性来看：①农村公共服务总体供给“双层效率”系统不协调现象突出，微观调查的 17 个区县中有 9 个区县的 Z 分数差值大于 1，系统协调性较低。其中渝东北翼地区超过一半的调查区县的“双层效率”系统处于平衡状态，系统协调性优于一小时经济圈地区和渝东南翼地区。②农村生活型公共服务供给“双层效率”系统协调性优于农村公共服务总体协调性，调查的 17 个区县中有 11 个区县的 Z 分数差值小于 1，系统协调性较高。其中渝东南翼地区调查的 4 个区县的“双层效率”系统均处于平衡状态，系统协调性优于一小时经济圈地区和渝东北翼地区。③农村生产型公共服务供给“双层效率”系统协调性介于农村公共服务总体和农村生活型公共服务之间，调查的 17 个区县中有 8 个区县的 Z 分数差值大于 1，其中一小时经济圈地区调查的 7 个区县中有 5 个区县的“双层效率”系统均处于平衡状态，系统协调性优于“两翼”地区。“双层效率”系统非协调性产生的原因主要有：①财政支出力度逐渐加大与农村居民感知投入规模不足的矛盾；②农村公共服务供给技术进步显著增长与农村居民感知改善速度不高的矛盾；③农村公共服务供给与农村居民实际需求不匹配的矛盾；④扶持力度增加与管理制度不健全和农村居民参与程度不高的矛盾；⑤农村居民收入的提升有助于改善供给宏观效率，与无法提高农村居民供给微观效率（农村居民满意度）的矛盾；⑥经济发展水平大幅提升与农村居民收入增长缓慢的矛盾；⑦政府注重供给数量与农村居民重视供给质量的矛盾。

（7）应基于“实现供求关系平衡、构建多元供给主体、明确供给优先序、加强供给效率监管”的基本思路，构建农村公共服务供给效率提升的实现机制。基于上述研究结论，本书认为，改进与提升农村公共服务供给效率的基本思路是，坚持科学发展观，通过制度创新，改革农村公共服务供给机制，积极推进“实现供求关系平衡、明确供给优先序、构建多元供给主体、加强供给效率监管”的农村公共服务供给“双层效率”协调增长模式，协同增长模式，在促进社会主义新农村建设和农业现代化发展的同时，确保西部农村公共服务有效供给目标的实现。基于以上改进思路，本书认为应通过建立健全有效衔接供求的供给决策机制、建立健全农村公共服务的资金筹集机制、构建农村公共服务需求表达和收集机制、加强农村公共服务供给的监督管理机制、完善农村公共服务供给的绩效评价机制、建立农村公共服务供给后双层效率评价机制等，为西部农村公共服务供给效率的改善和提升提供基础，才能达到西部农村公共服务供给效率有效之目的。

（8）对策建议。农村公共服务供给效率改进和提升的对策建议如下：①基于农村居民诉求，继续加大农村公共服务供给力度；②加快农村公共服务产权制度改革，深化公共财政体制改革，推进行政体制改革，完善农村公共服务监督管理机制，促进纯技术效率改善；③建立“自下而上”的供给决策机制，增加农村居民参与供给决策的机会；④加强基层民主组织建设，确保“自下而上”的供给决策机制的畅通运行；⑤促进经济发展、增加农村居民收入、提升教育水平，带动农村公共服务供给效率改善；⑥加快产业结构调整，提高城镇化中配套公共服务，增强农村生产型公共服务的供给，促进农村公共服务供给效率改进；⑦考虑农村公共服务供给效率的地区差异，“因地制宜”制定供给效率改善策略。

参考文献

奥尔森 M. 1996. 集体行动的逻辑[M]. 陈郁，郭宇峰，李崇新译. 上海：上海三联书店，上海人民出版社.

白南生，李靖，辛本胜. 2007. 村民对基础设施的需求强度和融资意愿——基于安徽凤阳农村居民的调查[J]. 农业经济问题，28（7）：49-53.

鲍曙光. 2014. 农村基本公共服务制度研究[D]. 财政部财政科学研究所博士学位论文.

蔡元森，赵芝瑞. 2009. 新农村基础设施建设中存在的问题及对策[J]. 农业科技与信息，（19）：5-7.

陈凤菊. 2013. 我国农村公共服务体系建设存在的问题与对策[J]. 江苏农业科学，41（9）：386-389.

陈宏林. 2008. 杨柳青热电厂提高发电运行人员生产效率问题研究[D]. 天津大学硕士学位论文.

陈俊红，吴敬学，周连第. 2006. 北京市新农村建设与公共产品投资需求分析[J]. 农业经济问题，27（7）：9-12.

陈克运. 2004. 农村社区服务中的观念误区及矫正[J]. 长沙铁道学院学报（社会科学版），5（2）：25-28.

陈诗一，张军. 2008. 中国地方政府财政支出效率研究：1978—2005[J]. 中国社会科学，（4）：65-78.

陈世伟. 2010. 我国农村公共服务供给主体多元参与机制构建研究[J]. 求实，（1）：90-93.

陈星华. 2013. 新农村建设背景下扶余县农村基本公共服务供给现状及对策研究[D]. 长春工业大学硕士学位论文.

陈燕锋. 2013. 福建省农村公共服务的协同供给模式研究[D]. 福建农林大学硕士学位论文.

陈依慧. 2007. 以公共服务均等化缩小城乡差距[J]. 浙江经济，（7）：16-19.

迟福林，方栓喜. 2004. 加快建设公共服务型政府的若干建议（24 条）[J]. 经济研究参考，（13）：42-48.

崔宝玉. 2009. 欠发达地区农村社区公共产品农户参与供给研究[D]. 浙江大学博士学位论文.

崔明，詹慧龙，唐冲，等. 2008. 我国农村公共基础设施与服务的供给效率研究[C]. 2008 中国城市规划年会，大连.

崔元锋，严立冬. 2006. 基于 DEA 的财政农业支出资金绩效评价[J]. 农业经济问题，（9）：101-104.

崔治文，毛斐斐，周毅. 2013. 我国农村公共产品供给效率研究——基于 DEA 和 Malmquist 指数的实证分析[J]. 理论探讨，（5）：78-82.

邓立新. 2014. 农村公共产品供给效率与制度构建——对成都市农村中小型公共设施“村民自

建”试点的调查思考[J]. 经济体制改革，（3）：90-93.
邓友兴，刘青海. 2010. 我国西部地区农村公共产品供给效率实证研究——以贵州省为例[J]. 新疆财经，（3）：5-10.
邓宗兵，张俊亮，封永刚. 2013. 重庆市农村公共产品供给效率评价和影响因素研究[J]. 四川农业大学学报，31（2）：233-238.
邓宗兵，吴朝影，封永刚，等. 2014. 中国区域公共服务供给效率评价与差异性分析[J]. 经济地理，34（5）：28-33.
董明涛. 2014. 基于合作治理的农村公共服务体系改革研究[J]. 广东农业科学，41（2）：198-203.
樊纲. 1992. 论经济效率、总供求关系与经济体制——兼答胡汝银、张军同志[J]. 经济研究，（3）：16-22.
樊丽明，骆永民. 2009. 农民对农村基础设施满意度的影响因素分析——基于 670 份调查问卷的结构方程模型分析[J]. 农业经济问题，（9）：51-59.
樊胜根，张林秀，张晓波. 2002. 中国农村公共投资在农村经济增长和反贫困中的作用[J]. 华南农业大学学报（社会科学版），（1）：1-13.
方凯，王厚俊. 2012. 基于因子分析的农村公共品农民满意度评价研究——以湖北省农户调查数据为例[J]. 农业技术经济，（6）：30-35.
付金萍. 2011. 完善我国农村公共服务政策研究[D]. 安徽大学硕士学位论文.
付云春. 2010. 我国农村公共服务存在的问题与对策研究[D]. 重庆大学硕士学位论文.
高宇. 2008. 生产效率理论演进及其比较研究[J]. 天府新论，（1）：43-48.
管新帅，王思文. 2009. 中国地方公共品供给效率地区差异测度[J]. 兰州大学学报（社会科学版），37（4）：43-47.
郭建军. 2007. 完善我国农村公共服务体制建设的政策建议[J]. 经济研究参考，（36）：4-8，26.
郭金喜，鲁娜. 2010. 农村公共服务供给：基于公共政策视角的分析[J]. 农村经济，（5）：16-19.
郭瑞萍. 2005. 人民公社缘起的制度经济学解释——从农村公共产品供给制度变迁的角度[J]. 西北大学学报（哲学社会科学版），35（6）：59-64.
郭伟，曹琳剑. 2009. 拓宽我国新农村公共服务设施建设融资途径之我见[J]. 现代财经（天津财经大学学报），29（10）：77-80，86.
郭熙保，苏甫. 2013. 速水佑次郎对农业与发展经济学的贡献[J]. 经济学动态，（3）：101-108.
郭小喃. 2010. 河南省农村公共品供给效率研究[D]. 苏州大学硕士学位论文.
郭泽保. 2012. 构建中国农村公共服务运行机制的思考[J]. 中共福建省委党校学报，（5）：34-39.
韩小威. 2013. 统筹城乡与农村基本公共服务供给模式的选择[J]. 求索，（5）：235-237.
何建春. 2007. 农村公共产品非政府供给及其前提条件[J]. 价格月刊，（10）：64-67.
何建春. 2010. 我国农村公共产品供给制度变迁研究[D]. 江西财经大学博士学位论文.
何精华，岳海鹰，杨瑞梅，等. 2006. 农村公共服务满意度及其差距的实证分析——以长江三角洲为案例[J]. 中国行政管理，（5）：91-95.
何柳. 2013. 着力改进农村公共服务机制[J]. 农业经济，（10）：27-28.
胡志平. 2011. 利益博弈、公共政策偏向与农村公共服务供给[J]. 农村经济，（11）：8-12.
淮建军，刘新梅. 2007. 公共服务研究：文献综述[J]. 中国行政管理，（7）：96-99.
贾洪荣，高迎霞. 2012. 公共服务社区化保障农村公共服务供给的必然选择[J]. 商业时代，（18）：13-14.
贾先文. 2010. 社会资本嵌入下公共服务供给中农民合作行为选择[J]. 求索，（7）：53-55.
江依妮，张光. 2008. 中国省内财政分权的演进与农村义务教育投入[J]. 教育与经济，（3）：

57-61.
金泽刚. 2004. 打击证券犯罪的价值选择与现实思考[J]. 江苏警官学院学报，（4）：117-122.
孔祥智，李圣军，陈丹梅. 2007. 农户对公共产品需求的优先序及投入重点研究[J]. 吉林大学社会科学学报，47（4）：20-26.
孔兆政，叶兴艺. 2013. 我国农村公共服务的供给偏好与优化策略[J]. 中共天津市委党校学报，15（6）：63-67.
雷霆，廖馨. 2008. 新疆农村公共服务供给的非政府组织途径[J]. 经济问题，（10）：83-85.
黎聪. 2014. 城乡基本公共服务非均等的根源分析与制度对策[D]. 兰州商学院硕士学位论文.
李峰. 2012. 社会组织参与农村公共服务供给问题研究[D]. 黑龙江省社会科学院硕士学位论文.
李谷成，冯中朝，占绍文. 2008. 家庭禀赋对农户家庭经营技术效率的影响冲击——基于湖北省农户的随机前沿生产函数实证[J]. 统计研究，（1）：35-42.
李海涛. 2010. 新农村建设背景下农村公共产品供给效率研究[D]. 东北林业大学博士学位论文.
李华. 2005a. 城乡公共品供给均等化与转移支付制度的完善[J]. 财政研究，（11）：38-40.
李华. 2005b. 中国农村公共产品供给与财政制度创新[M]. 北京：经济科学出版社.
李华. 2011. 中国历史上农村公共品的政府供给[J]. 云南社会科学，（3）：124-128.
李强，罗仁福，刘承芳，等. 2006. 新农村建设中农民最需要什么样的公共服务——农民对农村公共物品投资的意愿分析[J]. 农业经济问题，（10）：15-20.
李清娥. 2006. 我国农村公共产品供给的效率分析[J]. 商场现代化，（29）：29-30.
李善峰. 2009. 城乡基本公共服务均等化[J]. 开放时代，（8）：47-49.
李少惠，王苗. 2010. 农村公共文化服务供给社会化的模式构建[J]. 国家行政学院学报，（2）：44-48.
李秀忠. 2007. 农村公共服务供给问题思考[J]. 山东师范大学学报（人文社会科学版），（6）：151-154.
李燕凌. 2007. 农村公共品供给效率研究[D]. 湖南农业大学博士学位论文.
李燕凌. 2008. 基于 DEA-Tobit 模型的财政支农效率分析[J]. 中国农村经济，（9）：52-62.
李燕凌. 2015. 中国农村公共产品供给新趋势——基于新供给经济学的视角[J]. 河北学刊，35（3）：139-144.
李燕凌，曾福生. 2006. 农村公共支出效果的理论与实证研究[J]. 中国农村经济，（8）：23-33.
李燕凌，曾福生. 2008. 农村公共品供给农民满意度及其影响因素分析[J]. 数量经济技术经济研究，25（8）：3-18.
李燕凌，曾福生，匡远配. 2007. 农村公共品供给管理国际经验借鉴[J]. 世界农业，（9）：19-22.
李永琳. 2006. 美国公共产品的提供机制及其对中国的启示[D]. 吉林大学硕士学位论文.
厉以宁，秦宛顺. 1983. 现代西方经济学概论[M]. 北京：北京大学出版社.
梁学平. 2012. 公共物品内涵的多角度诠释[J]. 商业时代，（3）：111-113.
林伯强. 2005. 中国的政府公共支出与减贫政策[J]. 经济研究，（1）：27-37.
林万龙. 2002. 乡村社区公共产品的制度外筹资：历史、现状及改革[J]. 中国农村经济，（7）：27-35，80.
林万龙. 2005. 经济发展水平制约下的城乡公共产品统筹供给：理论分析及其现实含义[J]. 中国农村观察，（2）：31-37，81.
林万龙. 2009. 不同级层财政主体的农村公共服务供给能力分析[J]. 甘肃行政学院学报，（1）：21-25.
林万龙，刘仙娟. 2006. 税费改革后农村公共产品供给机制创新：基于交易成本角度的探讨[J].

农业经济问题，（4）：30-34，79.
林毅夫. 1994. 90 年代中国农村改革的主要问题与展望[J]. 管理世界，（3）：139-144.
林毅夫. 2004. 有关当前农村政策的几点意见[J]. 华中师范大学学报（人文社会科学版），（6）：32-35.
刘成奎，王朝才. 2008. 财政支出结构与社会公平的实证分析[J]. 财政研究，（2）：15-18.
刘光俊. 2011. 财政分权体制下农村公共服务供给研究[D]. 山东农业大学博士学位论文.
刘会柏. 2008. 农村公共产品供给体制：变迁、比较与反思[J]. 楚雄师范学院学报，23（11）：83-89.
刘建平，何建军，刘文高. 2006. 农业税取消后农村公共品供给能力下降的现象及对策分析——基于湖北省部分地区的调查[J]. 中国行政管理，（5）：17-21.
刘伟，李星星. 2013. 中国高新技术产业技术创新效率的区域差异分析——基于三阶段 DEA 模型与 Bootstrap 方法[J]. 财经问题研究，（8）：20-28.
刘小锋. 2009. 基于农户视角的农村公共产品需求研究[D]. 浙江大学博士学位论文.
刘旭涛. 2003. 政府绩效管理[M]. 北京：机械工业出版社.
刘绪晶. 2011. 基层政府农村公共服务能力提升途径研究——以山东省济阳县的调研为例[D]. 福建师范大学硕士学位论文.
刘宇. 2014. 我国基本公共服务区域及城乡效率差异研究[D]. 中国农业大学博士学位论文.
卢洪友，李凌. 2006. 财政分权视角下中国农村义务教育落后的原因分析[J]. 财贸经济，（12）：57-60.
罗宏磊. 2008. 农村公共产品供给主体失衡及对策研究[D]. 湖南师范大学硕士学位论文.
骆永民，樊丽明. 2012. 中国农村基础设施增收效应的空间特征——基于空间相关性和空间异质性的实证研究[J]. 管理世界，（5）：71-87.
吕微，韩晋乐. 2014. 基于农民满意度的农村公共服务评价体系研究——以山西省为例[J]. 中国行政管理，（7）：90-93.
吕亚荣. 2007. 新农村建设的重点是建立起农村公共产品供给的长效机制[J]. 求实，（7）：86-87.
马海涛. 2008. 科学发展观与公共财政制度改革[J]. 财政监督，（19）：17-19.
马林靖，张林秀. 2008. 农户对灌溉设施投资满意度的影响因素分析[J]. 农业技术经济，（1）：34-39.
马强. 2006. 农村公共物品供给决策中农民话语的缺失及治理[J]. 山东农业工程学院学报，22（2）：87-89.
马跃. 2014. 陕西省农村公共服务农民满意度实证分析[D]. 西北大学硕士学位论文.
迈尔斯 G D. 2001. 公共经济学[M]. 匡小平译. 北京：中国人民大学出版社.
曼昆 N G. 2003. 经济学原理[M]. 第 3 版. 梁小民译. 北京：机械工业出版社.
穆赫. 2013. 我国城乡基本公共服务均等化问题研究[D]. 燕山大学硕士学位论文.
穆勒 J. 1991. 政治经济学原理及其在社会哲学上的若干应用[M]. 上卷. 赵荣潜，桑炳彦，朱泱译. 北京：商务印书馆.
潘冬荣. 2013. 广西农村地区公共文化服务供需关系研究——以罗城县为例[D]. 广西大学硕士学位论文.
彭海文. 2005. 系统论视野下的机关作风建设探析[J]. 当代经理人，（1）：153-154.
骞芳芳. 2013. 西部贫困县农村公共文化服务供给失效问题研究[D]. 西北大学硕士学位论文.
钱弘道. 2004. 从市场经济到有限政府的必然逻辑[J]. 浙江学刊，（4）：127-133.
《人民公社财政与财务管理》编写组. 1981. 人民公社财政与财务管理[M]. 杭州：浙江人民出

版社.
萨缪尔森 P，诺德豪斯 W. 2009. 经济学[M]. 萧琛译. 北京：人民邮电出版社.
尚倩. 2013. 基于心理负荷的生产效率研究[D]. 浙江大学博士学位论文.
盛荣. 2007. 印度村庄公共产品供给机制及其治理背景[J]. 南亚研究季刊，（2）：70-78.
斯密 A. 2011. 国富论[M]. 胡长明译. 南京：江苏人民出版社.
宋伟，任慧成. 2006. 新农村建设中的农村公共服务改革[J]. 理论观察，（3）：62-63.
宋文昌. 2009. 财政分权、财政支出结构与公共服务不均等的实证分析[J]. 财政研究，（3）：56-60.
孙柏昌，景国薇. 2008. 我国农村公共服务供给存在的问题及对策[J]. 黑龙江对外经贸，（12）：133-134.
孙翠清，林万龙. 2008. 农户对农村公共服务的需求意愿分析——基于一项全国范围农户调查的实证研究[J]. 中国农业大学学报（社会科学版），（3）：134-143.
孙耀武. 2006. 社会主义新农村建设实践中应处理好的十个关系[J]. 福建农林大学学报（哲学社会科学版），（2）：11-14.
谭亚芳. 2007. 新农村建设中的政府公共服务：现状分析与改进对策[D]. 华中师范大学硕士学位论文.
唐娟莉. 2012. 基于农户满意视角的农村公共服务投资效率研究[D]. 西北农林科技大学博士学位论文.
唐娟莉. 2014. 农村公共服务投资技术效率测算及其影响因素分析[J]. 统计与信息论坛，29（2）：45-51.
唐娟莉，朱玉春，刘春梅. 2010. 农村公共服务满意度及其影响因素分析——基于陕西省 32 个乡镇 67 个自然村的调研数据[J]. 当代经济科学，（1）：110-116.
唐娟莉，刘春梅，朱玉春. 2011. 农村公共服务满意度与优先序的实证分析——基于陕西省农户层面的实地调研[J]. 华东经济管理，（11）：99-102.
陶春海. 2010. 中国医疗服务生产效率评价研究[D]. 江西财经大学博士学位论文.
陶丽. 2011. 我国农村公共服务供给问题研究[D]. 郑州大学硕士学位论文.
陶勇. 2006. 中国农村公共产品供应的理论研究[J]. 学习与探索，（3）：209-211.
田玉超. 2011. 安徽省城乡基本公共服务均等化研究[D]. 安徽大学硕士学位论文.
涂晓芳. 2004. 公共物品的多元化供给[J]. 中国行政管理，（2）：88-93.
王碧程. 2010. 我国农村公共文化服务体系构建中的供需矛盾研究[D]. 长春工业大学硕士学位论文.
王国梁. 2013. 基于包容性增长视角的基本公共服务受益均等化研究[D]. 浙江大学博士学位论文.
王红霞. 2010. 农村公共服务供给体系中乡镇政府职能研究[D]. 天津师范大学硕士学位论文.
王佳佳. 2010. 农村公共服务供给中的政府责任研究[D]. 华东师范大学硕士学位论文.
王俊. 2007. 政府卫生支出有效机制的研究：系统模型与经验分析[M]. 北京：中国财政经济出版社.
王蕾，朱玉春. 2011. 农民对农村公共产品满意度及影响因素分析——来自西部地区 735 户农户的调查[J]. 农业经济与管理，（5）：27-36.
王谦. 2008. 城乡公共服务均等化的理论思考[J]. 中央财经大学学报，（8）：12-17.
王薇，李燕凌. 2013. 农村公共服务绩效评价方法创新研究[J]. 甘肃社会科学，（6）：226-229.
王肖惠. 2013. 农村基本公共服务设施均等化布局研究[D]. 西北大学硕士学位论文.
王心良，蒋剑勇. 2009. 农村公共品供给农民满意度实证研究——以浙江省为例[J]. 经济研究导刊，（27）：44-46.
王延中，江翠萍. 2010. 农村居民医疗服务满意度影响因素分析[J]. 中国农村经济，（8）：80-87.
王玉斌. 2007. 我国农村公共物品供给的问题与对策探讨[J]. 重庆科技学院学报（社会科学版），（4）：29-30.
王岳含. 2013. 财政分权体制下的城乡基本公共服务均等化研究[D]. 中央民族大学博士学位论文.
卫兴华. 2004. 关注马克思的财富论[J]. 人民论坛，（1）：7-8.
吴丹. 2012. 欠发达地区农村公共产品供给及其效应研究[D]. 西北农林科技大学博士学位论文.
吴美香. 2008. 公共服务供给方式研究[D]. 厦门大学硕士学位论文.
吴萌. 2006. 我国现阶段政府转移支付制度方式的简要分析[J]. 内蒙古科技与经济，（5）：2-4.
吴士健，薛兴利，左臣明. 2002. 试论农村公共产品供给体制的改革与完善[J]. 农业经济问题，（7）：48-52.
吴畏. 2012. 我国农村公共服务存在的问题及对策研究——基于政府责任的视角[D]. 华中师范大学硕士学位论文.
夏锋. 2008. 千户农民对农村公共服务现状的看法——基于 29 个省份 230 个村的入户调查[J]. 农业经济问题，（5）：68-73.
夏永，常伟. 2006. 农村公共产品问题的对策研究[J]. 乡镇经济，（3）：20-22.
肖亮. 2012. 我国农村公共产品供给的投融资问题研究[D]. 华中农业大学博士学位论文.
辛逸. 2003. 制度"创新"与农村人民公社的缘起[J]. 山东师范大学学报（人文社会科学版），（6）：101-106.
辛逸. 2005. 农村人民公社分配制度研究[M]. 北京：中共党史出版社.
徐定德，刘邵权，何春燕，等. 2014. 基于农户视角的农村公共品满意度评价及投资融资意愿研究——以四川省 402 户农户为例[J]. 广东农业科学，41（4）：201-206.
徐光耀，戴天放. 2012. 江西省农村公共服务供给机制创新研究[J]. 决策与信息，（11）：278-279.
徐敏. 2014. 新农村公共服务社区化建设研究[D]. 浙江海洋学院硕士学位论文.
徐强，王耘. 2006. 浅议农村公共产品财政投资机制创新[J]. 经济体制改革，（3）：118-120.
徐双敏. 2006. 提高农村公共品供给效率研究——以湖北成安乡镇站所改革为例[J]. 财政研究，（5）：47-49.
许静波，郭祥玉. 2008. 我国农村公共事业管理模式的变迁[J]. 学术交流，（3）：42-45.
许莉. 2012. 农民对农村公共产品供给满意度实证分析——基于江西省农户层面的实地调研[J]. 统计与信息论坛，27（6）：102-108.
杨辉，李翠霞. 2013. 农村公共产品供给的效率问题研究——基于黑龙江省 13 地市面板数据分析[J]. 云南民族大学学报（哲学社会科学版），30（6）：107-112.
杨静，徐丹丹. 2008. 农村公共产品供给问题国外研究述评[J]. 经济理论与经济管理，（10）：32-36.
杨其元，夏锋. 2008. 百名"三农"专家对农村基本公共服务现状的看法[J]. 中国农村观察，（3）：75-80.
杨振华. 2009. 农村公共服务供给困境及路径选择[J]. 法制与社会，（19）：283-284.
杨震林，吴毅. 2004. 转型期中国农村公共品供给体制创新[J]. 中州学刊，（1）：24-27.
叶文辉. 2004. 农村公共产品供给体制的改革和制度创新[J]. 财经研究，30（2）：80-88.
叶先坡. 2013. 福建省新农村建设中公共产品供给机制研究[D]. 福建农林大学硕士学位论文.
易红梅，张林秀，Hare D，等. 2008. 农村基础设施投资与农民投资需求的关系——来自 5 省的实证分析[J]. 中国软科学，（11）：106-115.

尹伟华，袁卫. 2013. 基于 Bootstrap-DEA 方法的中国教育部直属高校科研效率评价[J]. 统计与信息论坛，28（6）：61-69.
于凤荣. 2006. 我国农村公共服务供给模式问题研究[D]. 吉林大学博士学位论文.
余世喜，李喆. 2006. 中国农村公共服务存在的问题及其原因分析[J]. 南方农村，（3）：25-27.
袁建华，赵伟，郑德亮. 2010. 农村公共投资满意度情况调查及其敏感度分析[J]. 中国软科学，（3）：58-65.
岳书铭. 2007. 农村公共品供求均衡机制研究[D]. 山东农业大学博士学位论文.
臧旭恒，曲创. 2002. 从客观属性到宪政决策——论“公共物品”概念的发展与演变[J]. 山东大学学报（人文社会科学版），（2）：37-44.
曾福生，李燕凌，匡远配. 2006. 农村公共产品供求均衡论[M]. 北京：中国农业出版社.
曾宏. 2006. 农村公共产品的有效供给与建设社会主义新农村[J]. 当代经济研究，（9）：79-81.
张海瑞. 2012. 我国农村公共服务社区化的路径选择[D]. 郑州大学硕士学位论文.
张红. 2010. 中国农村公共服务运行机制研究：制度变迁的角度[D]. 上海交通大学硕士学位论文.
张红宇. 2004. 统筹城乡经济社会发展的基本思路[J]. 农村经济，（2）：4-6.
张吉国. 2005. 税费改革之后农村公共产品融资机制创新——兼论山东省农村公共产品供给[J]. 山东农业大学学报（社会科学版），（2）：32-40，116.
张军，蒋维. 1998. 改革后中国农村公共产品的供给：理论与经验研究[J]. 社会科学战线，（1）：36-44.
张珺，李明贤. 2008. 关于农村公共品供给问题的研究综述[J]. 生产力研究，（12）：157-159.
张立荣，李名峰. 2012. 满意度和需求度二维耦合视角下的农村公共服务现状研究——以湖北省为例[J]. 中国行政管理，（2）：114-118.
张莉琴，林万龙，辛毅. 2003. 我国农业国内支持政策中存在的问题及调整对策[J]. 中国农村经济，（4）：27-33.
张庆成. 2008-09-10. 健全农村基本公共服务[N]. 人民日报，第 16 版.
张卫静. 2014. 我国新时期农村公共服务体制研究[J]. 山东社会科学，（7）：182-187.
张小林，刘蓓. 2010. 农村公共产品研究理论及其发展[J]. 经济研究导刊，（2）：11-13.
张晓晶. 2013. 新时期农村基本公共服务供给的失衡性研究[D]. 南京大学硕士学位论文.
赵罡. 2006. 从新公共管理的发展看当代中国行政管理体制改革[D]. 山东大学硕士学位论文.
赵平. 1995. 用户满意度指数（CSI）[J]. 通信企业管理，（12）：33-36.
郑英宁，唐娟莉，朱玉春. 2009. 我国农村公共服务效率评价：基于 DEA 方法[J]. 技术经济，27（12）：98-103.
郑洲. 2007. 农村公共产品供给效率问题研究——基于西藏德吉新村朗赛林提灌站的调查分析[J]. 生态经济，（12）：40-44.
周亮，朱建文. 2014. 基于 DEA 模型的安徽农村公共产品供给效率的研究[J]. 赤峰学院学报（自然科学版），30（6）：72-78.
周志祥. 2010. 农村公共产品供给效率及其供给机制研究[D]. 浙江大学硕士学位论文.
朱金鹤，崔登峰. 2012. 借鉴国外经验实现中国城乡公共服务均等化——以新疆为例[J]. 世界农业，（12）：124-127.
朱妍文. 2012. 我国农村公共服务体系的供需问题研究——以郑州市为例[D]. 郑州大学硕士学位论文.
朱玉春，乔文，王芳. 2010a. 农民对农村公共品供给满意度实证分析——基于陕西省 32 个乡镇的调查数据[J]. 农业经济问题，（1）：59-66.

朱玉春，唐娟莉，刘春梅. 2010b. 基于 DEA 方法的中国农村公共服务效率评价[J]. 软科学，24（3）：37-43.

朱玉春，唐娟莉，罗丹. 2011. 农村公共品供给效果评估：来自农户收入差距的响应[J]. 管理世界，（9）：74-80.

Afonso A，Fernandes S. 2008. Assessing and explaining the relative efficiency of local government[J]. The Journal of Socio-Economics，37（5）：1946-1979.

Alesina A，Baqir R，Easterly W. 1999. Public goods and ethnic divisions[J]. Policy Research Working Paper，114（4）：1243-1284.

Antle J M. 1983. Infrastructure and aggregate agricultural productivity：international evidence[J]. Economic Development and Cultural Change，31（3）：609-619.

Banerjee A，Iyer L，Somanathan R. 2005. History，social divisions，and public goods in rural India[J]. Journal of the European Economic Association，3（2~3）：639-647.

Barzel Y. 1997. Parliament as a wealth-maximizing institution：the right to the residual and the right to vote[J]. International Review of Law and Economics，17（4）：455-474.

Beesley M E，Littlechild S C. 1983. Privatization：Principles，Problems and Priorties [M]. London：Routledge and Kegan Paul.

Bentham J. 1879. An Introduction to the Principles of Morals and Legislation[M]. Oxford：Clarendon Press.

Besley T，Pande R，Rahman L，et al. 2004. The politics of public good provision：evidence from Indian local governments[J]. Journal of the European Economic Association，2（2~3）：416-426.

Bosshardt D I. 2003. Capital structure，investment unanimity，and public goods：the case for social responsibility[J]. The Quarterly Review of Economics and Finance，43（2）：239-260.

Brown G. 1994. Rural Amenities and the Beneficiaries-Pay-Principle[M]. Paris：OECD.

Buchanan J M. 1950. Federalism and fiscal equity[J]. The American Economic Review，40（4）：583-599.

Buchanan J M. 1965. An economic theory of clubs[J]. Economica，32（125）：1-14.

Cable J. 2000. Current Issues in Industrial Economics[M]. New York：The Macmillan Press.

Calderón C，Servén L. 2004. The effects of infrastructure development on growth and income distribution[R]. World Bank，Washington D.C.

Castro-Leal F，Dayton J，Demery L，et al. 1999. Public social spending in Africa：do the poor benefit? [J]. The World Bank Research Observer，14（1）：49-72.

Charnes A，Cooper W W，Rhodes E. 1978. Measuring the efficiency of decision making units[J]. European Journal of Operational Research，2（6）：429-444.

Coase R H. 1960. The problem of social cost[J]. Journal of Law and Economics，3（4）：1-44.

Deller S C. 1990. Pareto-efficiency and the provision of public goods within a rural setting[J]. Growth and Change，21（1）：30-39.

Deller S C，Nelson C H，Walzer N. 1992. Measuring managerial efficiency in rural government[J]. Public Productivity and Management Review，5（3）：355-370.

Epstein P D. 1988. Using Performance Measurement in Local Government：A Guide to Improving Decisions，Performance，and Accountability[M]. New York：National Civic League Press.

Fan S，Zhang L，Zhang X. 2004. Reforms，investment，and poverty in rural China[J]. Economic Development and Cultural Change，52（2）：395-421.

Fang H，Norman P. 2003. An efficiency rationale for bundling of public goods[R]. Cowles Foundation for Research in Economics，Yale University.

Färe R，Grosskopf S，Norris M. 1994. Productivity growth，technical progress，and efficiency change in industrialized countries：reply[J]. American Economic Review，87（5）：1040-1044.

Foley G. 1992. Rural electrification in the developing world[J]. Energy Policy，20（2）：145-152.

Fornell C，Larcker D F. 1984. Misapplications of simulations in structural equation models：reply to Acito and Anderson[J]. Journal of Marketing Research，21（1）：113-117.

Fornell C，Wernerfelt B. 1988. A model for customer complaint management[J]. Marketing Science，7（3）：287-298.

Førsund F R，Hjalmarsson L. 1974. On the measurement of productive efficiency[J]. Swedish Journal of Economics，76（2）：141-154.

Gahvari F. 2006. On the marginal cost of public funds and the optimal provision of public goods[J]. Journal of Public Economics，90（6）：1251-1262.

Gaube T. 2000. When do distortionary taxes reduce the optimal supply of public goods？[J]. Journal of Public Economics，76（2）：151-180.

Green J，Laffont J J. 1977. On the revelation of preferences for public goods[J]. Journal of Public Economics，8（1）：79-93.

Gregory E M. 1999-06-01. Method and system for creating site specific coupons at a plurality of remote locations which are controlled by a central office[P]. U. S. Patent 5909673.

Grossman S J，Stiglitz J E. 1980. On the impossibility of informationally efficient markets[J]. Social Science Electronic Publishing，70（3）：393-408.

Gunatilaka R. 1999. Rural infrastucture programmes for poverty reduction：policy issues from the Sri Lankan experience [EB/OL]. http://www.rrojasdatabank.info/wpover/gunatilaka.pdf.

Habyarimana J，Humphreys M，Posner D N，et al. 2007. Why does ethnic diversity undermine public goods provision？[J]. American Political Science Review，101（4）：709-725.

Haurin D R，Brasington D. 1996. School quality and real house prices：inter-and intrametropolitan effects[J]. Journal of Housing Economics，5（4）：351-368.

Hausman J A. 1978. A specification test in econometrics[J]. Econometrica，46（185）：1251-1271.

Henisz W J，Elgar E. 2002. Politics and international investment：measuring risks and protecting profits[J]. Witold Henisz，34（2）：223-225.

Hume D. 1975. Enquiries Concerning Human Understanding and Concerning the Principles of Morals[M]. Oxford：Clarendon Press.

Hume D，Schneewind J B. 1983. An Enquiry Concerning the Principles of Morals[M]. Oxford：Oxford University Press.

Johnson M D，Fornell C. 1991. A framework for comparing customer satisfaction across individuals and product categories[J]. Journal of Economic Psychology，12（2）：267-286.

Kaldor N. 1939. Welfare propositions of economics and interpersonal comparisons of utility[J]. Economic Journal，49（195）：549-552.

Kaplow L. 1996. The optimal supply of public goods and the distortionary cost of taxation[J]. National Tax Journal，49（4）：513-533.

Kirchsteiger G，Puppe C. 1997. On the possibility of efficient private provision of public goods through government subsidies[J]. Journal of Public Economics，66（3）：489-504.

Leibenstein H. 1966. Allocative efficiency vs. "X-efficiency" [J]. American Economic Review, 56 (3): 392-415.

Lindahl E. 1919. Die Gerechtigkeit der Besteuerung[M]. London: Macmillan.

Lipsey R G, Lancaster K. 1956. The general theory of second best[J]. Review of Economic Studies, 24 (1) : 11-32.

Luo R, Zhang L, Huang J, et al. 2007. Elections, fiscal reform and public goods provision in rural China[J]. Journal of Comparative Economics, 35 (3) : 583-611.

Miguel E, Gugerty M K. 2005. Ethnic diversity, social sanctions, and public goods in Kenya[J]. Journal of Public Economics, 89 (11) : 2325-2368.

Mohtadi N. 1998. Development and validation of the quality of life outcome measure (questionnaire) for chronic anterior cruciate ligament deficiency[J]. The American Journal of Sports Medicine, 26 (3) : 350-359.

Musgrave R A. 1939. The voluntary exchange theory of public economy[J]. The Quarterly Journal of Economics, 53 (2) : 213-237.

Musgrave R A. 1960. The theory of public finance: a study in public economy[J]. The Journal of Finance, 15 (1) : 118-120.

Myles G D. 2000. Wasteful government, tax evasion, and the provision of public goods[J]. European Journal of Political Economy, 16 (1) : 51-74.

Ng Y K. 1987. "Political distortions" and the relevance of second and third-best theories[J]. Public Finance/Finances Publiques, 42 (1) : 137-145.

North D C. 1989. Final remarks-institutional change and economic history[J]. Journal of Institutional and Theoretical Economics, 145 (1) : 238-245.

Okun A M. 1971. The mirage of steady inflation[J]. Brookings Papers on Economic Activity, (2): 485-498.

Oliver R L. 1980. A cognitive model of the antecedents and consequences of satisfaction decisions[J]. Journal of Marketing Research, 17 (4) : 460-469.

Olson E M, Walker Jr O C, Ruekert R W. 1995. Organizing for effective new product development: the moderating role of product innovativeness[J]. Journal of Marketing, 59 (1) : 48-62.

Ostrom E. 1990. Governing the Commons: The Evolution of Institutions for Collective Action[M]. Cambridge: Cambridge University Press.

Owen A L, Videras J R. 2007. Culture and public goods: the case of religion and the voluntary provision of environmental quality[J]. Journal of Environmental Economics and Management, 54 (2) : 162-180.

Pradhan S. 1996. Evaluating public spending: a framework for public expenditure reviews[R]. World Bank.

Rainey H G, Steinbauer P. 1999. Galloping elephants: developing elements of a theory of effective government organizations[J]. Journal of Public Administration Research and Theory, 9(1): 1-32.

Rawls J. 1999. Agenda of Social Justice[M]. London: Anamika.

Rongen G. 1995. Efficiency in the provision of local public goods in Norway[J]. European Journal of Political Economy, 11 (2) : 253-264.

Salamon L M, Musselwhite Jr J C, de Vita C J. 1987. Partners in public service: government and the nonprofit sector in the American welfare state[EB/OL]. https://files.eric.ed.gov/fulltext/ED283

893.pdf.
Samuelson P A. 1954. The pure theory of public expenditure[J]. The Review of Economics and Statistics，（11）：387-389.
Samuelson P A. 1955. Diagrammatic exposition of a theory of public expenditure[J]. Review of Economics and Statistics，37（4）：350-356.
Samuelson P A. 1969. Contrast between welfare conditions for joint supply and for public goods[J]. Review of Economics and Statistics，51（1）：26-30.
Savas E S. 2002. Competition and choice in New York City social services[J]. Public Administration Review，62（1）：82-91.
Simar L，Wilson P W. 1999. Estimating and bootstrapping Malmquist indices[J]. European Journal of Operational Research，115（3）：459-471.
Simar L，Wilson P W. 2000. Statistical inference in nonparametric frontier models：the state of the art[J]. Journal of Productivity Analysis，13（1）：49-78.
Stiglitz J E. 1977. The Theory of Local Public Goods[M]. London：Palgrave Macmillan.
Tiebout C. 1956. A pure theory of local expenditures[J]. The Journal of Political Economy，64（5）：416-424.
Tresch R W. 2014. Public Finance：A Normative Theory[M]. 3rd ed. Pittsburgh：Academic Press.
Uler N. 2009. Public goods provision and redistributive taxation[J]. Journal of Public Economics，93（3）：440-453.
Wang Y，Yu L. 2010. The study on method choice in the supply of rural public goods[J]. International Journal of Business and Management，5（6）：195-198.
Wellenius B，Foster V，Malmbergcalvo C. 2004. Private provision of rural infrastructure services：competing for subsidies[J]. Policy Research Working Paper，9（2）：208-217.
Wilson J D. 1991. Tax competition with interregional differences in factor endowments[J]. Regional Science and Urban Economics，21（3）：423-451.
Wilson P W. 2008. FEAR：a software package for frontier efficiency analysis with R[J]. Socio-economic Planning Sciences，42（4）：247-254.
Windle J，Cramb R A. 1997. Remoteness and rural development：economic impacts of rural roads on upland farmers in Sarawak，Malaysia[J]. Asia Pacific Viewpoint，38（1）：37-53.

附　　录

西部农村公共服务供给情况调查问卷

调查对象所在地：____省（市）____区____县____镇（乡）____村

您好！为了客观了解西部地区农村公共服务供给存在的问题，科学确定西部地区农村公共服务供给的优先序，为广大农村居民有效地提供农村公共服务，受“西部农村公共服务供给效率评价与改进策略研究”课题组委托进行此项调查。此项调查以随机的方式抽取调查对象，所得资料仅用于分析研究，对调查问题的回答无对错、好坏之分，故请您回答自己的真实感受和想法。感谢您的支持、参与、合作！谢谢！

一、个人情况

1. 您的性别：

□男　　□女

2. 您的年龄：

□20~30 岁　　□30~40 岁　　□40~50 岁　　□50~60 岁

□60 岁以上

3. 您的家庭人口数：

□3 人及以下　　□3~4 人　　□5~6 人　　□7~8 人

□8 人以上

4. 您的受教育程度：

□小学　　□初中　　□高中　　□大专

□本科及以上

5. 您的家庭年总收入：

□1 万元及以下 □1 万~2 万元 □2 万~3 万元 □3 万~4 万元

□4 万元以上

6. 您的家庭务农年收入：

□0.5 万元及以下 □0.5 万~1 万元 □1 万~1.5 万元 □1.5 万~2 万元

□2 万元以上

7. 您家的承包土地面积：

□5 亩及以下 □5~10 亩 □10~15 亩 □15~20 亩

□20 亩以上

二、农村公共服务的总体情况及评价

8. 关于贵村当前农村公共服务供给的主要问题的统计：（可多选）

□总量不足 □质量较差 □供给与农民需求不相称

9. 关于贵村农村公共服务供给问题的主要原因的统计：（可多选）

□政府财政投入不足 □集体经济组织弱化 □农民热情不高

□县乡村干部对农村公共服务供给情况的关注力度不够

10. 关于贵村当前最需要的农村公共服务的统计：（可多选）

□农业科技服务 □农村义务教育 □农村医疗保险

□医疗卫生 □道路 □农田水利设施

□其他：____________

11. 关于您认为应由谁来改善农村公共服务供给情况的统计：（可多选）

□省政府 □区县政府 □乡镇政府

□农民 □企业等社会力量

三、农村生活型公共服务的供给情况及评价

12. 关于贵村供电情况评价的统计：

□非常满意 □满意 □基本满意

□不满意 □很不满意

13. 关于贵村供电情况存在问题的统计：（可多选）

□供电设施老旧 □停电频率过高 □资金投入不足

□电价较高 □其他：____________

14. 关于您家饮用水水质的评价：

□非常满意　□满意　□基本满意

□不满意　□很不满意

15. 关于您家饮用水水质问题的统计：（可多选）

□环境污染严重　□未接通自来水　□资金投入不足

□其他：____________

16. 关于您对贵村道路改善情况的评价：

□显著进步　□稍有进步　□与几年前差不多

□稍有退步　□显著退步

17. 关于您对贵村道路满意度的评价：

□非常满意　□满意　□基本满意

□不满意　□很不满意

18. 关于贵村村内主干道路类型的统计：

□柏油路　□水泥路　□砂石路

□土路

19. 关于贵村村内主干道路存在的主要问题的统计：（可多选）

□道路路况较差　□道路规划不合理　□资金投入不足

□其他：____________

20. 关于您对贵村通信情况的评价：

□非常满意　□满意　□基本满意

□不满意　□很不满意

21. 关于贵村通信方面存在问题的统计：（可多选）

□通信信号不稳定　□收费较高　□通信设备老化，故障率高

□其他：____________

22. 关于您对贵村文娱活动满意度的评价：

□非常满意　□满意　□基本满意

□不满意　□很不满意

23. 关于贵村组织村民参加文娱活动频率的统计：

□经常　□固定　□偶尔

□很少　□从不

24. 关于贵村举办文娱活动存在问题的统计：（可多选）

□缺乏活动场所　□缺乏活动设备　□活动的次数较少

□其他：____________

25. 关于您对贵村诊所医务人员的医疗水平满意度的统计：

□非常满意　□满意　□基本满意

□不满意　□很不满意

26. 关于您对贵村医疗诊所设备满意度的统计：

□非常满意　□满意　□基本满意

□不满意　□很不满意

27. 关于您认为新农村合作医疗是否有效地解决农村居民看病难与看病贵问题的统计：

□完全解决　□较好解决　□基本解决

□略有改善　□没有解决

28. 关于您认为农村医疗服务存在主要问题的统计：（可多选）

□场地房舍简陋　□医用设备匮乏　□医务人员不足

□医术水平有限　□投入资金有限　□其他：____________

29. 关于您对贵村医疗服务改善情况的评价：

□显著进步　□稍有进步　□与几年前差不多

□稍有退步　□显著退步

30. 关于您对村小学教室和宿舍满意度的统计：

□非常满意　□满意　□基本满意

□不满意　□很不满意

31. 关于您对村小学教师素质满意度的统计：

□非常满意　□满意　□基本满意

□不满意　□很不满意

32. 关于您对贵村义务教育改善情况的评价：

□显著进步　□稍有进步　□与几年前差不多

□稍有退步　□显著退步

33. 关于您对农村义务教育存在问题的统计：（可多选）

□学生教室简陋　□教学设备匮乏　□师资队伍不足

□教学水平有限　□投入资金有限　□其他：____________

34. 关于您对居住环境满意度的统计：

□非常满意　□满意　□基本满意

□不满意　□很不满意

35. 关于您对贵村居住环境改善情况的评价：

□显著进步　□稍有进步　□与几年前差不多

□稍有退步　□显著退步

36. 关于您对贵村公共卫生满意度的统计：

□非常满意　□满意　□基本满意

□不满意　□很不满意

37. 关于您对贵村公共卫生改善情况的评价：

□显著进步　□稍有进步　□与几年前差不多

□稍有退步　□显著退步

38. 关于您对贵村社会治安满意度的统计：

□非常满意　□满意　□基本满意

□不满意　□很不满意

39. 关于贵村社会治安存在主要问题的统计：（可多选）

□警力水平不高　□治安设施缺乏　□治安人员不足

□距离治安点较远　□其他：______

四、农村生产型公共服务的供给情况及评价

40. 关于您对贵村农业生产基础设施满意度的统计：

□非常满意　□满意　□基本满意

□不满意　□很不满意

41. 关于您对贵村水利基础设施满意度的统计：

□非常满意　□满意　□基本满意

□不满意　□很不满意

42. 关于您家的承包土地有效灌溉面积率的统计：

□10%以下　□10%~30%　□30%~50%

□50%~80%　□80%以上

43. 关于贵村的水利设施和灌溉方面存在问题的统计：（可多选）

□水利设施老旧　□水利设施覆盖面不广

□资金投入不足　□其他：______

44. 关于您对贵村财政支农资金满意度的统计：

□非常满意　□满意　□基本满意

□不满意　□很不满意

45. 关于贵村的财政支农补贴方式的统计：

□按数量　□按费用　□按价格

46. 关于您对当地农户申请支农信贷资金总体情况的评价：

□条件适当、程序简单　□条件适当、程序烦琐

□条件苛刻、程序简单　□条件苛刻、程序烦琐

47. 关于贵村财政支农资金存在问题的统计：（可多选）

□支农资金使用情况不透明　□支农补贴方式不合理

□支农资金不足　□申请信贷难度较大
□其他：____________
48. 关于您对贵村农业生产基础设施满意度的统计：
□非常满意　□满意　□基本满意
□不满意　□很不满意
49. 关于您对贵村农林科学技术服务站（点）满意度的统计：
□非常满意　□满意　□基本满意
□不满意　□很不满意
50. 关于贵村举办农业科技咨询和业务培训频率的统计：
□经常　□固定　□偶尔
□很少　□从不
51. 关于贵村农林科学技术服务站（点）存在问题的统计：（可多选）
□举办的咨询和培训活动次数较少　□投入资金不足
□缺乏有经验的工作人员　□其他：____________
52. 关于您在当前农业生产经营中需要继续改善要素的统计：（可多选）
□资金　□技术　□信息
□销售渠道　□知识　□其他：____________

五、农村公共服务管理制度的情况及评价

53. 关于您对农村公共服务管理制度是否健全的评价：
□非常健全　□比较健全　□基本健全
□较不健全　□很不健全
54. 关于您对贵村村民自治制度和村规民约满意度的评价：
□非常满意　□满意　□基本满意
□不满意　□很不满意
55. 关于完善村民自治制度和村规民约是否会提高您的满意度的统计：
□会　□不会
56. 关于您对贵村村委会办事效率满意度的评价：
□非常满意　□满意　□基本满意
□不满意　□很不满意
57. 关于您对村干部工作态度满意度的评价：
□非常满意　□满意　□基本满意
□不满意　□很不满意

58. 关于您对信息表达渠道满意度的评价：

□非常满意　　□满意　　□基本满意

□不满意　　□很不满意

59. 关于您对“一事一议”机制满意度的评价：

□非常满意　　□满意　　□基本满意

□不满意　　□很不满意

60. 关于贵村村民发表个人意见的畅通度的评价：

□非常畅通　　□比较畅通　　□基本畅通

□较不畅通　　□很不畅通

61. 关于您是否想参与农村公共服务管理和决策的统计：

□非常希望　　□希望　　□基本希望

□不希望　　□很不希望

62. 关于贵村的“一事一议”机制是否发挥作用的统计：

□作用很大　　□作用较大　　□作用一般

□作用较小　　□没有发挥作用

再次衷心感谢您的配合！愿您身体健康、阖家幸福、生活愉快！